《扬州对外交往》编委会

扬州对外交往

主编 王虎华 朱路跃

南京师范大学出版社
NJNUP
NANJING NORMAL UNIVERSITY PRESS

目　录

Contents

第二章　扬州对外交往重要的事件和人物

第三章　扬州对外交往的重要文物和遗迹

第四章 扬州对外交往的传承和启迪

国家形象的形成和公共外交

（代序一）

赵启正

“中国形象与全球传播”是个很重要的课题，因为中国的国际形象与真实的中国相去甚远，或者说国际舆论对中国的评价中有许多误解、扭曲，乃至无中生有。一个国家的国际形象往往表现在外国的民意调查中，舆论会影响国家间民心的沟通，也影响外国政府对我国的政策。

如果一个国家的国际形象不佳或颇有争议，恐怕它面对的国际环境就不会太友好，就会损害到国家的利益。中国当前已经成为世界第二大经济体，已经走到世界舞台的中心，我们不能再容忍被歪曲的国际形象继续损害我们的利益，我们面临的任务就是如何提升中国的国际形象，使其符合中国的实际。

需要注意的是，一国的国际形象和该国的自我认知是有区别的。不同的国家对中国的认识也不一样，所以关于国际形象的研究要非常细致。

国家形象到底是由哪几个因素决定的？明白了有关因素，我们才容易找到办法。我认为，有三个因素会影响一个国家的国家形象。

第一个因素就是一个国家的实际情况。中国有着悠久的历史，是世界文明的发源地之一，这一点全世界都承认。但是谈到政治制度、发展道路时就有争论了，原因就在于他们的意识形态偏见以及对中国所知甚少。如：认为中国不是民主国家，经常对中国人权现状发难。对于中国经济发展的事实多数人都承认，但也有不同看法，特朗普竞选时就宣扬中国经济发展抢了美国的就业机会。还有些国家自己在拼力发展军事，但就是不愿意中国发展军事，否则就认为中国会威胁他国。

第二个因素是媒体的传播。大多数外国人了解中国不是通过直接考察，而是靠媒体的传播，报纸、电视、电影和互联网等等。媒体传播的影响可谓巨大。

第三个因素是各国受众的判断和认可。现在人们的教育程度高了，基础知识丰富了，对信息的判断能力也提高了，媒体说的受众不一定全信，他们有自己的判断力，不同受众群体的判断力由于历史文化、知识结构、思维定式、自身利益的差异而有所不同。国家实情、媒体传播、公众的判断与认可，这三个因素最后形成了一个国家的国际形象。

1996年浦东开发工作刚开始，美国波士顿环球报发表了一篇《我们该怕中国吗?》的文章，这是中国威胁论最早期的版本。当时中国的GDP还远远不是今天的数字，只有8千亿美元，是美国8万亿美元的十分之一，是日本4.7万亿美元的六分之一，但是美国已经警惕了。画了一幅漫画告诉世界，中国人要拿美国当小菜吃了。文章开头是："访问上海市副市长赵启正的时候，他坐在旧式的沙发上操纵着新式多媒体，讲述着野心勃勃的浦东开发计划，假如说在他有生之年这个计划能够实现，那么中国不仅是政治大国、军事大国，也将是一个经济大国了，我们该怕它吗?"在浦东开发之初，多数国家认为这只是一个口号 。

2016年我在美国的网上看到了两张新旧浦东的对比的照片，开发前的浦东全是农田，而现在都是现代化的高楼群。美国网友的评论很有意思："你们看，中国是一个做事情的国家，他们的奥运会、世博会就是建筑奇迹的展览，而我们美国整天谈口号。"这说明，我们浦东的照片传送出去后，美国的网友也有自己的判断。

在三要素中，我们最容易把握的就是做好第一要素——建设好我们的国家，保持社会经济的不断进步，也要做好第二要素——我们的媒体做好我们的对外传播，表达好一个真实的中国。我们不能只抱怨外国媒体、西方媒体对中国报道不真实、有偏见，也要反思自己怎么没有把中国的故事讲好。

除了这三个要素之外，其实还有第四个影响国际形象的因素，那就是公共外交。中国很多人都有各种场合和外国人接触，表达自己熟悉的中国故事。讲故事不是只讲讲哲学，不是只讲讲道理，这些外国人不感兴趣，也不太容易听懂。公共外交需要润物细无声，长期坚持下去，公共外交可能发挥大作用。

公共外交活动是软实力表达的渠道和场合。与传统的对外宣传相比，公共外交的参与者并不局限于政府，公众也是重要的承担者，形式更加活泼。公共外交中，最重要的是要讲故事，讲故事最生动，容易记住，效果最好。我在上海工作时，有一次印度总统到上海郊区参观，我们的乡长介绍情况像做政府工作报告一样，总统有些不耐烦，说其实给我一张文字就可以了。到了一位农民家里，农妇向他介绍说，这是我家的新房子，这是我和我丈夫的房间，那是儿子和儿媳妇的房间。总统很感兴趣，问为什么你们两口子的房间小，而儿子、儿媳妇的房间又大、采光又好？这位农妇说，在中国，儿媳妇是贵客，当然把最好的房间给他们。印度总统若有所思：哦，中国是这样！这位普通农妇没讲什么大道理，只是几句话就说明了中国社会对妇女的尊重，这就是很有意义的公共外交。如果把农妇讲的鲜活故事比作一个原生态的苹果，中国特色社会主义就好像是苹果里的维生素，如果把维生素提炼出来做成药片，给你苹果和药片，你愿意吃哪个？哪个效果好？结论是明显的。

怎样讲故事呢？讲故事不是编故事，一定要真实，不必刻意拔高，如果讲的故事太假，连自己都不能被感动，怎么感动外国人？最好讲自己的故事，讲身边的故事，这样最容易讲得具体、生动，也最容易感动人。

我们开展公共外交，讲好中国故事，必须要能够跨越文化障碍，这其中首先就是语言障碍，也就是在不同语境下出现的语言的“文化障碍”。改革开放初期，我们“摸着石头过河”，翻译给外国朋友，他们问为什么摸着石头过河？为什么不游泳过去？为什么不坐船？他们不知道“摸着石头过河”是一句中国熟语，其实意思就是要大胆和谨慎相结合。今天到了全面深化改革的阶段，我们说“改革到了深水区”，外国人以为是说中国的改革很危险了，深水是要翻船的。所以懂外语不见得就能够把翻译做好。如何跨越文化障碍讲好中国故事，做好公共外交，这是我们的任务。

（作者为国务院新闻办公室原主任、中国人民大学新闻学院院长）

走出具有扬州特色的地方公共外交道路

（代序二）

张跃进

构建人类命运共同体，是习近平新时代中国特色社会主义外交思想的重要内容，是习近平新时代中国特色社会主义思想的重要组成部分。对于统筹国内国际两个大局，始终不渝走和平发展道路、奉行互利共赢的开放战略，坚持正确的义利观，始终做世界和平的建设者、全球发展的贡献者、国际秩序的维护者，为实现“两个一百年”奋斗目标和中华民族伟大复兴的中国梦营造更加有利的国际环境，具有十分重要的意义。

地方公共外交工作必须紧紧围绕新时代的外交思想内容，对焦新时代的外交工作目标，顾全新时代的外交工作大局。对扬州对外交往的历史进行系统的回顾，对现当代对外交往的“扬州模式”进行系统的整理，在详述对外交往历史和现状的基础上，我们把目光关注到了扬州对外交往的传承和启迪，充分发挥地方特色、地方优势，展示地方风采，在扬州实现第四次辉煌的美好愿景中，再造对外交往的“扬州辉煌”，为建设让世界人民喜爱的扬州、建设古代文化和现代文明交相辉映的名城提供借鉴。这是我们今天的思考，也应当成为今后长期的实践。

一、抓关键，在人类命运共同体建设中，体现地方公共外交的独特作用

在传播人类命运共同体理念时发出扬州声音。改革开放四十年来，中国的实践已向人类展示命运共同体建设的生动案例。扬州在改革开放中取得了突出的成就，在对外交往中，宣传扬州，就是宣传中国，就是向世界展示中国人民共同体建设的杰

出成就。为此我们要以创新扬州的实践，传播开放创新、包容互鉴的理念；要以人文扬州的案例弘扬兼收并蓄的精神；要以生态扬州的样本，展示尊重自然、绿色发展的成果。

在中国全方位、多层次、立体化外交中承担扬州责任。地方公共外交是国家整体外交不可或缺的重要组成部分，是国家公共外交的有益补充，是国家整体形象的生动体现。因此，扬州公共外交要在地方公共外交的交往中，充分展示中国特色的社会主义；在经济交往中，充分展示中国特色的社会主义市场经济主体的蓬勃生机；在文化交往中，展示中国地方文化和而不同的丰富形态。

在地方公共外交中绘就扬州样本。要坚持特色化发展，充分利用扬州丰厚的地方资源，继续打好“名城牌”“名人牌”“运河牌”“美食牌”“文化牌”，并在继承传统的基础上不断创新；要坚持品牌化塑造，活动不在多，而在于精，要有品位、有品质、有影响力，在继续支持鉴真国际马拉松赛、北京扬州美食品鉴会、“外籍人士看扬州”等品牌活动的同时，还要继续做好新的品牌活动，以进一步扩大扬州的国际知名度；要项目化运作，每个活动都要利用项目运作的理念，注重项目的品质，注重项目的社会效应和资金投入的匹配度；要重视社会化整合，一切有利于地方公共外交的社会资源我们都可以去整合，调动社会一切积极因素开展公共外交工作。

二、抓特色，在国家整体外交中，体现地方公共外交的独特优势

在新型国际关系建设中，运用地方公共外交的独特资源，选择最佳表达方式。我国外交的总体布局将以周边和大国为重点，以发展中国家为基础，以多边为舞台，以深化务实合作、加强政治互信、夯实社会基础、完善机制建设为渠道，全面发展同各国的友好合作。我们要进一步挖掘好历史名人资源，通过鉴真，深化中日民间的友好交往；通过崔致远，深化中韩民间的友好交往；通过普哈丁，深化中阿民间的友好交往；通过马可·波罗，深化中意民间的友好交往。在新型国际关系的建设中发挥扬州的独特作用。

在全方位、多层次、立体化的外交布局中，运用地方公共外交的独特形式，选择最佳的交流切口。新型国际关系的核心内涵体现在以相互尊重为基础，以公平正义为

准则，合作共赢是手段，最终目的是实现人类命运共同体。为此我们要以文化交流为切口，运用扬州的文化元素开展丰富多彩的文化交流，推崇“仁者爱人”的文化理念，润物无声地体现和而不同、不同而合、求同存异、和谐共存、多元互鉴；以经济交流为中心，通过扬州多层次的对外经济交流，倡导共谋发展、互惠互利的新思路，体现“共赢、共建、共享”的理念；以民间交流为基础，鼓励扬州民间多层次对外交流。在民间的交流互动中，宣传中国公平正义的社会价值观和正确的义利观。

在“一带一路”建设中，运用地方公共外交的独特动因，选择最佳的互动因子。“一带一路”倡议是习总书记中国特色社会主义外交思想的重要组成部分。“一带一路”聚焦政策沟通、设施联通、贸易畅通、资金融通、民心相通。我们要聚焦构建互利创新网络，新型合作模式，多元的合作平台；聚焦打造绿色丝绸之路、健康丝绸之路、智力丝绸之路、和平丝绸之路。扬州作为陆上和海上丝绸之路的重要节点城市，在文化互动中促进民心相通，形成共鸣；在经济交流中，促进贸易畅通、资金融通，设施联通形成共赢；在认识交流中，促进政策沟通形成共识；在民间互动中，使中外民众得到实惠，体现共享。

三、抓亮点，在地方公共外交的实践中，体现扬州公共外交的独特魅力

在外交小镇建设中体现载体魅力。扬州的公共外交资源十分丰富，涌现出了一大批出类拔萃的外交人才。为此我们要在有关部门的支持下，整合社会资源，建立公共外交文化特色小镇，以此形成推动特色发展的新引擎，展示融合发展的新窗口，展示民间外交的新样本。通过外交文化展示中心的建设，体现宣传功能；通过青年外交官培训基地的建设，体现培训功能；通过国际会议的举办，体现展会功能；通过外交礼品电商平台，体现经贸功能；通过青年外交官发展基金的设立，体现激励功能。

在助推“六招”中体现会员主体魅力。发挥商务部门的主体作用，助推招商，实施海外精准招商计划；发挥人才部门的主体作用，助推招才，实施科技合作新长征计划；发挥外事部门的主体作用，助推招会，实施国际会议招引计划；发挥会展部门的主体作用，助推招展，实施丝路城市美食汇计划；发挥体育部门的主体作用，助推招赛，实施吸引国际赛事计划；发挥旅游部门的主体作用，助推招游，实施海外旅游推广计划。

在“两海三特四专”建设中体现整合资源的魅力。进一步整合各方资源，建立分布海内外的我市公共外交工作网络。“两海”即为扬州公共外交协会海外顾问、海外联络官，“三特”即为扬州公共外交协会特邀指导、特聘专家、特别助理。通过“两海三特”人员的聘任，壮大扬州公共外交队伍，整合各方资源，更好地助推扬州公共外交事业全面发展。“四专”即会展旅游专业委员会、商务促进专业委员会、文体交流专业委员会、人才工作专业委员会。通过专委会的成立，更加充分地发挥专委会成员的作用，助推扬州国际化文化旅游名城建设。

中国作为负责任的大国出现在国际舞台上，这为我们地方公共外交工作提供了一个宏大而又新颖的背景。通过一本书来关注扬州的对外交往，既可以领略到探究历史的魅力，也可以意会到阐述现当代扬州的实践时所散发出来的智慧之光，为后来者的进一步实践和研究提供借鉴和超越的空间，这便是扬州公共外交的参与者以及这本书的编撰者的欣慰了。

（作者为扬州市七届政协党组副书记、扬州公共外交协会会长）

第一章

扬州对外交往简史

第一节　古代扬州的对外交往

扬州是一座在国内为数不多的通史式城市，其文化发展史可追溯到6500年前新石器时代中期，在高邮"龙虬庄"文化折射出江淮东部文明曙光之后，便连绵不绝。

自1993年4月到1995年12月，由南京博物院考古研究所、扬州市博物馆、盐城市博物馆和高邮市文管会组成的龙虬庄遗址考古队对龙虬庄新石器时期人类遗址一共进行了4次考古发掘，其中重要的发现是4000多粒距今7000—5000年的碳化稻米。这些稻米序列、颗粒完整，为我国首次发现人工优化水稻品种的珍贵实物史料，这一发现将我国东南沿海一带新石器时期的水稻栽培区从长江以南划到了淮河以南。1997年来中国参加龙虬庄遗址暨江淮地区古文化研讨会的日本金泽大学副教授中村慎一先生写下了这样的题词："龙虬庄的古代稻作是我国弥生文化的母亲。"[①] 1999年出版的《龙虬庄——江淮东部新石器时代遗址发掘报告》有这样的详细描述："不同时间的含有粳型稻作农业遗存的遗址分布有着一定的规律……其传播的途径大致是从淮河上游至淮河下游，之后沿海北上至山东半岛，借助顺时针方向的黄海环形大海流，至朝鲜半岛南部的汉江下游，再经朝鲜海峡和对马海峡，以对马岛、壹岐岛为跳板，最终到达九州北部，并以此为原点，向九州南部及本州的近畿一带扩散。"除此之外，研究发现，弥生文化和龙虬庄文化两者之间存在着较多的可相互满足条件的共同属性，这或许可以看作扬州地域先民最早的对外交往。

① 韩粉琴：《龙虬庄：七千年前的文明曙光》，载于《扬州晚报》2006年6月30日。

历史上，扬州有很长一段时间，是对外文化交往相当广泛与频繁的地区。以波斯、大食人为主的“胡商”，日本遣唐使和留学人员，朝鲜半岛在华的文化名人，欧洲在华的活动家和传教士，以至一赐乐业（以色列）的定居者，都在这里留下了历史的印迹。扬州本地人也不顾艰险地走向国外，传播了中华文化。

一、两汉魏晋南北朝时期扬州的对外交往

进入封建社会以来，扬州更是雄踞东南，繁荣迭现，影响中外。从汉初开始，吴王刘濞凭借境内的铜铁资源、渔盐之利，把吴国建成了东南地区最具影响力的经济文化中心，同时也以直接或间接的形态与来自于海外的经济文化进行了各种形式的交流沟通。

2009—2012 年，南京博物院对江苏省盱眙县马坝镇云山村的大云山汉墓进行了抢救性考古发掘，揭露出一处比较完整的西汉诸侯王陵园，陵园内共发现主墓 3 座，陪葬墓 11 座、车马陪葬坑 2 座、兵器陪葬坑 2 座、陵园建筑设施等文物遗迹，计出土文物一万余件。据一号墓墓主人墓葬形制为西汉时期典型的中子型大墓、墓室结构采用黄肠题凑、使用镶玉漆棺及金缕玉衣，从出土铭文多件含有江都铭文的银盘、封泥，再加上出土冥器中有二十七年纪年的文字等等，可证墓主人就是死于公元前 127 年的江都易王刘非。

大云山江都王陵出土了一批很有特色的域外或有域外特点的文物，这些文物很鲜明地反映出西汉时期的对外交流。这些文物表明在张骞通西域之前，中西方的物质文化交流已经很频繁。在中亚、西亚、东南亚发现汉代遗物的同时，中国沿海地区诸多西汉早期的诸侯王陵也陆续发现诸多域外文物，这表明来自域外的工艺品和原料也源源不断地进入汉王朝上层社会生活。大云山江都王陵出土的域外文物主要以青铜器和金银器皿为主。其中一号主墓出土铜器中的鎏金铜象、鎏金铜犀牛与驯象

奴、驯犀奴均为国内首次发现，这些文物对研究西汉时期中外文化经济交流具有极为重要的学术价值。

另外，大云山汉墓还出土了一批很富有特色的金银器，其中有一种被称之为裂瓣纹的银盒，具有典型的波斯中亚风格，类似的文物在以往诸侯王墓中也有发现，同时，大云山汉江都王陵还发现两件纹饰与之相同的银盘，这在国内也是首次发现。这两件银盘形状、尺寸均完全相同，应当是在同一个作坊里完成的。根据一号主墓的发掘简报，其外底的中心刻有铭文“田　(原文因保存不佳其后缺一字)左工名口半十一”、“五斤十四两十三朱”、“五斤十五两一斗九升”，另外银盘的外底边缘还刻有铭文“北私今五斤十四两三朱”。铭文中的“左工”、“北私”应当是江都国王宫内的属吏，也可能是汉代中央政府手工业制造部门的派出机构“南工官”的下属，这表明这件采用中亚风格纹饰的器物应当是本地铸造，而不是直接通过丝路传播过来的①。但是这恰恰证明了西汉景帝时期中国沿海地区的工匠应当同这些来自异域的工匠有过某种方式的技术上的交流，江都王属下的这些工匠们将来自西域的制造工艺本土化，从而制造出适合诸侯王使用的高级器皿。这件文物完全体现了中西方物质文化的交融汇通。

这种中西方文化方面的交流，一直延续到东汉时期，其中尤以玻璃为重要标志。玻璃，古称琉璃或瑠璃，据《汉书 · 地理志》和《盐铁论 · 力据》记载，大约从西汉中期开始，玻璃即作为珍贵的商品或供品传入我国。1981 年 11 月，南京博物院在清理邗江甘泉二号汉墓的过程中，在这座被认为是广陵王刘荆的墓葬中发现了三片玻璃器皿的残片，有学者认为这是目前我国发现最早的西方传入的玻璃实物②。1984 年 4 月，扬州博物馆会同邗江图书馆曾对邗江区甘泉镇的老虎墩东汉墓葬进行了清理，墓中也出土了玻璃杯的残片，有学者将老虎墩汉墓的玻璃杯与古罗马存世的玻璃，以及 1984 年甘泉广陵王刘荆墓中的玻璃残片进行了对比，认为这只出现在扬州的玻璃杯可能来自欧洲，是极其罕见的中西方文化交流的实物例证③。

六朝时期，南北割据，战争频仍，作为南朝首都建邺(今南京)的重要屏障，广陵

① 单爱美:《江苏大云山汉江都王陵出土文物研究》，西北师范大学硕士论文，2014 年。

② 南京博物院:《江苏邗江甘泉二号汉墓》，《文物》1981 年第 11 期。

③ 扬州博物馆:《江苏邗江县甘泉老虎墩汉墓》，《文物》1991 年第 10 期。

(今扬州)战略地位的重要性凸显出来,成为兵家必争之地。

当时与日本的海上交通,仍然是由北九州取道壹岐、对马,以达朝鲜半岛,沿着西海岸北上,然后横渡黄海,驶抵山东半岛,再沿着海岸南下建邺。广陵处于扼江控淮的要隘,日本公私船舶往来都要驶经这段水域。这个时期的航行,无疑为扬州今后的对日交通起到了开先河的作用。

三国东吴立国,支谦为避战乱入吴,广事译经,佛法始在江南传播。东晋时期,佛教文化在江南与玄学碰撞,江南佛教因此而蓬勃发展。广陵归属吴地,在佛教文化传播于江南的过程中,也作出了积极贡献。

据《高僧传》记载,隆安三年(339),东晋高僧法显大师,与同学慧景和尚等从长安出发,沿着陆上丝绸之路越过葱岭,到达中天竺,“留学三年”……“到狮子国”。法显在今斯里兰卡停留两年后,“既而附商人大舶,循海而还”。法显所走的海路,是沿着汉代开辟的那条海上通道航行的,本意是要“东适广州”,不意“举帆二十余日,夜忽大风”,竟然“任风随流”,于义熙八年(412)漂至“青州长广郡牢山南岸”,“即转扬州”,终于次年七月二十日左右到达建康[①]。由于当时的广陵处在扼江控海的位置上,法显无论从青州近海航行南下,或是由密州、海州、楚州陆行南下,都要经过广陵区域。再说法显循海而还的时候,曾经漂到山东半岛的崂山南岸,无意中把海上丝绸之路东段的终点从广州沿海拉长到了青州海岸。这些航行都在有意无意之中,为魏晋南北朝时期扬州海港的崛起提供了地理与航海方面的条件,积累了海上交通的经验[②]。

二、隋唐时期扬州的对外交往

隋文帝南下灭陈,结束分裂。一统天下后,在扬州设四大行政区之一的扬州大行

① 法显:《佛国记》,重庆出版社 2008 年版。

② 朱江:《远逝的风帆》,东南大学出版社 2014 年版。

台，总管南朝故地。扬州成为东南地区的政治、经济、文化中心。杨广继位以后，开凿大运河，连接东西，扬州具有面江、枕淮、临海、跨河的优越交通条件。作为龙兴之地的扬州，理所当然地跃升为陪都。中唐以前，扬州虽然有大都督府或都督府的行政地位，但主要还是依靠隋朝历史影响的延续。

“安史之乱”爆发以后，北方广大地区遭受了严重破坏，北方人口躲避战乱，大量南迁。唐王朝依赖东南地区粮食和财富，国家的经济结构和布局发生了重大变化，不得不作出相应的调整。扬州成为东南漕运的枢纽和物资集散地，赢得了历史上难得的发展机遇，区位优势得到了整体的发挥。扬州成为长安、洛阳两京之外，全国最大的地方城市和国际商业都会，又是中国的四大港之一。它不仅与东北亚的新罗、日本有着频繁的联系，而且与东南亚、南亚、西亚、东非有着贸易的往来。大量西亚陶瓷的出土，印证了史籍上关于扬州有着大食、波斯人居留的记载。不断在城市遗址上发现的贸易陶瓷及其残片，其品类与东北亚、东南亚、南亚、西亚、东非等地区 9、10 世纪繁荣的港市遗址出土的中国陶瓷有着惊人的一致性。印尼爪哇岛“黑石号”沉船打捞出的 6 万多件瓷器和带有“扬州扬子江心镜”铭文的铜镜，证明扬州港曾是中国最早、最重要的贸易陶瓷外销港口，唐代扬州作为“陶瓷之路”起点的地位和作用越来越清晰。13 次成功派遣到大陆的日本遣唐使节其中有 9 次是经停扬州的。鉴真东渡，崔致远仕唐，频繁的贸易，这些文化、经济方面的交流事件，一直影响至今。

濒江临海而扼南北大运河咽喉的扬州，在唐代统治的两百多年中，当“南北大冲，百货所集”，不仅有发达的商业和手工业，而且还是当时唐朝对外贸易的第一大港，是当时的国际贸易中心和全国最大的经济都会，商业活动十分繁忙。

据《旧唐书》卷三七《五行志》记载：“天宝十载，广陵郡大风，驾海潮，沦江口大小船只数千艘。”可以想见当时扬州港外商船集聚，贸易繁荣昌盛的情景。“扬州常节制淮南十一郡之地，自淮南之西、大江之东南，至五岭、蜀汉十一路，百州之迁徙贸易之人，往还皆出其下，舟车南北，日夜灌输京师者，居天下之七”①。当时的扬州城内，商贾云集，他们当中有来自国内各地的“富商大贾”，更多的则是来自域外的胡商。当时

① 陈梦雷:《古今图书集成》卷七二《职方典》，中华书局、巴蜀书社 1985 年影印版。

的波斯人、大食人、新罗人、日本人、占婆(今越南)人、狮子(斯里兰卡)人都在扬州从事各种商贸活动。据开成三年(838)至大中元年(847)游唐的日僧圆仁在其《入唐求法巡礼行记》中记载,当时扬州和淮南辖内的楚州便设有新罗坊,有新罗人从事业盐、修船、烧炭、航运等经济活动[①]。唐代末期,扬州在与新罗交往中的重要作用日益突出,新罗和淮南之间的官方交往和民间贸易都达到了空前的程度,不仅有不少新罗商人来到淮南道的首府扬州留居经商,而且新罗和淮南双方还互派使节,进行了正式的友好交往[②]。

根据日本文献记载,在两个多世纪的时间内,来到扬州的日本遣唐使团,有 9 次之多。每次遣唐使团的人员,早期约二百四五十人,后来增加到五百人左右。于天宝二年(743)来中国的第九次遣唐使团的人员,达到 594 人之多。在日本的遣唐使团里,不仅有大使、副使、判官、录事等职官,而且还包括知乘船事、造舶都匠、译语、主神、医师、阴阳师、画师、史生、射手、船师、音乐长、新罗译语、奄美译语、卜部、杂使、音声生、玉生、锻生、铸生、佃工生、船匠、柂师、仆人、挟抄、水手长和水手等职事,以及学问僧、留学生和他们的仆从等随行人员[③]。

唐代扬州不仅是国内最大的商业、手工业中心,也是中外商品十分齐全、闻名世界的国际市场,当时它在世界上的知名度和影响力如同今天的纽约、巴黎、伦敦、上海一般。大食、波斯、东南亚地区的商人带来珠宝、香料、药材,运回中国的陶瓷、茶叶、丝绸和纺织品、金属器皿。扬州不仅是本国商人最理想的经商目的地,也吸引着大批国外的商贾聚居于此。

唐代的扬州已经设置了主管外国事务和商务活动的衙门。范文澜先生在他主编的《中国通史简编》里指出:“扬州有大食、波斯人居住,多是以买卖珠宝为业。朝廷在广、扬二州特置市舶司。”市舶司是我国古代的一个专设机构,主要职责是掌管出入中国海关的外国船舶,征收关税,收购政府专管物品,管理来华外商贸易等。管理该机构的官员叫“市舶使”。就连各地行政机构也在扬州设立办事机构,从事贸易活动。

---

① [日]园仁:《入唐求法巡礼行记》,广西师范大学出版社 2007 年版。

② [新罗]崔致远:《桂苑笔耕集》,商务印书馆 1935 年版。

③ 朱江:《海上丝绸之路的著名港口——扬州》,海洋出版社 1986 年版。

通过海上贸易往来和交流，扬州增进了与世界上不同国家和地区的相互了解，推动了文明的进步，对世界也产生了深远的影响。许多外国学者把我国唐代及以后各个朝代陶瓷输出的海上通道称为“海上丝绸之路”或“陶瓷之路”，就是起源于唐代陶瓷的大量输出。而唐代的扬州就是这条“陶瓷之路”东方的起点之一。1998年，德国打捞公司在印尼勿里洞岛海域一块黑色大礁岩附近发现了一艘唐朝时期的沉船，名为“Batu Hitam”(黑石号)。该船只的结构为阿拉伯商船，装载着经由东南亚运往西亚、北非的中国货物，仅中国瓷器就达到67000多件。出水的文物包括长沙窑、越窑、邢窑、巩县窑瓷器，还包括金银器和铜镜；其中3件完好无损的唐代青花瓷盘尤为引人注目。因为出水长沙窑瓷碗上带有唐代宝历二年(826)的铭文，结合其他器物考证，沉船的年代被确认为9世纪上半叶。“黑石号”沉船的被发现，引起了国内外文博界、考古界和古陶瓷研究者与爱好者的极大兴趣。谢明良先生在其所撰论文《记黑石号(Batu Hitam)沉船中的中国陶瓷器》中，从黑石号沉船出土陶瓷的组合以及和中国以外地区的考古标本的比较，并考虑到当时的航运路线，认为黑石号沉船可能是于扬州解缆出港，其最终目的地是波斯湾著名的贸易港口尸罗夫(Siraf)①。

近年来，由中国社会科学院考古研究所、南京博物院、扬州市博物馆联合组成的扬州城考古队对隋—宋扬州城遗址所进行的考古发掘显示，在国外所发现的中国唐代陶瓷品种在扬州出土的陶瓷文物残片中都有发现，而且其中很大一部分属于中、晚唐时期，可见中、晚唐时期的扬州确实作为国际陶瓷贸易大都市存在过②。当时南北各地生产外销瓷的主要窑口，如浙江的越窑，江苏的宜兴窑，河北的邢窑、定窑，河南的巩县窑，江西饶州的昌南窑，湖南长沙的铜官窑，广东汕头窑等都把产品运到扬州，再远销东南亚、南亚、西亚，甚至东非。迄今为止，国内还没有哪一个城市遗址出土过数量如此巨大、品种如此丰富的陶瓷实物和标本。扬州的考古成果不仅见证了陶瓷之路的繁荣，也见证了扬州为中国陶瓷走向世界所做的历史贡献。

---

① 谢明良：《记黑石号(Batu Hitam)沉船中的中国陶瓷器》，载于“国立”台湾大学《美术史研究集刊》2003年9月号。

② 周林：《从扬州出土的陶瓷资料看唐代的贸易陶瓷》，《中国古代陶瓷的外销 中国古代外销陶瓷研究会一九八七年晋江年会论文集》，紫禁城出版社1988年版。

扬州在唐时位于长江入海口的北侧，距海较近，外来船舶可直达扬州城下，是唐朝海上丝绸之路的重要海港。远洋航行的船只从扬州出发横渡东海可到日本，东出长江口经明州、广州可抵达大食、波斯等西亚各国，扬州成为各国商人聚集的商贸大港。在唐朝的诗词中不乏描述海船往返于扬州的。如李白的《永王东巡歌十一首·其一》"楼船跨海次扬州"；孙逖的《扬子江楼》"晚来潮正满，数处落帆还"；刘长卿的《奉送从兄罢官之淮南》"万艘江县郭，一树海人家"。

唐时的扬州，共有三处出海口与运河相连，即淮南运河北端的山阳（楚州）、南端的扬子津（后为瓜洲渡）和运盐河东端的掘港。山阳的口岸是传统的海上交通的北线，新罗国人来唐大多是沿着这条海上交通路线来到扬州或是返回新罗的。扬子津和掘港这两处均为后来兴起的海上交通的南线，日本遣唐使和留学生等以及波斯、大食等国商人大都沿此海上通道前来扬州。从扬州还可以沿着淮南运河北上到长安、洛阳等地，亦可沿江南运河南下到福州、广州等地，抑或是直接从扬州出海远航到其他国家。因此，扬州成为隋唐时期海上丝绸之路的著名港口，是东南沿海的最大都会。

1990年，由中国社会科学院考古研究所、南京博物院、扬州市博物馆联合组成的扬州城考古队对扬州市工人文化宫基建工地进行较大规模的基建考古发掘时，在唐代文化层（4B，中晚唐时期）出土了少量的玻璃器残片，这些玻璃器残片所代表的器形可能有鼓腹水瓶、香料瓶、胆形瓶、杯、碗、盘等，这些玻璃器残片送到中国建筑材料研究院玻璃陶瓷测试中心进行化学成分分析，均为伊斯兰玻璃中常见的钠钙玻璃。

另外，在扬州出土的唐代文物中，还有一件波斯的翠绿釉大陶壶和不少的翠绿釉、蓝釉、灰蓝釉罐、壶、盘的大量陶片，这些来自异域的日用器皿，从一个侧面反映了当时有众多的波斯人和阿拉伯人在扬州经营珠宝和香料，再从扬州贩回陶瓷、铜器和其他手工业品，他们曾将扬州作为其前往内地和开展海外贸易的商业据点。"从一九七八年二月开始，我馆配合'七八·二'工程，对这项工程发现的唐代文化遗存，进行了普遍调查和重点清理工作"，在此项工程东端（今文昌中路北侧邮电大楼至小秦淮河西侧的区域内）的唐代文化遗址上，发现了来自朝鲜半岛的"新罗烧"，"它的胎质、胎色和釉质、釉色，及其工艺，基本上与中晚唐越窑青瓷相近”[①]。在中晚唐时期，“朝鲜以唐三彩为蓝本，烧成‘新罗三彩’，10世纪前后，又在全罗南道康津等地设窑，模仿越窑青瓷，创制‘新罗烧’，从而为此后朝鲜陶瓷业的发展奠定了深厚的基础”[②]。“新罗烧”的窑址，大都设在今天韩国的全罗南道康津等地。经过韩国考古工作者的不懈努力，已在新罗故都庆州和庆尚北道庆山郡、忠清南道公州郡、全罗南道莞岛郡等地的古遗址和古墓中，相继发现了“新罗烧”。“新罗烧”的发现，把朝鲜半岛烧造青瓷的历史，由高丽王朝时期提前到了统一新罗时期。在扬州发现的朝鲜半岛统一新罗时期的“新罗烧”，充分说明了这些“新罗烧”是从朝鲜半岛西南海岸的港口装运上船，通过海路输往中国的。

这一发现，填补了古代中韩经贸交往史上的空白，对中韩文化交流、经贸史、陶瓷史、航运史的研究，具有重要的历史意义和巨大的现实意义。

扬州与日本的交往

在唐代的中日交往史上，扬州占有特殊重要的地位。中国和一衣带水的邻邦日本很早就有了交往，至唐代达到了高潮。盛唐时期是中国封建社会政治、经济、文化高度成熟和发达的时期。当时日本也处在一个大变革时期，即“大化革新”时期。日本为了建立和完善封建制度，迫切需要从唐朝吸取一整套封建典章制度和国家治理方式，于是不断派遣唐使来到中国。遣唐使的规模越来越大，跟随而来学习的留学生和留学僧也越来越多。

现在说一衣带水，往来是极方便的事，但在当时，却是持久而艰苦的行程。日本至中国，可分南北两路。北路经壹岐、对马，沿朝鲜西海岸北上，经辽东半岛的东海岸，横断渤海湾，而至山东半岛的莱州(今蓬莱)或登州(今掖县)登陆。或者不经辽东半岛，航行至朝鲜西海岸的仁川附近时，便横渡黄海而抵山东半岛。这条线基本上是

① 顾风:《唐青花与历史参照系研究》，收入董学芳主编《扬州唐城考古与研究资料选编》，扬州唐城遗址文物保管所扬州唐城遗址博物馆2009年版。

② “新罗烧”一词，系指朝鲜半岛“统一新罗王朝”时期(669—935)烧造的青瓷器皿，故而韩语称之为“新罗烧”，参见朱江:《唐代越窑青瓷与“新罗烧”》。

唐鉴真大和尚纪念碑(仁经摄)

沿海岸航行,停泊处多,比较安全而需时较久。日本成功到达中国的 12 次遣唐使中,前半多取道北路,然后经青州、兖州、曹州转汴梁到洛阳,再西入长安。南路则从日本九州出发,扬帆东海,而达扬子江口,转入扬州,再循运河北入楚州(淮安),经汴州(开封)而达洛阳、长安。这条路是捷径。顺风 10 日可达,但风急浪大,常有覆舟之险。自第 6 次至 12 次遣唐使都是走的南路。原因是当时新罗国势渐强,兼并了百济、高句丽,统一了朝鲜半岛,对日关系紧张,常威胁其入唐的航路,遣唐使只能取南路入唐,扬州便成了两国交往的直航港口之一。长期留居中国,最后“埋骨盛唐”的日本学者阿倍仲麻吕(汉名晁衡),于 717 年随第 8 次遣唐使来唐留学,就是从奈良启程,横渡东海,先抵扬州,然后循陆路北上到达长安的。

正是在扬州这样一个地方,产生了一位富有开放精神的东渡传法的高僧鉴真。

扬州鉴真大师,应日僧邀请,毅然赴日传法。由于自然和人为的因素,5 次东渡失败,历经风险,备尝艰苦,终以 60 多岁高龄第 6 次东渡成功。辛勤 10 年,传播了盛唐文化,对日本奈良时期的天平文化起了积极的推动作用,被尊为“日本文化的恩人”。

鉴真如此不避艰险，矢志不移，其精神动力是什么？鉴真是佛教徒，当然有其宗教的热忱，但更重要的，是鉴真所恪守的中国传统的诚信观，或者说，佛教戒律中的"不妄语"，因吸收融合了中国传统的诚信观，而更为完美。

佛教戒律传入中国后，与中国传统伦理思想和儒家道德观念相结合，逐步中国化，便进一步丰富了原有的内容。宋代名僧契嵩对此有简要的概括："夫不杀，仁也；不盗，义也；不邪淫，礼也；不饮酒，智也；不妄言，信也。"又说："儒所谓仁义礼智信者，与吾佛曰……其目虽不同，而其所以立诚修行，善世救人，岂异乎哉？"这就把五戒的杀盗淫妄酒和儒家的仁义礼智信对应起来，而赋以新的内容，"不妄语"与诚信相提并论，确立诚实守信是为人处世的基本品德。诚实是真实无妄，不自欺，不欺人，名实相符；守信是遵守原则，履行承诺，言行如一。

作为律学大师的鉴真，正是按照这样的准则去做的。自他发出"是为法事也，何惜生命，诸人不去，我即去耳"的誓言以后，即一直为实践他的誓言而百折不挠。第1次东渡失败，鉴真说："不需愁，宜求方便，必遂本愿。"第3、4次失败，鉴真"忧愁幽思，不逾初愿"。第5次失败，鉴真感叹："一生辛苦，何剧于此。"不论经过怎样的磨难，鉴真决不改变初衷，最后一次受邀东渡时，鉴真已60多岁，而且视力甚差，完全可以谢绝前往，但鉴真仍毅然前行，终于抵达。如果说玄奘是舍身求法的人，鉴真则是舍身传法的人。

鉴真东渡，主要是为了传播佛教，特别是整顿日本佛教的戒律制度，但同时也向日本传播了盛唐的先进文化。应该说，鉴真东渡对人类的贡献是多方面的。从更广阔的时空考察，鉴真大师在谱写这一壮丽诗篇的过程中，所展现出来的传播文化、何惜生命的献身精神，坚定信念、一诺千金的执着精神，不畏艰难、不屈不挠的拼搏精神，突破俗念、一往无前的开拓精神，努力弘法、普济众生的无私精神是最为珍贵而永世不朽的。

鉴真赴日，除携带了大量的佛教物品，还携带了玉作人、画师、绣工、碑工、镂铸等诸种工匠艺人。这就是说，不仅展示了大唐文化成果的精美实物，更重要的是传播了精湛的技艺。这里面令人注目的是绣工，因为与丝绸有很大的关系。

唐代扬州刺绣很发达。扬州为当时的佛教中心之一，从事刺绣佛经佛像的艺人

鉴真东渡群雕像(仁金摄)

很多,在技法上也有新的创造。鉴真带有多名刺绣师和刺绣作品、材料到日本,正反映了这种情况。刺绣技艺的提高,是建立在丝绸和染织业发展的基础上的,这也说明了扬州丝绸业的发达。

据有关史料记载,扬州丝织品的质量好,品种也多,有锦、绫、纻等。《通典》卷六说扬州进贡的丝织品有“蕃客锦袍五十领,锦被五十张,半臂锦百段,新加锦袍二百领……独窠细绫十匹”①。在这之前,天宝二年(743)唐玄宗登望春楼观看各地送来的货物,广陵郡的船上就有“锦”。所有这些,都从一个侧面说明,鉴真将扬州的丝织品和有关技艺传到日本,是有充分的物质基础和条件的,甚至可以说,鉴真是有计划有

① (唐)杜佑撰:《通典》卷一,中华书局 1986 年版。

阿倍仲麻吕纪念碑

规模地向东瀛输送扬州丝绸的先驱者。

又据有关介绍,日本奈良正仓院珍藏的染织遗宝超过了10万件,另外还有法隆寺保存下来的丝织品,其数量是惊人的。这不能不使人想起鉴真所起的巨大作用。

鉴真的东渡,应该被视为海上丝绸之路向东的探索和延伸,是使盛唐时期的扬州文化走向世界的伟大创举,也是造成日本奈良朝文化昌盛的原动力。从这一角度来说,鉴真是佛教界中将中国文化输入别国而且取得巨大成就的第一人。

鉴真东渡,发展了中日两国人民的文化交流,意义十分深远。这不能仅仅看作是个人的行为,而是历史的要求和两国人民的共同愿望。邀请和被邀请的各种人物,都体现了这种精神。加之鉴真赴日年事已高,双目不济,许多事情是随他赴日的弟子和工匠们如法进、思讬、义静、如宝等共同协作完成的,他们所做的一切,同样值得称道。

在荣睿、普照以后,和扬州关系较深的日本僧人还有圆仁、常晓和圆行等。

圆仁号慈觉大师,是唐贞元间(785—805)入唐求法的日本天台宗开宗大师最澄的弟子。他于日本仁明天皇承和三年(唐文宗开成元年,836)随遣唐大使藤原常嗣入唐求法,不幸遇险船破,至承和四年再度出发,次年始抵扬州登陆,受到淮南节度使李德裕的优待。先在当地开元寺从沙门宗睿学梵书,又从全雅学佛典。此后足迹遍及今河北、山西、河南、陕西、安徽等地。在中国留居的10年中,写下了《入唐求法巡礼行记》,对当时唐朝的风俗礼仪、官府制度、地方组织均有记载,还提到战争及外交问题。除详载了唐代的佛教情况外,还涉及道教、摩尼教等。其中对扬州有生动的描写。他在扬州登岸后的第一个印象是:“自(禅智寺)桥西行三里有扬州府……江中充满大舫船、积芦船、小船等,不可胜记。”他还记有在扬州市场上兑换砂金的事:“(开成三年十月)十四日,砂金大二两于市头令交易。市头称定一大两七钱,七钱准当大二分半,价九贯四百文。”可见当时砂金兑换现金的比值。

《行记》有不少有关扬州的记载。如记扬州的建制云:“扬州节度使领七州:扬州、楚州、卢州、寿州、滁州、和州。扬州有七县:江阳县、天长县、六合县、高邮县、海陵县、扬子县也。今此开元寺,江阳县管内也。”以上所记,除脱漏了舒州和江都县外,与史实是相符的。又如记龙兴寺有鉴真纪念阁事:“又于东塔院安置鉴真和尚素影,阁题云:‘过海和尚素影。’更中门内东端,建过海和尚碑铭,其碑序记鉴真和尚为佛法渡海之事，称和尚过海遇恶风，初到蛇海，长数丈余，行一日即尽；次至黑海，海色如墨等者。”说明唐代扬州在鉴真出家和最后出发处有了最早的纪念堂。此外如谈到扬州白塔寺，说“法进僧都即本住白塔”，即是说随鉴真东渡，后来继鉴真做了日本僧都的法进和尚，原来就住在白塔寺。特别提到“臣善者，在此白塔寺撰《文选》矣”。说明李善曾在白塔寺注《文选》，是很稀有的记录，这些都是研究唐代扬州的珍贵史料。

常晓与圆行是贞元时入唐的日本真言宗开宗大师空海的弟子，于开成三年(838)随遣唐使船抵达扬州。圆行即转陆路北上长安，常晓则留在扬州，先在栖灵寺从僧人文灿(一作文琛)受金刚灌顶和太元密法，次年又向华林寺僧问学三论宗义，这年八月携所得经典与圆行仍乘遣唐使船由扬州出发归国。

圆仁、常晓和圆行，都是日本佛教史上有名的“入唐八家”中的人物，对中日文化交流起过积极作用，他们在扬州的活动同样值得纪念。

新罗人在扬州

唐代是我国封建社会史上一个大开放的时代。强盛的唐王朝无保留地向国外传播高度发达的辉煌的盛唐文化，形成了经济文化大交流、大发展的局面。在这一过程中，中国和朝鲜半岛建立了十分密切的关系。

唐高宗时，有大量的高丽、新罗的音乐舞蹈家长住长安，他们向唐朝输入了高丽乐，融为唐朝十部乐中的一部，同时又把从唐朝学得的乐舞经朝鲜半岛传向日本。公元7世纪下半叶，新罗统一朝鲜半岛后，积极向唐朝学习社会制度、典章文物、文化生活乃至风俗习惯。加之半岛与唐朝接壤，交通便利，来往更趋频繁，接受唐文化的程度也就更为全面和彻底。唐玄宗曾称新罗为“君子之国”，又说新罗“颇知书记，有类中华”，可见当时新罗汉化之深。

有唐一代，新罗子弟来唐留学的有2000多人，仅唐文宗开成二年(837)，新罗留学生就达200多人。留学生留学期限一般为10年，唐朝廷特给予优惠待遇，大体说来，留学生的购书用项由新罗支付，四时衣服食用及日常所需均由唐政府供给。据《东文选》崔致远《遣宿卫学生等入朝状》所载，唐国子监甚至辟有“新罗马道”，其关怀可谓十分周到。

崔致远像(陈建新摄)

当时日本除直接从唐朝学习中国文化,还间接从新罗学习中国文化,把新罗看作是“中国文化的分店”。

早在南北朝时,扬州及其所辖楚州已是沟通中国与新罗的海上交通枢纽。隋唐之际,随着运河的畅通及对外贸易的活跃,扬州已成为唐代最繁荣的经济都会和重要的对外贸易口岸,来华新罗人在此地的活动十分频繁。据开成三年(838)至大中元年(847)游唐的日僧圆仁在《入唐求法巡礼行记》中记载,唐大中、会昌年间,扬州和楚州城内便设有新罗坊,坊内新罗人主要从事盐业、修船、烧炭、航运及商贸等活动。

唐代末期,由于新罗造船业的发展,海上贸易日趋频繁,新罗与江淮地区的联系更为密切。不少新罗商人直接渡海到扬州和楚州等地留居经商,扬州在唐与新罗交往中的重要作用日益突出。唐末及第的新罗进士崔匡裕在《春日送韦太尉自西川除淮南》一诗中曾有“广陵天下最雄藩”(《东文选》卷12)之誉。作为入幕淮南的新罗人,崔致远也曾屡次赞美扬州为“雄藩”、“宝窟”、“福田”或“琉璃之地”[①],同时还记录了唐末中和年间(881—888)新罗商人在扬州贸易的线索。扬州是唐代药材贸易的国际市场,中唐诗僧皎然在《买药送杨山人》诗里便有“江南药少淮南有”、“扬州喧喧卖药市”的记述。据《桂苑笔耕集》卷18《献生日物状五首》云,崔致远为了向淮南节度使高骈祝寿,曾特地献上“海东人形参一躯”和“海东实心琴一张”;重阳节时又送给高骈三斤

① 引自党银平:《桂苑笔耕集校注》,中华书局2007年版,以下有关崔致远的引文均出于此,不另注。

人参和一斤天麻。这些新罗特产皆“采自日域，来涉天池”，又历“万水千山之险”，颇为名贵。《桂苑笔耕集》卷18《谢探请料钱状》又叙及，崔致远在扬州幕府供职期间，因逢新罗“使船”由扬州“过海”回国，他用高骈所赠三个月料钱购买“茶药”托人捎归新罗。又据《孤云先生续集》所辑崔致远诗《友人以毬杖见惠以宝刀为答》可知，崔氏曾以新罗宝刀回赠给中国友人。圆仁《入唐求法巡礼行记》卷4曾载，圆仁离开楚州时，楚州新罗坊的译语刘慎言也曾以“新罗刀子十枚”等礼物相赠，可见这种新罗宝刀原本就属于馈赠之物。这些药物、宝刀等礼品当从在扬州的新罗商人处购得，为考察唐末新罗商人在扬州的活动提供了重要的佐证。

尤为重要的是，据崔致远在部分文章中记载，淮南节度使高骈镇领淮南道时，扬州又出现了“睹耕农之蔽野，听歌吹之沸天”的兴盛安定局面。广明元年(880)，唐僖宗播迁成都后，扬州便成为新罗使团朝觐天子的中转之地与安全通道。崔致远记录了两次新罗使者经扬州入蜀朝僖宗的史实。其一，据《孤云先生文集》卷1所录崔致

崔致远纪念碑(陈建新摄)

远《上太师侍中状》追记，中和二年(882)，新罗宪康王曾派“入朝使”金直谅准备途经山东半岛赴长安朝谒，因该地“叛臣作乱，道路不通”，遂改道“于楚州下岸，迤至扬州”。当“得知圣驾幸蜀”的消息后，仍欲西赴成都面见唐僖宗，淮南节度使高骈便委派本道都头张俭率兵将其护送至西川。其二，据《新罗探候使朴仁范员外》)记载，朴仁范原为唐末新罗进士，后归国为官。约中和三年时，新罗王室获悉唐僖宗已西迁成都后，特地派他任“探候使”赴西川献款问安。朴仁范乃“远衔王命，捧琛执费”，转道扬州准备走水路入川，但因路途遥远、强盗出没，便欲放弃计划，折返新罗。崔致远在这封别纸中认为：“倘员外止到淮，却归海徼，纵得上陈有理，其如外议难防。无念东还，决为西笑。圣主方深倚望，贤王伫荷宠荣。”向朴仁范讲明了放弃使命的不利影响，同时告知，扬州至西川，“道路亦通，舟船无”、“峡中寇戎，或聚或散，此亦专令防援，必应免致惊忧”，希望他“勿移素志，勉赴远行”，入蜀朝觐僖宗。在崔致远的劝勉下，朴仁范坚持完成了新罗国王所委托的入唐“探候”使命。又据《桂苑笔耕集》卷20《谢赐弟栖远钱状》、《祭峻山神文》及《上太尉别纸五首》三文记载，中和四年(884)，宪康王曾派遣检校仓部员外郎守林郎赐绯鱼袋金仁圭以“新罗国入淮南使”渡海至扬州从事官方交往，崔致远之弟崔栖远亦以“新罗国入淮海使录事”之职同至扬州。本年8月，崔致远遂与这二位新罗使同乘一船由扬州北上楚州归国。

“商胡”在扬州

唐代诗人杜甫有这样的诗句：“商胡离别下扬州。”这概括了一个事实，唐代来往于扬州的商胡是很多的。所谓“商胡”，用今天的话来说就是外国商人。外国商人来自不同国家，其中主要是来自波斯和大食，即古代的伊朗和阿拉伯。1963年，扬州东北近郊五台山一带曾出土了一方唐光启二年(886)“河东郡卫氏夫人墓志”。据志文记载，卫氏“育子五人，二男三女，长子曰延玉，次曰波斯”。1975年，在扬州城西苏北农学院(今扬州大学文汇路校区)唐代手工业作坊遗址中，发现了一些胡人陶范和三彩人面。同年，扬州的唐墓中还出土了几件高鼻、深目、虬髯、张口露齿的胡俑和着翻领胡服的侍女俑。1980年，扬州北郊又出了一件唐长沙窑的青瓷绿彩背水扁壶，壶身正面有釉下绿彩书写的阿拉伯文，意为“真主最伟大”。唐人为儿子取名“波斯”，又以波斯、大食、马来、印度等国人的形象制作陶瓷玩具和陶俑，这些出土的文物资料可从侧面间接地反映当时在扬州的外商人数多，影响大[①]。而 1965 年特别是 1983 年以来，扬州出土的波斯陶更是直接反映外商在扬州活动的珍贵资料。扬州文博界在隋一宋扬州城遗址的唐代罗城（今扬州市广陵区）范围内调查发掘近 20 处中晚唐时期的遗址，出土了大量的带有明显异域特色的陶瓷片。瓷片的基本组合与国外许多同时期遗址的出土情况十分近似，这应该不是偶然的巧合。

波斯（伊朗）从西汉张骞通西域以来就与中国建立了友好关系。波斯为丝绸之路的必经之地，又是南北两路的会合点，现在伊朗的城市伊斯法罕，就是当年丝绸之路的一个重要转运站。中国的丝绸、工艺品和文物大量输入波斯，再从波斯传向西方，直至拂林（亦称大秦，即罗马）。所以波斯与中国不仅有久远的经济文化交流的历史，也沟通了中国与欧洲的经济往来。到唐代，两国的友好关系有了进一步发展，在政治上也更为密切。波斯商人的足迹几乎走遍了唐朝的著名城市，即使在波斯消亡以后，仍有大量波斯人留居中国，一般都很富有。

大食（阿拉伯）人，很早就航行于红海、波斯湾和印度、斯里兰卡之间。那些会做生意的商人们，从印度将东方各国的货物包括中国的丝绸等运到红海的苏伊士，然后用骆驼运到亚历山大港，再转输到欧洲；又将西方的货物以及非洲的象牙、香料等，贩运到印度，再转输到中国和其他亚洲国家。从这个意义上讲，大食早就间接地沟通了中国同伊朗、阿拉伯和埃及的海上交通。但作为正式往来是唐初才开始的，此后两国的海上交通日益频繁。大食的商人在唐朝各地活动，有的就在中国定居。

唐代与波斯、大食的交往，主要有两条路线，一条是陆上“丝绸之路”，系从大食、波斯经恒逻斯、碎叶、勃达岭、龟兹、河西走廊至唐朝都城长安。自汉代至中唐以前，都是这条路线。一条是海上“丝绸之路”，亦称“香料之路”，系从阿曼的苏哈尔或波斯北岸的西拉夫起航，经印度洋、太平洋，沿海岸北行到达广州。唐代海上交通发达，这条路线成为中国与波斯、大食海上贸易的主要通道。当时广州、洪州（今南昌）、扬州、长安（今西安）胡人最多，这几处地方常见于古代阿拉伯人的著作中。例如地理学家

① 顾风：《略论扬州出土的波斯陶及其发现的意义》，见叶奕良主编：《伊朗学在中国论文集》，北京大学出版社 1993 年版。

伊本·郭大贝在《省道志》中，列举中国的海港共有四处，自南而北为龙景（越南半岛灵江口北岸）、广府（广州）、越府（明州，即宁波）、江都（扬州）。从交州航海，四日可到广州，由广州八日可到越州，越州至扬州六日可达①。写得很为具体。这是因为扬州是"商贾如织"的最繁华的商市，又是南北交通的冲要，波斯、大食人到广州后，为了到扬州做生意，必须由广州正北沿着浈水（现称作北江）到达韶州，然后转东北方向，翻越"梅岭"（即大庾岭），进入赣江流域。从赣江流域就可以轻易地穿过现在江西省，经由洪州进入长江流域，此后沿着长江可以直抵著名商业城市扬州。如果还要往长安，则由扬州沿运河至洛阳，再经陆道过潼关西入长安。这是一条必经之道。由于唐代和波斯湾海上交通盛况空前，广州和扬州成为中国东南最重要的对外贸易和商业中心。

唐政府对商胡的贸易活动是加以保护和给予方便的。唐文宗太和八年（834）上谕说："南海蕃舶，本以慕化而来，固在接以仁恩，使其感悦……深虑远人未安，率税犹重，思有矜恤，以示绥怀。其岭南、福建及扬州蕃客，宜委节度观察使常加存问，除舶脚、收市、进奉外，任其来往通流，自为交易，不得重加率税。"②这就使得这种国际间的贸易相当活跃，而且规模很大。

尽管《唐书·田神功传》载：上元元年（760）"（田）神功至扬州，大掠百姓商人资产，郡内比屋，发掘将遍，商胡波斯被杀者数千人"，但扬州人民和波斯、大食人之间相处得很融洽，也很信任，除了经济贸易等业务上的往来，还以己事相托。唐时文献中，常有类似的记载。例如《太平广记》卷402《集异记》就留下了这样一段故事："司徒李勉，开元初作尉浚仪。秩满，沿汴将游广陵。行及睢阳，忽有波斯胡老疾杖策，诣勉曰：'异乡子抱恙甚殆，思归江都，知公长者，愿托仁荫，皆异不劳而获护焉。'勉哀之，因命登舻，仍给饘粥。胡人极怀惭愧，因曰：'我本王贵种也，商贩于此，已逾二十年。家有三子，计必有求吾来者。'不日，舟止泗上，其人疾亟，屏人告勉曰：'吾国内顷亡传国宝珠，募能获者，世家公相。吾衔其鉴而贪其位，因是去乡而来寻。近已得之，将归即富贵矣。其珠价当百万，吾惧怀宝越乡，因剖肉而藏焉，不幸遇疾，今将死矣。感公

① 伊本·郭大贝：《省道志》，Khurdadhbih，Ibn，al—MasalikWrl'1 - mamalik，Leiden，1889，BGA.

② 董诰、阮元、徐松等编撰：《全唐文》卷七十五《（太和八年）疾愈德音》，中华书局1983年影印本。

恩义，敬以相奉。'即抽刀决股，珠出而绝。勉遂资其衣衾，瘗于淮上。掩坎之际，因密以珠含之而去。既抵维扬，寓目旗亭，忽与群胡左右依随，因得语言相接。傍有胡雏，质貌肖逝者，勉即询访，果与逝者所叙契合。勉即究问事迹，乃亡胡之子。告瘗其所，胡雏号泣，发墓取而去。"故事中的李勉受胡老之托而不贪财宝，最后访得了他的儿子，使其发墓取宝而去，表现了两国人民之间的友好关系。这也从一个侧面说明，在中国人民与西亚人民的经济文化交流史上，扬州占有重要的一页。

三、宋元时期扬州的对外交往

宋朝的疆域较以往中原王朝小，丝绸之路被西夏阻断，以海上贸易为主，陆上贸易较少。特别是南宋时期向北方的金国缴纳岁币，财政十分仰赖海上丝绸之路的贸易。由于雄富冠天下的扬州在唐末"经秦、毕、孙、杨兵火之余，江淮之间，东西千里，扫地尽矣"，加之"迭攻迭守，焚市落，剽民人，兵饥相仍，其地遂空"①，北宋时期的扬州虽已"承平百七十年，尚不及唐之什一"②。南宋时期，国家被割裂为二，南宋偏处一隅，扬州成了宋兵与金兵、元兵交锋的前沿，更是兵火连年，赖以繁荣的国际国内运输和贸易以及手工业、金融市场日益衰落，已经无复唐代的盛况了，但仍不失对内对外交通的重要地位。

宋代仍有一些西域商人、教徒来扬州经商、传教。虽然，在北宋中期，运河口岸一度从瓜洲移向扬州西面沿江的真州(今仪征)，但是由真州去汴京(今开封)的通道依旧要经过扬州北上。宋代真州港口实际上仍然是扬州口岸的组成部分。同时，由于中原北部被辽金占据，日本、高丽来中国的"新罗道"基本断绝，但仍然有不少朝鲜人和阿拉伯人沿着海上丝绸之路水道直接航行到扬州，或者由明州(今浙江宁波)辗转

① 《新唐书》卷二四五《高骈传》。

② 洪迈:《容斋随笔·卷九》，辽宁古籍出版社 1996 年版。

来到扬州而后沿运河北上，或是溯长江西去鄂湘。因而，北宋曾于“元丰七年诏京东、淮南，筑高丽馆”。扬州“高丽馆在南门外，以待其国朝贡之使”。扬州高丽馆后废于南宋建炎年间(1127—1130)，后于绍兴三十二年(1162)重建，郡守向子固“题其门曰南浦，亭曰瞻云，为迎饯之所”[①]。高丽馆遗址在今旧城南门外南池废址。清代诗人郭士璟为此写过一首诗：“远陌方停近驿通，去来舟马任西东。亭前老树墙头出，闲送苍烟极浦中。”[②]

中医源远流长，在亚洲早有影响。宋徽宗时期，就有使官徐兢出使韩国，写了一部《宣和奉使高丽图经》，明确记载高丽国王文宗“遣使入贡求医”之事。史书记载，熙宁七年(1074)，宋神宗派遣扬州医助教马世安等 8 人赴高丽，元丰三年(1080)七月，马世安等再度赴高丽，受到神宗的嘉奖[③]。

南宋时期，沿海上丝绸之路来中国而至扬州的使客，除高丽而外，日本遣宋使团与入宋求学求法的学生和僧徒，及经营贸易的商贾，其频繁的程度不减唐代。值得提起的，是宋代入华与扬州有关的日本僧人成寻。成寻是日本京都大云寺僧，崇奉天台宗，一生以“巡礼五台山并诸胜迹等”为志愿。他以花甲之年(日本延久二年，宋熙宁三年，1070)向朝廷奏请渡宋，未得到答复，遂于延久四年(1072)“为礼清凉山，私附商客孙忠商船，偷以渡海”而来到中国。也就是说，他是乘中国人的商船偷渡入宋的。他经过扬州是在熙宁五年(1072)的九月。在他的《参天台五台山记》中，有几则关于扬州的描述。如九月十二日记过瓜洲的情况说：“入扬州界内了。次至桥，桥头有迎湖太伯庙，远见金山寺，四面甚妙也。次入瓜洲内，隋帝时所分置也。今又属扬州，无别刺史。至水门，驻船。待潮生可开关木。申一点潮生，曳水中木，入船。过二里，到着瓜洲堰宿。”对过瓜洲斗门水闸的情况，写得很具体。又如九月十四日记过邵伯闸云：“辰时，至邵伯镇，止船。从船前捧幡打斯锣伎乐数十人，渡边祭神人云云。未时，开水门所了，次开一门，出船了。子时，过六十里，至高

---

① 朱江：《远逝的风帆》，东南大学出版社 2014 年版。

② 朱江编著：《海上丝绸之路的著名港口——扬州》，海洋出版社 1986 年版。

③ 同上。

邮县,广大县也。”[①]

此外,大食人来扬州经商贸易之人与传播伊斯兰教的穆斯林,也可以说是络绎不绝。南宋度宗(赵禥)成淳年间(1265—1274),西域普哈丁来扬州传教。元世祖中统元年(1260),意大利威尼斯人马可·波罗随父经商到中国。据传还担任扬州总督达3年之久。关于普哈丁、马可·波罗与扬州的关系,将在后文详述。

在马可·波罗之后的60多年的时间里,仍有圣方济各派的天主教徒来到扬州,死后葬在这里。公元14世纪前期,鄂多立克写的《游记》里,谈到扬州有圣方济各派的教堂和聂利托利教堂的情况:“城中有圣方济各派修道院一所与其他教士之礼拜堂数处。唯此种礼拜堂是属于聂利托利派之礼拜堂。其城甚广大,其户至少有四十万,亦云有五千二万(原文如此),凡基督教团所需之物皆备。君主每年在此城征收赋税五千万巴里失,每巴里失合一佛罗铃半(约十七费郎半)。……城中有船舶甚众。[②]”通常认为,天主教圣方济各派的教徒大都是意大利人。由此可见,在元代确有意大利神职人员到过扬州,或在扬州居留。这说明天主教早在元代就以罗马教会聂利托利教派与圣方济各教派的形式东渐扬州,为天主教东传扬州的历史写下了最为古老的一章[③]。

早在唐代(618—907),景教即已传入中国,《大秦景教流行中国碑》就是这方面的证明。在元代(1279—1368)有许多高官出身于突厥。从马可·波罗的《游记》中我们知道,从帕米尔山下的喀什噶尔直到内地南方的沿海城市泉州都有人信仰景教。《元典章》里也记载道:“奥剌憨在扬州建立也里可温十字寺教堂。”1981年,在扬州曾出土一方景教墓碑。这是扬州发现的唯一一件景教徒墓碑。该碑用古突厥语和汉文对照刻写,下段右侧存三行汉文:“岁次丁巳延祐四年三月初九日三十三岁身故五月十六日明吉大都忻都妻也里世八之墓。”据耿世民先生的研究,所谓的“元延祐四年也里世八墓碑”,实际上是元仁宗早期大都留守萨木沙之妻也里世八(伊丽萨白)夫人的墓

① 成寻著、王丽萍译校:《参天台五台记》,上海古籍出版社2009年版。
② 何高济译:《海屯行纪、鄂多立克东游录、沙哈鲁遣使中国记》,中华书局2002年版。
③ 吴家兴主编:《扬州古港史》,人民交通出版社1988年版。

碑[①]。这块墓碑的发现，对于了解元代我国东南地区的中外文化交流、当地的民族和民族文化融合状况具有重大意义。从扬州和泉州发现的回鹘语景教碑铭看，这些景教徒大多为古代操突厥语的民族，准确的讲主要是回鹘人的后裔畏吾儿人[②]。从《元史》可知，元代有大量的畏吾儿人被元朝政府重用，不少是在南方做官。扬州出土叙利亚文景教碑铭的语言是纯粹的回鹘语，与新疆、敦煌、内蒙古等地发现的大量回鹘语文献和碑铭的语言没有两样。

元代扬州和高丽的交往相对显得略为薄弱一些，但不能忽视这一时期的两国交往有其他朝代无法比拟的特点。这时，朝鲜半岛的国家与从前中原王朝的关系超出了传统封贡宗藩关系的范围，而更多的是一种"附属国"关系。这也是元代中韩关系在整个中韩关系发展史上的独特之处。到高丽忠宣王(1298 年、1308 年—1313 年在位)一朝，忠宣王王璋更是旅居中国数十年而不愿意归国。王璋在华期间，他与姚燧、虞集、阎复、元明善、赵孟頫、朱德润等元朝文人学士交游，并筑"万卷堂"以切磋文艺；又沉迷于佛教活动，曾赴五台山、江浙等地上香，多次布施经藏。元延祐六年(1319)，忠宣王携权汉功、李齐贤等高丽文人赴江南，他们此次的行程，大致走的就是大运河航路，南渡长江后，沿着江南运河，由镇江、苏州至杭州，降香礼佛。其间，王璋一行在扬州游览了平山堂，李齐贤所作《鸬鹚天·扬州平山堂，今为八哈师所居》可以作为文献旁证："乐府曾知有此堂，路人犹解说欧阳。堂前杨柳经摇落，壁上龙蛇逸杳茫。云澹泞，月荒凉。感今怀古欲沾裳。胡僧可是无情物，毳衲蒙头入睡乡。"诗人在一个"云澹泞，月荒凉"的夜晚来到平山堂，闻名遐迩的平山堂，却被一个"毳衲蒙头入睡乡"的胡僧占据着，此情此景，诗人不得不"感今怀古欲沾裳"。李齐贤的这首词不但格律皆合，而且生动地描写出王璋、李齐贤等人游览平山堂时的所见所闻所感。怪不

---

① 耿世民：《古代突厥语扬州景教碑研究》，《民族语文》2003 年第 3 期。

② 畏吾儿人：也就是畏兀儿人，又称伟兀、西州回鹘，元朝西北方面的一个少数民族。唐朝时期称作回鹘人，宋代称高昌回鹘，是今天裕固族的前身。哈剌火州所在的吐鲁番盆地是畏兀儿的中心地区，农业很发达，畏兀儿人民除种植小麦、大麦、稻、高粱、黍、豌豆等粮食作物外，还种植大麻、芝麻、棉花、苜蓿等油料作物、纺织原料和饲料，尤其擅长种植西瓜、甜瓜、葡萄、石榴等瓜果。手工业方面，加工金银铜铁，纺织布帛丝枲，工艺都很精巧。回鹘在漠北时信仰摩尼教，西迁后统治者又接受了高昌盛行的佛教。基督教聂思脱里派、祆教也在百姓中流行。11 世纪后，黑汗王朝统治下的可失哈耳(今新疆喀什)等地人民已改信伊斯兰教，并逐渐传到亦都护辖境，蒙哥汗时，穆斯林在社会上已有相当影响。元末察合台后王改信伊斯兰教，其他宗教都被排挤。

得《益斋先生年谱》记载“王降香江南，楼台风物，遇兴遣怀，每从容曰：此间不可无李生也”，可见李齐贤的文学才能得到了极高的认可。

阿拉伯人与扬州

自唐代扬州成为阿拉伯人经常往来和定居的都市之一以来，这种关系，迨至宋元，一直没有中断过，先后有不少阿拉伯人来扬州从事商业和传教活动。在众多的阿拉伯人中，普哈丁是声誉最显著、影响最大的一位。

综合有关史料，大致可以知道：普哈丁据传是伊斯兰教创始人穆罕默德的十六世裔孙，在国内有很高的德望。我国南宋末年咸淳年间（1265—1274），远涉万里，来扬州传教，前后在扬州生活了十年。中间曾回国，三年后再次入华，东游至津沽，移舟南下，再至扬州[①]。这时正是中国战争频仍的时期，但连天的烽火也未能阻止中、阿之间的友好交往。普哈丁在传播伊斯兰文化的同时，还参与建造了扬州的仙鹤寺。

普哈丁后来去山东济南传教，于德祐元年（1275）七月乘船南下，当月十九日抵扬州时逝世了。广陵郡守遵照他的遗愿，把他安葬在运河东岸的墓园里。

“西域先贤普哈丁墓”也建造于南宋灭亡前夕。扬州人在极艰难的处境下建造起这座墓园，表示了对普哈丁的极大尊重和对阿拉伯人民的亲密友谊。

墓园本是专为安葬普哈丁的，后来陆续又有在我国去世的其他阿拉伯人安葬在这里，时间跨度为南宋到明代。为了叙述的方便，一并在这里介绍。据墓亭的石额所记，他们是“宋景延（当作炎）三年（1278）西域先贤撒敢达”，“明成化元年（1465）西域先贤马哈谟德”，“明成化五年（1469）西域先贤马六丁”，“明弘治十一年（1498）先贤法纳”。他们的生平事迹没有具体的记载，但从称为“西域先贤”和葬于普哈丁墓园的情况来看，当是由南宋及明曾在扬州从事宗教活动的伊斯兰传教人员。

普哈丁墓园是中阿友好史上珍贵的实物资料，对研究唐以后直到明代阿拉伯人在扬州的生活，提供了很有价值的线索。

民国十三、十四年（1924、1925）曾从扬州南门外挡军楼的基础中拆出四通高

① 金宜久主编：《伊斯兰教辞典》，上海辞书出版社 1997 年版。

普哈丁墓园题有“天方矩矱”的亭阁(陈建新摄)

0.75 米、宽约 0.5 米,两面都刻有文字的元代墓碑,后来也移置在普哈丁墓园内。第一块墓碑正面阴刻中文楷书两竖行,文为“徽州路达鲁花赤捏古伯之墓”,死者是位元朝徽州路的最高长官捏古伯。“达鲁花赤”是蒙古语的音译,意为“掌印者”。在元朝的各级地方政府里面,均设有达鲁花赤一职,掌握地方行政和军事实权,是地方各级的最高长官。碑的背面阴刻有阿拉伯文 10 行,文后记有死者亡于“时值(伊斯兰历)709 年 12 月 2 日”字样,相当于元朝至大三年,公元 1310 年 5 月 3 日。第二块墓碑的碑正面四缘环刻阿拉伯文“库法体”《古兰经》的章节,中部阴刻 12 行阿拉伯文。文中有这样的句子:“被赦免的亡故者赡思丁 · 拉希夫拉 · 巴拉吉。愿真主慈悯他,使他定居于舒适的乐园之中。时值(伊斯兰历)724 年 6 月初。”死者是一位伊斯兰的传教士,很可能出生在波斯北部的巴拉吉地方,他死在元朝的泰定元年,公元 1324 年 5 月 26 日至 6 月 4 日之间。第三块墓碑上记载着一位死于元泰定元年

(1324)的名叫“阿伊莎·哈通”的波斯妇女。第四块墓碑其中部分文字残损，碑文上刻有阿拉伯的格言，死者是一位名叫“阿莱丁”的传教士，他死于元大德六年，即公元 1302 年[①]。这些碑文的被发现有力地说明，在元代，扬州不仅有阿拉伯人在这里传教，还有阿拉伯、波斯妇女在这里生活。扬州人民与阿拉伯人民的友谊是源远流长的。当时侨居在扬州的外国侨民为数相当多，其中尤以阿拉伯和波斯人为最，他们中的大多数人信仰伊斯兰教，在逐渐活跃的宗教文化活动中，留下了丰富的伊斯兰教文化印迹。

宋元之间周密的《癸辛杂识·续集》中说：“今回回皆以中原为宜，江南尤多，宜乎不复回首故国也。”《明史·西域传》中更说到：“元时，回回遍天下。”可以证明由南宋至元明阿拉伯人来扬州传教的甚多，扬州已有相当数量的人信奉伊斯兰教。

20 世纪以来，扬州其他地方发现的回族伊斯兰教碑刻陆续安放在普哈丁墓园，据不完全统计，这些碑刻大约有 48 通左右，有的记述清真寺、墓园的创建、修葺，有的阐述古行礼仪，有的提倡办学、保墓、造林，有的表扬阿訇，生动地反映了扬州回族经济、文化、宗教的状况，折射出伊斯兰教和扬州历史发展之间的关系，为研究伊斯兰教入华入扬、中阿交流、海上丝绸之路、古运河文化、南北穆斯林经济文化交流的珍贵物证，对研究唐以后直到明代阿拉伯人在扬州的生活，提供了很有价值的线索[②]。

马可·波罗及基督教与扬州

1929 年，美国友人埃德加·斯诺来中国担任《密勒氏评论报》助理主编以后不久，曾沿着铁路线作了一次长途旅行，期间到过扬州。后来斯诺在《我在旧中国十三年》一书中提到：“我到过了长江下游和大运河沿岸的所有历史上有名的地方，……扬州优美的渡桥和马可孛罗像，在忽必烈统治时期，马可孛罗管理扬州城达三年……”[③]。斯诺所说的马可孛罗，即马可·波罗。可惜他提得太简略，没有讲明白在扬州什么地方看到马可·波罗像，也没说清是什么样的像。然而，这个线索很耐人寻

① 朱江：《远逝的风帆》，东南大学出版社 2014 年版。
② 郭成美、杨志娟：《扬州回族伊斯兰教碑刻述评》，《回族研究》2015 年第 3 期。
③ （美）斯诺：《我在旧中国十三年》，生活·读书·新知三联书店 1973 年版。

味，它有力地说明，在元代来中国的欧洲人中，马可·波罗和扬州的关系，是有迹可循的，后来最为人所熟知，也并非空穴来风。

元代，是近代西方东渐之前，可说是中西交通最繁盛的时代。过去的中西交通，主要靠海路，元代疆域广大，陆路也很发达了，这就为中亚交通造成了更大的方便。来到中国的欧洲传教士和商人数量之多，为过去所未有。当时在地中海区域，正是第四次十字军东侵以后，意大利的威尼斯城邦，垄断了地中海东部的航运和贸易，这就更有利于马可·波罗等的东来。

威尼斯市赠送的身插双翅的铜狮（陈建新摄）

马可·波罗(约1254—1324)出身于威尼斯商人贵族家庭。他的父亲尼古拉·波罗和叔父玛窦·波罗都是威尼斯的大商人,在带马可·波罗东来之前曾到中国一次,于大都(即和林,今内蒙古自治区多伦附近)受到了大汗忽必烈的礼遇。第二次携带马可·波罗东来是1271年,那时马可·波罗才是个17岁的少年。

马可·波罗和他的父亲、叔父在中国生活了17年,他们于1292年末回到意大利的威尼斯。此时,他们回到家乡,正值威尼斯和热那亚发生战争。1298年,马可·波罗自己出钱装备了一艘战舰,自任舰长,参与威尼斯舰队与热那亚作战。结果战败被俘,被关进了热那亚监狱。在狱中,马可·波罗把他在中国和其他亚洲国家的所见所闻,讲给同狱的小说家叫罗思蒂谦的人听,罗思蒂谦用当时通行的法文记录下来,便成了著名的《世界的描述》(又名《世界的印象》),冯承钧中译本称为《马可·波罗行记》。书中称中国为"契丹",称北京为"可汗的大都",称南方汉人为"蛮子",称杭州为南方汉人的"行在",反映了当时的实况。

《马可·波罗行记》对元代中国的情况有多方面的介绍,对许多名城包括扬州的繁华景象有生动的描述。至于他说"曾奉大汗命,在此城治理自三整年",中国的史书与地方志无任何记载,亦无其他佐证,伯希和说:"至若马可·波罗在1276至1291年间在扬州任职三年的话,只有马可·波罗本人之语可凭"[①]。《中国大百科全书》(中国历史卷)也说:"他自称曾奉大汗之命治理扬州三年,这一点目前得不到可靠的印证。"所以人们对此不能无疑。

另外一种可能,马可·波罗担任的是某种临时性差使,《行记》多处提到奉大汗之命至某处某处,在扬州也说是"曾奉大汗之命",不一定是长期职务。而整三年,也许是夸张之词(《行记》中多有夸张失实之词,如攻取襄阳一事,发生在马可·波罗来华两年之前,他却说参与了此事)。据伯希和的又一推断,马可·波罗所干的差使,多半是盐税事务,在扬州担任的职位,也应是有关盐务的官员。伯希和注意到马可·波罗在谈到从涿州到长江这段路程时,有三次讲到另外三处地方:长芦、海门、真州(仪

① 伯希和:《马可波罗行纪沙海昂译注正误》,原刊《通报》1927~1928年合刊第156~169页,冯承钧的译文载《马可·波罗行纪》下册第849~865页。岑仲勉:《蒙古史札记(八)枢密副使孛罗》,载《中央研究院历史语言研究所集刊》1935年第5本第4分册。

征)，都提到这三个地方是产盐区，而且对它们的情况很熟悉，因此或可证明他是盐务人员。他大概时常从真州到扬州的。还应注意到另外一个迹象，即马可·波罗在中国期间很富有，算得上是百万富翁，他的钱是从哪里来的？他东跑西走，主要的活动应是经商，经商的内容，主要应是充当以官钱营运的"斡脱"，即是替官家(包括皇室成员)放高利贷的经济人。如果他真的做过盐务官，不排除是从事以盐税作放贷的活动。他经常说"奉命"外出，这里面就透露出几分消息。

总的来说，马可·波罗没有担任过元政府的正式官员(这正是中国历史无记载的重要原因)，可能担任过一些临时职务，也是以商人的身份出现，都和商业活动有关。他一再提到政府的派遣，这种派遣也是非正式的，最多只是随员或同行，所以从没有提到他曾持有过作为正式出使凭证的牌符。他最终的身份仍是一个商人，一个"斡脱"。

这里还应该注意一个问题，尽管马可·波罗在华的活动很频繁，但总的来说，基本是在政府设置的西方人的圈子里安置，活动在民族宗教自成组织的封闭性集团中，与汉人很少交往，所以根本不见对汉人和汉文化的记载，汉人中也无对他的记载。这也是马可·波罗不见于中国史籍的重要原因。

说到西方基督教(明朝称也里可温教)团体，当时扬州也有存在。据《元典章》记载，延祐四年(1317)正月三十日，有御位下彻彻都·苫思丁起马四匹，前来扬州也里可温十字寺降御香，赐予功德主缎匹、酒等。这个寺的功德主即掌教叫奥刺憨，寺是他父亲建的。为了赐给他缎匹、酒的事，还引起了淮东廉访司的攻讦，曾上书参劾说："彼奥刺憨者，也里可温人氏。素无文艺，亦无武功，系扬州之豪富，市井之编民，乃父虽有建寺之名，年已久矣。今崇福院传奉圣旨，差苫思丁等起马四匹，赍酒醴二瓶，前来扬州，传奉圣旨恩赐，是乃无功受赏。"为什么会引起淮东廉访司的不满，今不可知，但由此可以说明，奥刺憨一家在扬州生活的时间已经很长了。又由此可知，当时政府有降御香于扬州(当然不仅仅是扬州)也里可温十字寺及赐缎匹、酒于也里可温掌教的故事。1317 年距马可·波罗 1292 年离华已有二十来年，但提到寺主的父亲"虽有建寺之名，年已久矣"，说明早就在扬州生活和建寺，很可能马可·波罗在扬州时寺已存在，还可能有所接触往来。《行记》记了镇江的教堂，却没有提到扬州的教堂，少了一条追寻的线索。

冯承钧在《行记》译本扬州条的注释中，提到在马可·波罗三十多年后来扬州的圣方济会教士斡朵里克(今译作鄂多立克)，著有《鄂多立克东游录》，里面写扬州道：

> 当我在这条塔剌伊河上旅行时，我经过很多城镇，并且来到一个叫做扬州(IAMZAI)的城市，吾人小级僧侣在那里有所房屋。这里也有聂思脱里派的教堂。这是座雄壮的城市，有实足的四十八到五十八土绵的火户，每土绵为一万。此城内有基督徒赖以生活的各种大量物品。城守仅从盐一项上就获得五百土绵巴里失的岁入；而一巴里失值一个半佛洛林，这样，一土绵可换五万佛洛林，但作为对此城百姓的恩典，上述城守蠲免他们两百土绵，以免发生饥荒。
>
> 此城内有个风俗：倘若有人想要以丰盛筵席款待他的友人，他就去找一家专为此目的而开设的旅舍，对它的老板说："给我的若干友人准备一桌筵席，我打算为它花多少钱。"然后老板一如他吩咐的那样做，客人们受到的招待比在主人自己家里还要好。
>
> 此城也有大量的船舶。

鄂多力克是西方东来传教的很有名望的人物，他在扬州的活动值得注意，有关扬州的记述，对了解马可·波罗在扬州的背景，和了解元代扬州的社会情况，都很有参考价值。

四、明清时期扬州的对外交往

明清是承宋元之后，社会经济文化更加发达，中国封建政权更加巩固，多民族的统一国家进一步发展的时期。这个时期，中国与周边及海外各国在政治、经济、文化

各方面进行了广泛交往，出现了空前的繁盛，扬州的对外交往进入了崭新的历史阶段。

到明代，由于扬子江心的马驮沙与江北并岸，长江口日益东移，往日与海外交通的港口地位逐渐被江阴和华亭所替代，但由于扬州仍然处在南北水陆交通的枢组位置上，尚未完全失去海外交通的地位。据《嘉靖惟扬志·军政志》记载，明洪武二十年(1387)开始海运，“凡江南运舟，派为二道：一由江入海，出直沽口白河，运至通州，谓之海运；二由江入淮，入黄河至扬武县，陆运至卫辉府，由卫河运至蓟州，谓之河运”。这次海运，至明永乐十三年(1415)又停止了。

由于扬州控江扼淮，无论海运、河运都与扬州有紧密关系，因此，明代的扬州卫指挥使有巡海的任务。巡海的时候，“扬州卫官七员、旗军三百三名，通州所官十五员、旗军二百三名，泰州所官员十员、旗军二百三名”，在扬州卫指挥使统率下巡逻海防。同样，扬州依旧是东亚、北非和阿拉伯地区的商人和官员泛海而来中国的目的地，或是必经地之一，留下了许多中外友好交往的佳话。

中朝两国间的通道本有海、陆两条，但明初定都南京，明太祖朱元璋要求朝鲜朝使团由海路直接入京。这一时期，高丽朝使臣出使中国均通过海路抵达江苏太仓的浏河港，下船后前往金陵。从高丽至太仓，海路较远，再加上当时高丽的航海业受造船技术的限制以及航海经验的缺乏，使得高丽朝使臣的海上朝贡之路充满了危险。为了缩短高丽朝使臣在海上的航行时间，减少可能会出现的危险，高丽朝方面多次提出取陆路使华的请求。经过高丽朝方面不懈的努力，直到洪武六年(1373)朱元璋终于准许高丽朝使臣的航船至山东登州上陆，再前往金陵。具体而言，明初高丽朝使臣进入南京的路线，是从汉阳经平壤、安州、义州，渡鸭绿江而进入中国境内，先后经九连城(也称镇江堡，位于今丹东市北)、汤站(今风城县汤山城)、凤凰城(今风城)、通远堡，并由连山关西行经甜水站(今辽阳县境内)、鞍山驿(位于今鞍山市南)，再由海州、盖州、复州、金州一路南行至旅顺口，在此渡渤海而抵达蓬莱，再经过登州、莱州、青州、淮安诸府，取道大运河南下，再溯长江而上进入南京。洪武五年(1372)，明朝军队占领辽东。洪武二十二年(1389)以后，随着整个辽东重新回到明朝手中，明朝统治得到进一步的巩固与发展，高丽朝使臣抵达中国，有时才被默许可以走陆路从辽东前往北京，再沿大运河南下。这种情况一直延续到永乐初年。洪武二十五年(1392)，李成桂建立朝鲜王朝，把结好明朝作为自己的外交重点，并与明朝确立了宗藩关系，与明朝的使臣往来十分频繁。此后，朝鲜朝与明朝的朝贡路线一直没有改变，直至明成祖迁都北京之前，朝鲜使臣朝贡所走的都是这条路线。

郑梦周(1337—1392)，朝鲜高丽王朝末期时候的政治家、外交家、哲学家、文学家，被誉为朝鲜理学之祖。郑梦周早名梦兰，9 岁改名梦龙，字达可，号圃隐，谥号文史，今韩国庆尚北道永川人。郑梦周受中华文化影响很深，幼年发奋学文，自学成才。高丽恭愍王九年(1360)中举，十六年(1367)受李穑赏识，出任学官，负责讲解朱子集注。1370 年左右，出任大司成，负责同中国明朝重建朝贡关系。从 1372 年到 1388 年的 16 年里，郑梦周六次出使中国，两次得面见明太祖朱元璋，多次修复和重建了高丽和明朝的关系。郑梦周的出使缓和了明朝与高丽之间的矛盾，消除了明廷对高丽的疑虑，不仅避免了两国交战，而且使高丽获得“冠服皆袭华制”和“减免岁贡”之优待，给当时的高丽国家减轻了精神上和经济上的负担。洪武五年(1372，恭愍二十一年)三月，郑梦周以书状官身份，从知密直司事洪师范赴京贺平蜀捷及兼请子弟入太学事，第一次出使明朝。是年七月，洪师范、郑梦周一行返回高丽，途中至海中许山，遭遇飓风，所乘巨舟惨遭损毁，师范等三十九人溺死，郑梦周等一百十三人割鞧而食十三日，万死乃生，漂至嘉兴(今浙江嘉兴境内)界。明太祖听说后，命百户丁明以舟救之，并令郑梦周等重返京师。郑梦周再次到达南京后，明太祖厚加恩恤。翌年七月，郑梦周回到王京，带回了明太祖圣谕。关于请子弟入太学事，明太祖的答复是：“高丽距京师，水陆万余里。父母必怀其子，子必思其亲，听其父母，情愿者遣之。”明太祖也很体谅高丽使臣往来的艰险，咨文中还提到“每年数次贡献，必至烦民，行李往来，海道艰险。自今可依三年一聘之礼，或欲世见亦可。方物止用土产，布子不过四五对表意。”由于洪师范出使明朝溺海，所以明洪武七年(1374)高丽遣郑庇、禹仁烈等赴京师时曾上表请示通过陆路朝见，明太祖当即下了谕批：“去年洪者溺海，汝往登州过海，今后不要海路来。”显然，郑梦周第一次出使大明时，是通过海路，即直接从朝鲜半岛、山东半岛沿岸南行，经黄海、东海入长江口由太仓直接到当时明朝的首都南京的。有了明太祖的御批，从此郑梦周以后的几次出使，都是从辽东半岛渡海，在山东半岛登州上陆，然后通过陆路沿运河到南京了。郑梦周出使明朝期间，写下了很多著名的纪行诗。在郑梦周所著《圃隐先生文集》中，有关扬州的诗歌收录了十二首，有《舟发淮阴向宝应县》《氾光湖晓景》《高邮湖》《高邮城》《扬州》《真州》《扬州竹西亭怀松京诸友》《高邮湖舟中》《扬州食枇杷》《瓜洲》《扬子江》《扬子江船上》等。朝鲜著名政治家郑道传称赞郑梦周"其所见益广，所造益深，而所发益以高远"。

14 世纪下半叶，明朝建立后不久，曾经派遣使节到日本通好，因为日本流行佛教，所以派了两位高僧前往，并以在中国留学的日本僧人担任通事。道彝和尚就是在这一历史背景下奉使日本的。

道彝，字一如，明初高僧。佛教临济宗传人，出自北隅居简一派。嘉庆《重修扬州府志》有载："道彝，明僧，字天伦，住扬州天宁寺。博通内典，与少师姚广孝友善。永乐中，奉使日本，寂于其地，年六十六。"明洪武十五年(1382)，道彝任僧纲司都纲。建文四年(1402)，明惠帝朱允炆派道彝和一庵一如两位高僧，奉国书与锦绮等礼物护送上一年出使明朝的日本使节肥富和僧祖阿回国并出使日本。道彝一行在日本的兵库登岸，受到了室町幕府足利义满及下属官员的隆重欢迎。明惠帝在给足利义满的国书中称他为"日本国王"，并俨然以对属国首脑的口吻夸奖他"心存王室，怀爱君之诚"，同时向他"颁示大统历，俾奉正朔"，还以"毋容逋逃，毋纵奸宄"的口吻教训日方要制止倭寇。当时掌控日本军政大权的足利义满在后来写给明朝皇帝(日本使节到达中国的时候，已经是永乐元年即 1403 年)的信中承认大明是"上邦"，并说"日本国开辟以来，无不聘问于上邦"。可见明初中日友好关系的确立，与扬州高僧道彝的出使日本有着极大的关系。后来，道彝并未终老日本，而是在第二年(1403)二月回到了故国。

由于日本禅宗的和尚通晓汉语，了解中国的情况，加之基于对等的原则，日本派往中国朝贡的正副使节以及其他一些负责的职务，往往由僧人来担任。日本著名画僧雪舟曾于日本后土御门朝应仁二年(1468，明成化四年)春天，随着以使臣天舆清为首的遣明船来到中国。起先驻留在四明(今浙江宁波)天童寺，后曾经由扬州溯运河到达北京，为礼部画过壁画。雪舟在四明和北京的往返途中，历览名山大川，目击都邑之雄富和州府之盛丽，广泛地接触了中国的自然风物，并进行了大量的写生，从中获得了充沛的创作激情、高度的创作灵感和取之不竭的创作源泉。1469 年,他归日后,不再回到禅寺,而是先在大分(1476)、后在山口(1486)开设画室——天开图画楼。雪舟从学习宋元摹本,到师法中国自然风物,再到师法日本自然风物的过程中,创造了具有日本民族特点的水墨画——汉画,成为世界性的代表画家。日本著名高僧策彦周良曾于明嘉靖十八年(1539)以副使、嘉靖二十九年(1550)以正使的身份,两次来中国,先到市舶司所在的明州沿着水路经由扬州北上京师,而后再次经由扬州从宁波归国,途经扬州达四次之多。策彦将他两次来中国的见闻,用汉语写下了《初渡集》与《再渡集》。这两本书对于研究运河在中外交往史和中日关系史上的作用,具有重要的历史意义。例如《初渡集》中,策彦对嘉靖十八年(1539)十二月四日至廿一日从瓜洲经广陵驿、邵伯驿、高邮、界首、宝应(安平驿)沿运河北上的相关描写,可补运河冬季漕运史料之不足。

晚明时期,西方科技知识第一次大量传入中国。遵循学术传教策略,西方传教士带着西方文化知识和书籍进入中国。利玛窦(Matteo Ricci,1552—1610)即特别重视科学家和科学书籍,随身带了很多数学、天文学、宇宙学和自然科技的书籍。当时,最重大的西方书籍入中国事件是“七千部西书入华”,即 1614 年到 1618 年间金尼阁(Nicolas Trigault,1577—1629)奉龙华民(NicholasLongobardi,1559—1654)之命,返回欧洲专为中国教区募集西方书籍,并将其带回中国,其中科技类书籍包括数学、建筑学、天文学、机械物理学、矿冶、医学、航海术等等。被金尼阁选中并带回中国的传教士科学家邓玉函,知道中国人极其重视历法,就设法将哥白尼《天体运行论》、开普勒《哥白尼天文学概要》以及伽利略等人的著作携来中国。

大约在天启六年十一月,邓玉函在北京遇见了热衷于学习西方机械制造的王徵。王徵在邓玉函处浏览了一批西方科技文献和补习了数学和力学知识后,他开始与邓玉函合作翻译《奇器图说》。王徵谦虚地描述合作过程说:“于是取诸器图说全帙,分类而口授焉。余信笔疾书,不次不文,总期简明易晓,以便人人览阅。”历时一个月,邓玉函口述,王徵编撰,两人合作完成了《奇器图说》的撰译工作。天启七年(1628)五月,王徵补扬州府推官,携带稿本至扬州赴任。当年九月,王徵邀请扬州府儒学训导武位中重新绘图,并刊印了该书。《奇器图说》,又叫《远西奇器图说》或者《远西奇器图说录最》(以下均简称《奇器图说》),共三卷,是 19 世纪之前最具系统性地介绍西方力学知识和机械的中文著作。该书摘编、翻译了多部西文著作,内容编排科学,先讲原理,再讲应用,比较详细地介绍了当时西方力学一些基本知识、各种定律和原理,还介绍了西方复杂、先进的实用机械构造、制作和使用方法,并附有图解。《奇器图说》奠定了中国机械工程学的基础,是西方力学及机械技术传入中国的一部经典力作。《奇器图说》在扬州刻印成书,充分反映了扬州雕版印刷技艺作为载体参与中外文化交流所发挥的作用。《奇器图说》由于其重要的学术价值和实用价值,在中国社会和学界产生了一定影响,除了被《四库全书总目》等一些书目著录外,还被《古今图书集成》这部大型皇家类书收录在“经济汇编·考工典”中。朝鲜从中国购买了《古今图书集成》,《奇器图说》传入朝鲜,并对朝鲜的文化产生了影响。1793 年,朝鲜实学家丁若镛在设计建造水原城时,就参考了《古今图书集成》所载王徵《奇器图说》,研发引重、起重技术,设计并制造了举重机。

18 世纪中叶,西方资本主义国家开始工业革命,发展海外贸易的要求日益强烈。特别是以英国东印度公司为首的西方商人,一直强烈渴望打开中国市场。康熙二十三年(1684),清政府宣布开海设关,在东南沿海设立闽、粤、江、浙四个海关开展海上贸易,加强了对外的经济、政治交往,也标志着自唐以来一千多年的市舶制度的终结和近代海关制度的开始。当时在中国沿海的四个通商港口,前来进行贸易与投机的洋商日益增多。但是纵然如此,西方各国携国书的朝贡使团,仍然按例由广州登岸,辗转抵达江宁(今江苏南京)以后沿运河北上到达北京。当时的扬州仍然是南北交通的重要枢纽,是这些使团从广州北上北京时由陆路转向水路的一个重要的中转站。在李坦主编的《扬州历代诗词》第三册中收录了康熙年间(1662—1722)在世的江苏贡生叶舒颖的一首《丁未瓜洲闸口见荷兰贡使归国》:“白毡波斯驾海航,吹螺遥夜指南方。黄罗帕子薰香捧,新译天朝诏几行。”丁未是康熙六年(1667),据《清史编年》第二卷《康熙朝(上)》载:“(康熙六年五月十七日),荷兰东印度公司遣使团至京献礼物,商谈通商事宜。清廷宴赏之,并交彼一密封诏书和礼部移文,通知荷兰人,今后不进贡不许贸易,进贡只许从广州入境。”由此看来,叶舒颖在瓜洲闸口见到的或许是荷兰东印度公司的使团。叶舒颖不是专业外交人员,因此把荷兰贡使误称为“白毡波斯”。

乾隆五十八年(1793)10月,英国大使马戛尔尼所率的使团回程时,也是乘船由京杭大运河南下,沿经过天津、沧州、德州、临清、东昌府(今聊城)、济宁、微山湖、黄河、扬子江、常州、无锡、苏州、嘉兴等地,于11月11日抵达杭州的。马戛尔尼的这一段行程,用时一个月有余,英国使团广泛了解了直隶、山东、江南、浙江等省的情况。在清朝康乾盛世的时代,中国与周边国家,甚至远至欧洲的意大利、俄罗斯、希腊都有频繁互利的贸易、外交往来。当时,英国王室多次派员到清王朝,还馈赠钟表、鼻烟、机织布匹等物。描写康乾时期中国上层社会家庭生活的现实小说《红楼梦》,借小说中人物王熙凤自以为得意的话"那时我爷爷专管各国进贡朝贺的事,凡是有外国人来,都是我家养活,粤、闽、滇、浙所有的洋船洋货都是我们家的",说明当时确有内务府官员在江浙一带专门负责皇宫内府所需物品的征集、制造,替朝廷接待海外商船,以及外来人员。成书于乾隆六十年的《扬州画舫录》,也记载了珐琅、玻璃、眼镜、自鸣钟、西洋画、巴洛克纹样等一系列舶来品,充分反映了当时扬州社会生活"近来事事夸洋款"的国际化色彩。

在扬州的以色列人

在河南开封,保存有两通一赐乐业教碑。一为明弘治二年(1489)《重修清真寺记》(简称弘治碑);一为明正德七年(1512)《尊崇道经寺记》(简称正德碑)。这两通碑是在不同时期重修同一座一赐乐业寺而树立的。正德碑碑文前署曰:

"赐进士出身朝列大夫四川布政司右参议江都左唐撰文。"

"赐进士出身征仕郎户科给事中前翰林院庶吉士淮南高涔书丹。"

"赐进士出身征仕郎前吏科给事中维扬徐昂篆额。"

碑文末还注明:"维扬金溥请道经一部,立二门一座。"

陈垣教授在《开封一赐乐业教考》第二章《正德碑之考证》中说:"此碑与维扬人极有关系:撰者、书者、篆额者,均维扬人,请经及出资修寺者,亦有维扬人,维扬之有一赐乐业,幸得是碑为证。"这里指出了一个有趣的事实。

"一赐乐业"这个名称起于明代中叶,今译作以色列,一赐乐业人系指来自以色列的犹太人,一赐乐业教即指他们所信奉的犹太教。虽然一赐乐业寺也曾叫作"清真寺”，其实和伊斯兰教及回教并不相同。陈垣教授指出：“犹太教为一种民族宗教，与由异族集合而崇奉之宗教不同，故其种族所至之处，即为其宗教所布之处。”

犹太人来中国是比较早的，唐代欧亚交通渐盛，犹太人来华贸易的也就更多，但犹太族人定居中国却是宋以后的事。据陈垣教授考证：“宋时犹太本土为回教徒所据，三百余年，待犹太人至虐，阿剌比人之后，又据于土耳其人，十字军之徒，即因是而起，十字军未兴之前，犹太族多已出亡在外，其永住中国，当在此时也。”弘治碑载：一赐乐业族曾“进贡西洋布于宋”，帝曰：“归我中夏，遵守祖风，留遗汴梁。”当他们初来时，尚沿袭犹太姓氏，由元迄明，渐改汉姓，有李、俺、艾、高、穆、赵、金、周、张、石、黄、李、聂、金、张、左、白十七姓。十七姓中，有两李、两金、两张，系同姓而不同族。当时他们散居数地，扬州是其中之一。

撰文的左唐，明弘治丙辰(1496)进士，撰碑时为四川参议，后为广东参政。《嘉靖惟扬志》称：“唐署司篆，性廉介，吏无所容好，恨欲挠之，以出纳事陷唐，唐忿而病，拊膺曰：平生砥砺名节，顾乃蒙垢若此！遂不食死。粤人伦以训为志墓，直书其冤。”志书仅载其生平事迹，没有透露他是一个一赐乐业人。从碑文来看，他对一赐乐业教道经传授渊源的叙述详细而无误，文末又有“刻石于寺，垂示永久，咸知所自，俾我后人其慎念之哉”的话，而左姓为一赐乐业十七姓之一，江都(扬州)又为一赐乐业族散居之地，那么，左唐系一赐乐业的后裔是没有问题的。当然，他的汉化程度是很深的，汉文化修养也是很高的。

篆额的徐昂，是正德二年(1507)三月被宦官刘瑾宣示为奸党的五十人中的一个，素有忠直之称。徐昂为碑额作篆之时，正是他罢官居家之时。一赐乐业族十七姓中没有姓徐的，他不可能是一赐乐业人。之所以请他篆额，除了他擅长篆书外，也因为他和左唐既是同乡又是同科进士的缘故。这也表明当时的扬州本土人和定居在扬州的一赐乐业人有很好的关系。

书丹的高洘，据陈垣教授考核有关史料，当为弘治乙丑进士江都人高涝。不过书丹人写自己的名字，为什么会以洘代涝，令人费解。一赐乐业族十七姓中有姓高的，扬州也有一赐乐业人居住，但还没有材料证明高洘就是一赐乐业人。如高洘即是高涝，则有一点可以解释：高涝的父亲高诠曾按察河南，并升布政，高涝随其父在汴梁生活过，当对一赐乐业教有所了解，后来为一赐乐业碑书丹就不奇怪了。他在扬州和一赐乐业人是早有结识的。至于请道经一部、立二门一座的维扬金溥，也值得注意。一赐乐业族十七姓中的金氏，人数虽不多，但分布颇广，宁夏、祥符、维扬皆有金姓留居，金溥就是久居扬州的一赐乐业人。从他请道经一部的情形来看，扬州是早就贮有犹太教经文的。

清康熙以后，就渐渐不闻有一赐乐业人物。这一方面是“非无闻也，无记载也”，一方面是一赐乐业人与中土人已没有分别。不论怎样，回顾一下一赐乐业人与扬州的关系，还是很有意义的。

第二节　近代扬州的对外交往

通常，人们将1840年的鸦片战争视为中国近代的开端。此后至1949年中华人民共和国成立前，中国社会经历了一个政治模式、经济结构、文化价值等各方面中传统与现代、东方与西方、保守与开放、博弈与融合等因素剧烈碰撞的“大变革时代”。这个时期，西方列强使用武力，迫使中国向他们开放，西方文化和基督教大规模传入扬州，所产生的影响广泛多样，所带来的剧变前所未有。

一、晚清民国时期扬州对外交往概况

1840年的鸦片战争既是中国沦为半殖民地社会的开始，也是中国现代化的起点。有着五千年悠久历史、长期独立发展、自成一体的中华文化，曾为人类历史做出过卓越贡献，也曾在许多方面长期领先于世界。然而，中国的近代文明远远落后于西方，成为令人遗憾的历史现实。作为中国典型性城市的扬州，也不能例外。

传统意义上的扬州在经过了康乾盛世的繁荣后，跌入了道咸时期的低谷：战争的破坏，盐课制的消亡，铁路的兴起，运河的废塞，使得扬州经济日渐衰萎，传统的经济结构面临解体。然而，正是在这旧的结构崩溃的进行中，新的近代因素不断成长。19

世纪末，扬州出现了新式的交通、通讯和新式的金融业，具有丰厚底蕴的教育、商业被激活，拉动了近代工业的萌发。道光二十二年(1842)六月，时值第一次鸦片战争期间，英国侵略者溯长江而上，一路烧杀劫掠，行至仪征老河影一带江面时，遭到当地盐民的顽强抵抗，进攻气焰受挫。然而，扬州地方官员和盐商出于扬州破城之虞，竟向侵略者妥协勾结，许诺献上五十万的“赎城费”，以换得英军不攻入扬州城。同时，以颜崇礼为首的盐商在地方官府的授意下，向英军统帅告发老河影盐民的聚居地所在，出卖盐民，英军得以深夜炮轰老河影，造成千数盐民惨死的“老河影事件”。

就在这一年，被称为近代中国“睁眼看世界”之先行者的魏源，在扬州新城仓巷絜园写成了《海国图志》。用今天的眼光看，《海国图志》充其量只能是一本地理教科书，但是在近200年前，这本书足以振聋发聩，革新启蒙。

鸦片战争以后，在中法黄埔条约的保护下，一大批外籍传教士纷纷来扬。据史料记载，最早来扬的外国传教士当是天主教江南教区创始人、法国耶稣会薛礼昭和马再新，他俩是在咸丰二年(1852)沿运河北上来到扬州的，当时扬州是江南教区中最著名的一个堂口，拥有教徒139名[①]。教会势力进入以后，扬州士大夫阶层潜伏着一股强烈的抗拒倾向。政府官员对于教会势力也存在着反感，对于当地反洋教言论和事件，总是暗地纵容和支持，这在扬州就引发了1868年和1891年的两次“扬州教案”。

扬州教案并没能挡住“西学东渐”的脚步，太平军三进扬州城，却将扬州城市经济赖以生存的基础毁坏殆尽。传统的中华文化在扬州、在神州大地遭遇到前所未有的挑战。一群知识分子拍案而起，自觉或者不自觉地接受了西方资本主义文化的辐射，他们毅然迈开双腿，走出扬州，开辟新的发展天地，从传统走进了近代。他们留美、留日、留欧，成为近代文化交流的重要载体，成为社会变革的“外因”代表。他们学成归国以后，投身故乡建设，国人的身份使之成为“内因”，新知识、新观念促使他们又成为社会变革中生气勃勃的新因素，在当时的开放与改革两大历史课题中，发挥着不容忽视的作用。据不完全统计，从1840年到1949年，赴国外留学的扬州人大约有31人，占同期江苏留学生总人数的18%。其中卞寿荪的出国时间最早，他于光绪三十二年

① 高尤培:《江南传教史》，上海上山湾孤儿院印书馆，出版年月不详。

扬州教案旧址(陈建新摄)

(1906)赴美国留学[①]。扬州旅外留学生当中，刘师培何震夫妇、朱自清、李公朴、卞白眉(寿荪)、卞福荪、盛成、潘张玉良、王柏龄、卜少夫(无名氏)、戴天球、何公美、胡显伯等人都是佼佼者，其中又当以刘师培的影响为最大。

爆发于1911年的辛亥革命，是中国近现代社会历史发展的必然产物，对于扬州乃至于全中国对外交往的现代化进程产生了多层面、深刻、广泛的影响。以此为标志，扬州对外交往的现代化进程由被动地应付转入主动地汇入世界性的现代化大潮。辛亥革命前后，西方文化的各种思潮开始深入每一个扬州人的心灵深处，并且影响到他们的衣食住行等等各个方面。扬州的现代工业开始萌芽(张胜和棉织厂，1905年；扬州面粉厂，1906年；振明电灯，1913年；耀扬昌记火柴厂，1928年)，金融(中国通商银行，1897年；小轮保险公司，1898年)、城市建设(浸会医院，1905年；路灯，1913年；旧城改造，1916年；公园，1923年)、交通(轮船，1918年；汽车运输，1921年)、大众传

① 姜新、小雨：《江苏留学史稿》，吉林人民出版社2006年版。

媒(《淮南日报》,1895 年;江甘阅书社,1907 年;江北通讯社,1907 年)、现代教育(达义小学堂,1864 年;笃材学堂,1904 年;淮扬合一中学,1912 年;扬州国学专科学校,1933 年)等等都获得了初步发展[①],同时扬州的社会层面也进入转型期。

1913 年,民国大总统袁世凯以办理善后为名,向英、法、德、俄、日等列强借款 2500 万英镑,签订了《中国政府善后借款合同》,依照这个合同的附加条件,全国的盐税成为抵押品,由外国人参加盐税征收,在盐务署下设“稽核总所”。稽核总所以中方盐务署长兼任总办,洋人任会办兼顾问。凡是产销盐的地方,均设“稽核分所”或“稽核处”,名义上华人为正、洋人为副,实际上是洋人掌管实权。盐区之盐纳税后,须经华洋经理、协理会同签字后方可放行;盐务进款存于指定银行,非有总办、会办会同签字的凭证不得提用。扬州的“两淮盐务稽核所”于 1913 年成立,1942 年关闭,历时 30 年。据了解,当时扬州盐务稽核所的华人总办为中国人林振翰,字永修,福建人,洋人会办为日本人高州太助(1930 年左右为加藤谦一[②])。日本作家芥川龙之介在《中国游记》中说,他 1921 年初到扬州旅游,就是由高州太助接待的。此人自视甚高,他曾说:“外国人在扬州做官的,前有马可·波罗,后有高州太助,如此而已。”同年,高州太助经考证知道,扬州蜀冈之上的法净寺即古大明寺,过海大师鉴真曾在大明寺当过住持,于是请日本东方文化学院院长常盘大定博士撰写了《古大明寺唐鉴真和尚遗址碑》的碑文,邀冶春后社诗人、楷书名家王景琦书丹,请扬州著名石工黄绍华摹勒上石,碑头则请江苏省省长、清举人韩国钧题书,文曰“山川异域,风月一天”,一时称为盛事。

“光绪季年,海内渐趋实业,知时之士,闻风而兴。宣统初,当道设南洋劝业会于江宁省城,其与会得奖者,颇不乏人。”民国年间《江都县续志》所记载的“南洋劝业会”开展于宣统二年(1910)的南京,当时扬州有很多企业和个人送展,梁盛福漆器、庆瑢女士刺绣帐沿桌帏等 20 件物品获奖。南洋劝业会是中国近代史上首次举办的大型物产博览会,是晚清有识之士为了振兴国力、提倡实业而举办的。除两江而外,全国有 22 个行省和国外的 14 个国家及地区参加展览并设馆,展品约达百万件,时人称之

---

① 叶美兰:《柔橹轻篙——扬州早期城市现代化之路》,北京燕山出版社 2004 年版。

② 参见钱婉约辑译:《日本学人中国访书记》中长泽规矩也的有关叙述。

为“我中国五千年未有之盛举”。鸦片战争后，中国更进一步地被迫融入世界市场当中，随着工商业的逐渐发展、扩大对外贸易的需要，中国人开始逐渐主动走出去交流，其中 1915 年的巴拿马博览会是重要的开端。当时，美国为庆祝当时被人称为“二十世纪最伟大的工程”巴拿马运河的开凿，决定在旧金山举行盛大的博览会，以展示美国实力，并促进贸易交流。博览会从 1915 年 2 月 20 日开展，到 12 月 4 日闭幕，展期长达 9 个半月，总参观人数超过 1,800 万人，开创了世界历史上博览会历时最长、参加人数最多的先河。中国作为国际博览会的初次参展者，第一次在世界舞台上公开露面，并取得了令世界瞩目的成绩。在这次博览会上，扬州的三和四美酱菜获得金奖，“谢馥春”香粉获得银奖，梁盛福漆器获得一等奖。

辛亥革命前后，外国人可以在中国随意旅行，再无禁忌。扬州美丽的人文和自然风光曾经吸引过许多外国人。同治五年(1866)前后，朝鲜的刘清岚侍郎到中国来出使，在完成出使任务以后，沿运河南下来到扬州，曾与退居故乡的原湖北武昌盐法道陈重庆同游瘦西湖，“合照小像”，并义结金兰。光绪三十三年(1907)七月，日本驻朝鲜第一任统监伊藤博文逼迫高宗下台，是为“朝鲜国变”。其时，刘清岚正在安徽芜湖养病，听到这个消息，“悒郁以死”，陈重庆听到刘清岚死于芜湖的消息，悲愤交加，挥笔写下了一首《闻朝鲜之变，悲不自胜，有怀刘清岚侍郎》：“国破家亡剩孤臣，卧疾荒江泣满巾。羁旅高桥怜庾信，徘徊湘水吊灵均。死难归榇留忠骨，生别高堂负老亲。七叶貂蝉非所痛，如何天醉锡强秦。”甲午战后，中日国力水平发生变化，在日本军界政界，有很多人开始瞧不起中国，但是在日本民间，尚不乏尊重中国、愿意以华为师的友好人士，本田种竹就是一位。本田种竹(1862—1907)，名秀，字实卿，通称幸之助，别号梦花居士，阿波(今日本德岛县)人。少时，师阿波藩儒冈本晤堂及有井进斋，修朱子学。明治 12 年(1879)游近畿，受教谷太湖、江马天江、赖支峰。明治 17 年(1884)在东京递信局、东京府、农商务省任职。明治 25 年(1892)曾任东京美术学校历史教授。明治 29 年(1896)任文部大臣官房秘书等职。明治 31 年(1898)曾赴中国游历，著《戊戌游草》2 卷。明治 37 年(1904)7 月辞官，专心研究汉诗，创“自然吟社”。明治 39 年(1906)同森槐南、国分青厓、大江敬香等诗人创“星社”，与森槐南、国分青厓并称明治后期三大诗人。有《怀古田舍诗存》6 卷。《游平山堂得二绝示寺僧石香》

一诗,就是明治31年(1898)作者游历中国,到扬州平山堂游览时的作品:"欧九文章绝代才,流风遗韵岂蒿莱。红梅翠竹邗沟路,载酒平山堂上来。""寒鸦枯柳带江城,落日凄凉独客行。寄语山僧他日约,粥香饧白作清明。"1929年,美国友人埃德加·斯诺来中国担任《密勒氏评论报》中文版助理主编以后不久,曾沿着京汉铁路线作了一次长途旅行,期间到过扬州。后来斯诺在《我在旧中国十三年》一书中提到,他看到了"扬州优美的渡桥和马可·孛罗像"。1941年前后,日本学者安藤更生曾来扬州做过一次关于唐宋扬州城遗址的考古调查,并撰写了《唐宋时代扬州城之研究》。在此之前,还有1866年经过扬州的英国人呤唎撰写的《太平天国革命亲历记》,1906年访问扬州的日本哲学家宇野哲人撰写的《中国文明记》,1921年访问扬州的日本文学家芥川龙之介撰写的《中国游记》,1922年访问扬州的日本戏剧史学家青木正儿撰写的《扬州梦华》,都程度不同地展现了外国人眼中扬州的自然风光、人文风情和社会状况。

1931年6、7月间,三次特大暴风雨席卷中国大部分地区,给运河大堤高邮段造成了巨大的压力,8月26日清晨,运河大堤终于被撕开了若干个缺口,洪水淹没了里下河地区的粮田和村庄,使高邮、兴化、泰州、东台、盐城等地成为一片汪洋。1931年9月底,在泰州传教的美国传教士托马斯·汉斯伯格(中文名何伯葵)驾驶着自家的住房船,从泰州到高邮实地考察。在高邮,他对运河大堤进行了全面察看,做了大量的调查研究。随后,他将调查的结果写成书面材料,又亲自到上海向华洋义赈会(China International Famine Relief Commission, CIFRC)秘书长威廉姆·绍特请求捐助重建大堤。他的请求得到了华洋义赈会的认可。托马斯被委派全权负责运堤修复的资金和工程质量管理。1932年初,托马斯偕全家再次来到高邮,投入运堤修复工程。他们全家住在狭小的船上,时时受着疫病的威胁,常常遭到兵匪的干扰,与中国的工程师和民工们生活在一起整整7个月。终于,运河大堤高邮段重又屹立起来了。因为运堤修复工程的节约、优质,托马斯获得了中外赈灾委员会的盾牌奖章。因中日战争和美国国内经济萧条的缘故,1939年,托马斯带着对运河和运河儿女的深深眷念离开了中国。

二、传教士在扬州的教育、医疗事业

基督教在华传教过程中，注重办学立教的发展，在扬州也不例外。1864 年，法国天主教会在东关街马监巷口创办达义小学堂。这是扬州的第一个新式学堂。随后，小学方面还有崇德小学、真理女学堂(慕究理女学堂)、惠民小学、懿德小学等；中学方面有私立美汉中学、震旦大学扬州预科等。这些教会学校的创办打开了学生的眼界，使他们接触到了近代的科学文化，了解到世界的变化。因此，教会学校的社会影响远远超过了传教士的设想，起到了传授西方文化和融合中西文化的效果，并且对中国的教育改革起了示范作用。

扬州最早的教会小学为达义小学，清同治三年(1864)由法国天主教会创办，最初负责人为传教士郎怀仁、蔡洗耳。校址屡次搬迁，最后设在缺口街天主教堂内。1936 年改为达德小学，是全日制完全小学，直至 1949 年 1 月停办。现天主教堂仍完好存在。

崇德小学，原名崇德女学堂，光绪二十九年(1903)由美国耶稣会创办，校址在北河下崇节堂。负责人先后有高浩如、赖恩彩、孔惠乔。民国后改名崇德学校。抗战期间停办，1947 年复校，1949 年 1 月解散。

真理女学堂，光绪十四年(1888)由美国基督教浸礼会国外传道部传教士焦力·慕究理女士创办。光绪三十二年改成慕究理女学堂，民国后改名为慕究理女士学校。抗战后一度停办，1938 年复校，改为男女兼收的慕究理中小学。停办于 1949 年 1 月。旧址在今扬州市育才小学内。

中学方面，著名的有私立美汉中学，为光绪三十三年(1907)美国基督教会捐助基金而创办的。原名美翰中学，后改为美汉中学。初办学学制 8 年(正科、预科各四级)，后改为六级(初高中各三级)。学科中西并重。美汉中学为上海圣约翰大学附中

位于育才小学内的慕究理学堂旧址（陈建新摄）

之一，毕业后可直升圣约翰大学。先后毕业 15 届，至 1948 年结束。旧址在便益门街今扬州大学商学院校园内。

震旦大学扬州预科，1920 年由法国耶稣会传教士山宗机创办。初名圣约翰伯尔各满中学，后名扬州震旦大学预科，1931 年改名私立震旦大学附属扬州震旦中学，由当时的江苏省教育厅核准备案。开办时仅设高中部，1932 年添设初中部。1935 年更名为私立震旦大学附属扬州第一震旦中学。学校采取男女分校制，男生部在缺口街糖坊巷（今扬州军分区所在地）；女生部在北河下圣母院（后为扬州军分区招待所）。男女高、初中的修业期限为各 3 年，每班学额 30 人，毕业后可直升震旦大学。历任校长有法籍神甫和中国籍的教徒。学校于 1949 年停办。

教会学校的生源，一部分来自教徒家庭，一部分来自非教徒家庭。正规课程不设神学课，对非教徒的学生不强求入教，也不要求参加做礼拜等宗教活动，但重视中国传统道德教育（所谓公民课），这是比较开明的地方。教师多为非教徒且有教学经验的中国人，教士一般不兼课程。教区和校区有别，不得随意出入。大体而言，教会学校的教学质量较高，对学生的管理较严，贫穷的学生可以减免学费，过分贫困的，还可拿一点生活补助品，这对扬州后来现代学制的建立起过借鉴作用。

创立医疗机构，是教会的“事功”之一。扬州最早的也是唯一的教会医院为浸会医院，为1900年西差会派美国南浸信会传教士兼医师伊文思来扬州布道的同时创办的。最初除诊治病人外，还作为教士的疗养所。1921年医院有所扩大，占地9000平方米，有门诊部和病房楼1幢，宿舍4幢。1922年，于院内设附属高级护士职业学校，为扬州现代医学教育之始。1927年美籍医务人员因战争回国，医院一度停办。1936年西差会再次派员来扬州恢复了医院的一部分。1937年抗日战争开始，医院成为扬州沦陷区难民收容所。1942年，日军接管浸会医院，直至1945年抗战胜利，西差会方派员收回，重新恢复医疗业务。1949年扬州解放，美籍医务人员回国，医院被政府接收。浸会医院故址在扬州星桥西街，即现在的苏北人民医院内。

苏北医院内原浸会医院西式楼（陈建新摄）

除浸会医院外，教会还在扬州设立了多处施诊所，如圣母院的博爱诊所等。医院和诊所免费为贫苦病人施诊，得到扬州人的好评。

教会在扬州设立的医疗机构，在为宗教服务的同时，把西方现代的医疗科学理念、医疗方法、医药、医院制度、医学教育传了进来，并培养了一批西医人才，如曾经任浸会医院院长的杨锡栋等中国医生，新中国成立后仍在苏北人民医院从事医疗工作，这对扬州医药事业的发展有一定的贡献。

三、日本学人在扬州

日本明治维新之后，面向西方，对汉学采取了鄙弃的态度，中国人也开始汲取日本的经验。但由于中国文化对日本传统的影响，不少日本学人和汉学家，仍对汉学有深厚的兴趣。民国时期，特别是上世纪二三十年代，来中国游学、访学、访书、访古的日本学人很多，其中一部分专程来过扬州，各凭其专长，进行学术活动，留下了他们的印迹。以下是其中有名的几位。

一是日本著名作家芥川龙之介。他曾于1921年来中国旅行了三个多月，其间到过扬州。接待他的是日本派驻扬州的盐务官高洲太助，这是当时在扬州的唯一的日本人。在高洲的陪同下，芥川龙之介主要游览了瘦西湖，在他的《中国游记》中，有《古扬州》三章，对瘦西湖多有描述。最使他神往的是平山堂，他的感受是："在画舫上岸之后，至少在传说是欧阳修所建造的平山堂一带，依然是异常清静幽雅的去处。平山堂位于法海寺（按：应为法净寺，今大明寺）境内，与法海寺的大雄宝殿并列。当我们跨进光线昏暗、有股凉飕飕尘埃气味的平山堂时，也不知为什么，有一种很高兴的心情。我时而读着匾额和对联，时而观赏着栏杆外面的景色，在堂中久久徘徊。平山堂的主人欧阳修不用说，就是那到此游过的乾隆皇帝，一定也像今天的我一样，曾经享受过这般悠闲的心境吧。从这个意义上说，我虽一介凡夫俗子，也与古人达成了默契。"芥川是中国文化修养很深的日本文学家,日本设有"芥川龙之介文学奖"。从这段文字中,可以看出芥川对欧阳修和这处文化景观的崇敬与依恋,表达了一种对中国文化的默契。

二是著名的戏曲史家青木正儿。他 1922 年曾来扬州访问,在《江南春》一书中,写下了他对扬州文化意蕴的倾服,对瘦西湖情有独钟。他写湖上的船娘道:"女船主们收拾得头发一丝不乱,熟练地撑着篙穿梭于其间,它向人们骄傲地展示着相对昔日虹桥之畔的人工美、自然美是拥有怎样绝大的力量和品位的,这景象让我们旅客怦然心动。"

他对五亭桥更是赞不绝口:"我看到了五亭桥美丽的娇姿,让我感到欣慰。中国特有的石拱桥上,那白石红柱黑屋顶色彩上的和谐,弯曲的桥洞,倾斜的桥上台阶,桥上直立的亭柱和有着美丽的曲线的屋顶,线条上也非常柔和。那女性一般婵娟的身子浮出水面时,像龙宫,又像洛水女神罗袜生尘,徘徊不已。"最后的比喻不免过于纤巧,但确是道出了五亭桥之美。这里还透露了一个消息,那时桥亭上盖的是黑瓦,而不是后来的黄琉璃瓦,却仍使青木正儿赞叹不已。

三是著名文献学家长泽规矩也。从 1923 年至 1931 年之间,他曾 7 次来中国访书旅行,收集研究资料。1930 年来扬州访书,接待他的人是扬州盐务稽核所的日本籍会办加藤谦一、上海张元济的侄子张树源和扬州人李振先,住的是当时扬州最著名的绿杨旅社①。他对扬州的印象是:"扬州城内的街道一如旧时一般的狭窄,即便是最繁华的教场街,也丝毫没有大马路的感觉。……茶馆、书社都集中于此。书店也以这条街为中心,它的南边是辕门桥,北边和北牌楼在一条直线上。"长泽规矩也来扬州的目的主要是访书,跑得最多的是书店。他提到"出了我落脚的绿杨旅舍,向东是新胜街,向北是辕门街,教场街路西有文富堂邱氏,是扬州屈指可数的旧书肆。""文海楼在西边,自信书社同在路西,这里离北牌楼好似十分近。""辕门桥路东有文枢堂,店铺比文富堂要大。""新胜街南边与它平行的多子街有家同文余记。""多子街路南有会文堂。"这里出现了许多扬州的地名,其实新胜街、辕门桥、北牌楼、教场街等等,都在今

① 钱婉约辑译:《日本学人中国访书记》,中华书局 2005 年版。

天国庆中路一条街上，当时总称为辕门桥街。一条街分成几段，各段各有名称。多子街即今天的甘泉路。当时的扬州已趋于衰颓，在这不大的范围内竟仍有如许多的书店。但“由于扬州等地不似往年学者云集，稍有新异的，书商一经买到就直接送到上海”，加之“无论我是到杭州，还是去南京，或是宿苏州，受馆长之命的赵万里君到处都围着我转。……这样，到处的古书店都不让我见到善本，全无收获”①，所以他收获不多，他还为吴氏测海楼的藏书卖往他处，不能留在扬州，引以为憾事。

四是著名的中国文学研究家吉川幸次郎。他 1928—1931 年留学中国，其间多处访书。回国前访书江南，来到扬州。“我寻访的第一站就是南牌楼的古书店。书店名不记得了，店主的名字则记着，叫邱绍周。一个留着络腮胡子，穿着马褂的矮小老头。”尚未看书，店主即说“先生，吃点心吧！”“就带着我穿过小城几十米的街道。来到一家小茶馆的二楼。……胡琴的拉奏声从对面的二楼上飘扬过来。”吉川幸次郎对扬州的点心很欣赏：“所说的点心，是包子。包子是扬州的名产，确实好吃。”吉川来扬州还有另一个目的，或者说主要目的，是要到高邮寻访王念孙、王引之父子的故宅和后人。吉川对王氏父子极为尊崇，他说：“这里是 18 世纪来，清朝的古代语言学大家王念孙、王引之父子的故里。《广雅疏证》《经义述闻》《读书杂志》《经传释词》等著作，大多以父子共著的形式流传下来，而出于父亲之手的，则更准确、清晰，如有神助，纵横捭阖，阐释了古代语言中的诸多问题。”到高邮一打听，知道王氏的后人是县教育委员，到下面的小学校视察去了，要一星期才能回来，石川只好去看看他们的故居：

> 像北京见到的大官家的宅院一样，大门上涂着颜料，里面可见高高的乔木。……当时，只是在其故宅前徘徊而已。……转了一圈后就向西走去，……出了城墙，就看到大运河中河水荡漾，泛着茶色。在他的对面，邵伯湖的水却呈现出清凌凌的光洁，远远地闪烁在遥望的视野中。这风光真是明媚至极。

这次寻访也总算满了他一次心愿。石川有一篇名文，叫《中国文化的乡愁》，可以代表

① 钱婉约辑译：《日本学人中国访书记》，中华书局 2005 年版。

他对中国文化的景仰之情。

五是著名学人小泽文四郎。他于 1937 年秋来中国北京留学,从一开始就沉浸于扬州学派的研习,他认为"夫扬州之地,长江南迤,淮渎北控,运河纵走,物丰人杰。且当交通要冲,文人墨客往来甚殷",是文化重镇。他把研究重点放在学派后期的重要人物刘文淇(字孟瞻)身上,理由是孟瞻先生"治经校史,学冠江淮,当路乡党,靡不推重","窃谓欲觇当时扬州之学派,应先详悉先生学行",于是萌生了编撰《刘孟瞻先生年谱》的意愿。这是一件非常艰难的事,刘的著作有的未能完成,如《春秋左传旧注疏证》,有的不知散落何处,如《读书随笔》,有的不能确核其年月,如《青溪旧屋诗集》,有的不可知其体例,如所注《南北史》等,其后人亦难寻访。面对种种难题,小泽得到了中国前辈学人和友朋的支持与鼓励,有的出示秘笈,有的指示途径,小泽亦勤奋不已。其间曾到扬州采访,时刘氏已无后人在扬,小泽仍至扬州东圈门刘氏故居"青溪旧屋",于刘氏神主龛前致礼,表示了一位学人的真诚。经过不到一年的努力,小泽终于完成了一部颇富学术内涵的《刘孟瞻先生年谱》,当时著名学者傅增湘在 1939 年写的序文中评价说:"今小泽君以东瀛隽士,求学我邦,慨慕先儒,创编斯谱,则辑录之勤,捃摭之艰,自什倍于常伦。然自属稿迄于成书,为期不越一载,而取材必该,隶成咸允,颜黄门所谓槃栝有条例,抉择穷本源者,殆足当之矣。"这个评价是很高的。刘氏后人赞扬小泽的"后跋一篇,可以窥见小泽君是一个敦品励学的人,对于我国近二百年经师宿儒私淑甚广"。这也是恰如其分的。小泽文四郎的《刘孟瞻先生年谱》已成为研究扬州学派尤其是"青溪旧屋"刘氏一门学术的重要文献。

第三节 现当代扬州的对外交往

一、新中国成立后扬州对外交往概况

1949 年 1 月 25 日，扬州解放。同年 10 月 1 日中华人民共和国成立，从此，中国人民获得了真正的独立，结束了帝国主义列强在中国的统治。扬州的对外交往进入了一个崭新的历史时期。

新中国成立初期，扬州没有被列入开放城市，20 世纪 50 年代初，扬州接待的外国人寥寥无几。60 年代初，扬州每年接持几批或十几批外国人、华侨、港澳同胞，他们来扬州的目的也仅仅是参观游览。70 年代开始，扬州的外事旅游工作开始复苏。1974 年起，扬州的外事旅游任务逐年增多，但是这些外宾来扬州的目的仍然是参观游览。1985 年，江苏省人民政府批准扬州所属各县(市)为甲类开放地区。同年，国务院批准扬州为全开放城市，这为扬州的对外友好交往打开了新的局面。

扬州当代对外交往之门首先是向日本打开的。日本和扬州因为鉴真东渡的缘由，友好交往联系频繁，鉴真坐像首次回乡探亲，曾为推动中日邦交正常化作出过重要贡献。改革开放以来，为适应外向型经济的需要，扬州将对外交往从传统的日本转

2018 年世界运河城市论坛（WCCO 提供）

向了欧洲、美洲、澳洲和亚洲的其他国家。1982 年以来，扬州先后与日本、缅甸、美国、德国、澳大利亚、意大利、韩国、英国、土耳其、比利时、俄罗斯、荷兰、克罗地亚、埃及、法国等 15 个国家缔结了 23 对友好城市，这为扬州对外交往提供了一条相对稳定的途径。进入新世纪以来，扬州不但利用友城交往，积极开展对外交往工作，扩大自己在国际上的“朋友圈”和话语权，还通过对外国元首的接待，大型国际赛事、节庆和国际高层论坛的举办，涉外社会组织的活动等，广交了朋友，增进了友谊，推动了扬州对外交往的日益发展，并正朝着经济合作的方向深化，有力地促进了扬州市经济建设和社会各项事业的发展，进一步拓宽了扬州对外交往渠道，提高了扬州在海外的知名度。

新中国建立以来，扬州的对外交往有其共性，更有其个性和特色：官民并举，促

进交往，培养对外交往新的亮点；改善环境，树立形象，营造对外交往的良好氛围；立足当前，放眼未来，奠定对外交往的坚实基础；因势利导，把握机遇，拓宽对外交往的新渠道；利用特色，发挥优势，努力提供对外交往的契机。多年来，人们可以在扬州的对外交往中看到一系列的重大举措：对重要外国国家元首的接待；对鉴真、崔致远、普哈丁、马可·波罗等历史人物的纪念；中外青少年联欢、中学生和政府官员的交流；扬州西园大酒店、迎宾馆、友好会馆的建成；大型国际体育赛事、大型国际会议和高层次国际论坛的举办；友城网络的构筑；世界运河历史文化城市合作组织和扬州公共外交协会的建立；涉外旅游、侨务工作的开展，等等，这些既符合国际惯例又具有扬州独特个性和文化特色的活动，使扬州的对外交往不同凡响，富有新意。

二、接待外国重要领导人

扬州外事旅游任务由小到大，人数逐年增多。50年代，扬州接待的外客寥寥无几，60年代始，每年可接待几批或十几批外国人。当时来扬州较多的是零散的华侨。70年代起，扬州的外事旅游工作开始复苏。1974年来扬州的外宾、华侨、港澳同胞994人，1995年猛增至3.8万人次。据不完全统计，1974—1995年，扬州接待的外国国家元首和政府首脑30余批，接待部长级外宾和大型团(组)近百批。他们来自朝鲜、柬埔寨、新加坡、英国、美国、日本、意大利、突尼斯、比亚、马里、德国等40多个国家和地区。其中最重要的有冈比亚总统贾瓦拉，利比里亚总统托尔伯特，肯尼亚总统丹尼尔·阿拉普·英何，哥斯达黎加民族解放党主席、前总统菲格雷斯，马里共和国总统穆萨·特拉奥雷，孟加拉共和国总统侯赛因·穆移德·艾尔沙德，民主柬埔寨主席西哈努克亲王，朝鲜劳动党中央委员会总书记、朝鲜民主主义人民共和国主席金日成，朝鲜民主主义人民共和国政务院总理李根模，突尼斯共和国总理努伊拉等10批贵宾。1995年以后，据不完全统计，扬州还接待了泰国王储哇集拉隆功(现泰国国王)殿下、法国总统希拉克、联合国副秘书长兼人居署执行主任安娜·卡朱莫洛·蒂贝琼卡、黑山共和国总统菲利普·武亚诺维奇、瓦努阿图共和国总理乔·纳图曼、克罗地亚议长莱科等元首级外国贵宾。

接待突尼斯共和国总理赫迪·努伊拉一行

1975年4月6日，突尼斯共和国总理赫迪·努伊拉和夫人一行12人，在全国人大常委会副委员长李井泉、江苏省革命委员会主任彭冲等的陪同下，由南京来扬州参观访问。

赫迪·努伊拉是新中国成立以来扬州接待的首位外国政府首脑。为做好这次接待工作,当时的扬州党政领导成立了由韩培信(扬州地区革命委员会负责人)、王子安(扬州地区革命委员会副主任)、周兴(扬州市革命委员会主任)等9人组成的接待领导小组,同时组建了“接待办公室”。下设接待组、宣传组、综合组、保卫组,明确分工,各司其职。

突尼斯共和国总理赫迪·努伊拉和夫人一行在扬州主要参观了瘦西湖公园和江都水利枢纽。1975年4月6日,外宾车辆驶入扬州,沿途的群众敲锣打鼓,挥动彩旗,载歌载舞,热情地欢迎远道而来的北非客人。外宾到达瘦西湖时,扬州地、市革委会负责同志韩培信、王子安、赵玉文、周兴、钱承芳等在门口迎候并陪同参观。突尼斯客人被瘦西湖桃红柳绿的美景所吸引,纷纷摄影留念。努伊拉总理在江都三站参观时,向扬州陪同询问了江都抽水机站的功能及发展前景,称赞江都站是一项伟大的工程。扬州城市的美丽、人民的热情好客,给突尼斯客人留下了美好的回忆。

接待冈比亚共和国总统贾瓦拉一行

1975年6月15日,冈比亚共和国总统贾瓦拉和夫人一行16人,在全国人大常委会副委员长乌兰夫、中国驻冈比亚大使雷阳等陪同下,由南京来扬州访问。外宾途经仪征青山果园,稍事休息后到达扬州。路过曙光仪器厂、苏农新村、文化路、汶河路,直至瘦西湖徐园门口下车。沿途群众锣鼓齐鸣、挥舞彩绸花环,向总统致意。扬州地区、扬州市革委会负责人韩培信、陈超、钱冈、何仁华、周兴、严洛平、钱承芳等7人参与接待。冈比亚客人一行参观了瘦西湖,总统和夫人在“钓鱼台”前合影留念。参观玉器厂时,总统夫人对玉器“双链瓶”看得仔细,并告诉总统是稀世珍品。外宾还参观了江都的水利枢纽工程、邗江县湾头公社的农田水利建设,外宾称赞水利工程凝聚了中国人民的勤劳和智慧,并祝愿扬州这座古老的城市,在中国人民自力更生发展工业、农业及其他事业中作出积极的贡献。

接待民主柬埔寨主席西哈努克亲王一行

1987年3月18—20日,民主柬埔寨主席西哈努克亲王和夫人莫尼克公主一行

西哈努克和夫人一行访问扬州(市档案馆提供)

14 人,在中国外交部副部长刘述卿夫妇、省政府秘书长段绪申、省外办主任李炳才等陪同下,来扬州参观访问。扬州市市长虞振新参加接待。柬埔寨客人参观了扬州漆器厂,游览了瘦西湖,还品尝了淮扬美食。西哈努克亲王对扬州人民的热情款待表示感谢。他称赞扬州的美食"狮子头"和"天香藕"美味可口。柬埔寨客人参观扬州漆器厂时,对漆器工艺表示了由衷的喜爱。乘画舫游览瘦西湖时,客人把瘦西湖比喻为"风华正茂的少女"。

接待法国总统希拉克一行

2000 年 10 月 21 日下午,法国总统希拉克一行在中共中央总书记、国家主席江泽民,国务院副总理钱其琛,驻法国大使吴建民陪同下,来扬州访问,扬州市委书记吴冬华、市长苏泽群陪同接待。

当天下午，江泽民主席在扬州迎宾馆会见了希拉克总统。晚上，江泽民在舒芳园红楼厅举行欢迎晚宴，款待希拉克一行。在晚宴上，江泽民向客人介绍了大运河与扬州文化，提及隋炀帝时，希拉克说要一分为二看待。江泽民对运河在历史上起到的作用表示肯定，赞同一分为二看待隋炀帝。宴会结束后，双方互赠礼品，并观看文艺演出。10 月 22 日上午，江泽民陪同希拉克共进工作早餐，双方就共同关心的重大国际问题交换了意见。宾主聆听了著名古琴家梅曰强先生的精彩演奏，江泽民还向希拉克赠送了壶身绘有梅兰竹菊四君子的紫砂壶套件。早餐后，江泽民陪同希拉克一行参观扬州博物馆。客人重点参观了先秦、东晋、唐代、明代馆。希拉克对清代馆八怪书画展表示深厚的兴趣，江泽民主动介绍了八怪艺术的形式和特点，重点介绍了郑板桥的作品和在扬州的故事。客人欣赏了扬州西汉大墓出土的战国铜盂，东汉的辟邪玉壶，西汉的针刻漆罐和元代的白龙梅瓶。随后，江泽民陪同客人乘画舫游览瘦西湖，扬州方面的领导同志向客人介绍了沿途风光和民间传说。最后一站是天山汉墓

希拉克访问扬州时签字留念（市档案馆提供）

博物馆,法国客人先听取了墓主刘胥的相关情况介绍,又观看了复原的金缕玉衣和“黄肠题凑”模型。希拉克称赞中国古代工匠的技艺。在参观地宫时,扬州市文管会办公室主任顾风介绍了中国谨慎开挖、就地保护的文物政策。希拉克肯定扬州的文物保护,说法国也是这样做的,遗产的保护和研究工作很重要。在回宾馆的途中,车经东关古渡时,江泽民用英文向客人介绍吴王夫差筑邗沟的历史,还讲了童年时代在运河边玩耍、用瓦片打水漂的趣事。江泽民并询问了运河水的治理情况。在欢送午宴上,两位领导人主要就中东和俄罗斯局势交换了意见,还谈到了宗教问题。希拉克告诉江泽民,扬州菜给他留下了难忘的印象,可以与法国菜媲美,希拉克还说:“我很乐意做扬州的义务宣传员。”

接待联合国副秘书长安娜·卡朱莫洛·蒂贝琼卡女士一行

作为第一位担任联合国副秘书长一职的非洲女性,蒂贝琼卡一直是坦桑尼亚乃至非洲的骄傲。就是这样一位女性,对扬州情有独钟,曾三次到访扬州。

2006年,扬州成为第七个获得“联合国人居奖”的中国城市,联合国副秘书长、人居署执行主任安娜·卡朱莫洛·蒂贝琼卡在颁奖时称:“扬州是我发现的最契合联合国人居奖的城市。”2006年10月15日,扬州市举行荣获“联合国人居奖”庆祝大会,安娜女士和国家住建部副部长黄卫共同为“联合国人居奖”揭牌。会后,安娜女士在扬州走大街、进小巷、看社区,来到许多普普通通的百姓人家,让她最感动的,是那一张张笑脸。安娜特地走进扬州的老城区,看到老城区的一条条背街小巷修理得很整洁,有的铺的是青砖石板,古色古香。扬州陪同人员介绍,扬州在大力建设新区的同时,一刻也没有忘记生活在老城区的十几万群众,买菜、卫生、看病、道路问题,一个个都解决得很好,光是方便进出这一项,政府就投入了上千万元,新修了500多条背街小巷。

在扬州安平社区,安娜走进一位名叫开妍的小姑娘的家。开妍的父亲是供销合作联社歇业职工,母亲是一家企业的内退职工,然而,这个特困家庭却拥有一套65.8平方米两居一厅的住房。开妍的父亲说:“感谢政府,让我们住上了这么好的房子。否则,以个人的能力,我们是八辈子也买不起这么大的房子啊。”2003年以前,他们一

安娜女士参观广陵新城(市档案馆提供)

家人居住在不足15平方米的小屋,开妍睡在阁楼上,妈妈的一台旧缝纫机就是她的书桌。2004年5月1日,中共中央总书记、国家主席胡锦涛在扬州视察时,来到定销房的首批居民——开妍的家,在听到了这个动人的变化后,他对该市首创的“831工程”予以肯定:“你们这是为困难群体办了一件大好事!”

从2003年12月扬州琼花观社区开办第一家社区慈善超市至今,扬州城区街道覆盖率已达100%,社区覆盖率在70%以上,各县(市)政府的驻地镇,也全部建立了慈善超市。去年,全市社区慈善超市共救助困难对象5682人次,救助生活用品折款226万元。如今,慈善超市成为扬州社会救助体系的一个有力支撑。安娜对扬州“慈善超市”这种新型救助方式,作了详细、深入的了解,亲自给扬州“慈善超市”捐款,并向扬州的陪同人员要了一份关于“慈善超市”的资料,称要带回去好好研究,“向全球进行推广”。

2010年4月，上海世博会即将开幕，出席相关活动的安娜女士特地规划日程安排，提前来华，再访扬州，与扬州人民再叙友情。在参观了古城保护、瘦西湖扩建、古运河环境打造和文化挖掘等重点工作以后，安娜对陪同她的扬州市委书记王燕文、市长谢正义说："扬州取得的成就让我非常惊喜，但我一点不惊讶，因为扬州本身就是一座活力非凡的城市。我去过中国许多城市，扬州在我心里有很重要的地位。"安娜高兴地说："这也再次证明当初授予扬州联合国人居奖是一个非常正确的选择。"安娜同时感谢扬州对坦桑尼亚妇女住房的援助行动。她同时邀请扬州参加世博会联合国馆开馆仪式。本届世博会主题是"城市，让生活更美好"，她认为扬州是对这个主题最好的诠释，扬州以实际成绩与变化会成为成功范例。希望扬州积极参与、更好展示，她们也将通过联合国网站向全世界推介扬州。

2010年4月25日，安娜·卡朱莫洛·蒂贝琼卡女士一行再次来到扬州。26日，在扬州市委书记王燕文、市长谢正义的陪同下，考察了瘦西湖景区、宋夹城、双东街区等多处扬州著名景点。瘦西湖绿意如洗，从湖上泛舟一路过来，安娜一直微笑着，双眼似乎不愿放过任何一个细节，完全沉醉于"两堤花柳全依水，一路楼台直到山"的意境中。登上熙春台，听完古筝演奏后，安娜饶有兴趣地在古筝前坐下，认真地向演员们请教古筝的技法，忍不住拨动琴弦。当置身于万花园、盆景博物馆、宋夹城考古遗址公园时，安娜惊叹于瘦西湖的新变化。她欣然为瘦西湖题词："四年后再一次来到瘦西湖，她变得更加美丽、更加精致、更加和谐，变得更大，而且开发得很好，对此表示祝贺，能把这个优美的环境保持得这么好！"

从东关街区、何园、小盘谷、阮氏祠堂一路考察下来，安娜对扬州古城保护有了更新的认识，也给予了更高评价——"叹为观止，富有哲理"。"你们文化保护工作做得很好，非常出色！"所到之处，市民们认出这位老朋友，以掌声热烈欢迎，以微笑表达真诚。安娜显然被这份热情所感染，主动与市民们合影。离扬之前，安娜还特意品尝了淮扬菜，重温了扬州传统美食文化。

三、公共外交的活跃

所谓公共外交，指的是服从于国家外交战略，在中央政府的主导下，由中央政府或者授权给地方政府和其他社会部门所开展的通过对话沟通、媒体传播、文化交流等互动形式赢得国外公众认同与支持的一种全方位的外交活动。“公共外交”这个名词真正为我们所用，是在2001年美国“9·11”事件之后，之前虽然没有“公共外交”一词，但我们一直以不同的形式践行着公共外交之实。新中国建立之前的扬州对外交往，多半是属于公共外交的范畴，新中国成立以后，扬州的对外交往也是从公共外交开始的。1949年11月7日，中苏友好协会扬州支会筹委会在扬州成立，从此，扬州公共外交伴随着新中国的脚步，走过了近70个春秋的风雨。

总体而言，我们可以把这近70年扬州公共外交的光明而曲折的历史进程分为三大阶段。

第一阶段的时间是从新中国成立至20世纪70年代末，这是扬州公共外交的“初创期”。根据中央历来强调的“外事工作授权有限，执行政策必须高度集中”的原则，这一时期的扬州对外交往是在中央制定的外交政策原则的基础上进行的。1963年，在扬州举办的纪念鉴真圆寂1200周年活动，就是一个鲜明的实例。当时中日尚未建交，中国国家领导人正在寻求打开中日关系的钥匙。时任中国佛教协会领导人的赵朴初，得知日本将1963年5月至1964年5月定为“鉴真年”，全国将举行盛况空前的各种纪念活动，于是向周恩来总理建议：“鉴真大和尚的题材很好，可以担当民间大使，打开中日友好之门。”周恩来很快采纳了赵朴初的建议。中国决定与日本同时举行鉴真圆寂1200周年纪念活动，并且成立了纪念委员会，赵朴初任主任委员。中日双方共同商定，两国佛教界、文化界在日本、中国北京和鉴真的故乡江苏扬州共同举行纪念活动。中日民间这种独特的交往方式，是在国际冷战格局下中国政府积极推

2012 年 11 月 4 日中美军乐团演出(市外办提供)

动和日本在既受日美关系制约又同中国在经济、文化等方面相互需要这二者之间不断平衡的一个结果。正是这种独特的交往方式,使得中日两国在没有官方正式外交关系的情况下,仍然保持了一条比较畅通的交流渠道,使得两国有了一定程度的了解,不但在双方民间促成了相互友好的感情,而且对中日官方关系也起到了积极的推动作用,对促使日本政府改变对华政策以及后来的中日邦交正常化也做了有益的铺垫。除此以外,20 世纪 50 年代初,扬州接待的外国人很少,60 年代初,扬州每年接待几批或十几批外国人、华侨、港澳同胞,这是和当时对外交往偏重于高层和偏重于与社会主义阵营国家交往"一边倒"的政策相一致的。

扬州公共外交的第二个阶段,是从 20 世纪 70 年代末到 21 世纪初,这个阶段可以称作为"加强对外宣传期"。随着改革开放的不断深入,我国各方面建设都取得了举世瞩目的巨大成就,日新月异、飞速发展的中国越来越成为国际社会关注的焦点。

中国与国外在各领域的交流和合作日益深入，交流的范围和内容不断拓展。在这个时代大背景下，世界各国都希望更多地了解中国，了解中国的方方面面，这其中也包括了解中国各地的情况，而这正为扬州的公共外交大展身手提供了广阔的空间。扬州市委、市政府敏锐地看到了这个难得的历史机遇，旗帜鲜明地提出“让扬州走向世界，让世界了解扬州”，推动扬州公共外交围绕中心，服务大局，创新传播样式，唱响名城声音，大大提升了扬州国际影响力和美誉度。为全方位、多向度推介扬州、宣传扬州，提高对外交往工作的针对性、有效性，扬州主动邀请外国团队到扬州来采访，借国外记者、作家、摄影家的眼睛看扬州，借他们的笔写扬州，借他们的镜头发现扬州，用外国友人独特视野讲述扬州历史，展示现实发展，彰显城市形象，用国际化表达方式打动外国受众，收到了良好效果。同时，扬州还充分利用国内外主流媒体的公信力资源和文化资源，积极与境内外媒体建立长期稳定的交流合作机制，建立多媒体、跨平台的传播媒介网络，提升扬州对外影响度。从 1981 年以来，扬州先后派遣新闻代表团访问美国、日本、韩国；邀请中央外宣机构在扬州驻点；在市委宣传部和市政府设立专门处室，负责扬州公共外交活动的规划和指导；在扬州电视台设立电视外宣栏目《中国扬州》；和海内外华人媒体合作录制大型电视节目；在美国《洛杉矶时报》、《芝加哥华语论坛报》、《美中信使报》、《国际日报》开辟扬州专版进行宣传；由市政府新闻办公室主办的《城市风尚》杂志与 60 余家海外华文媒体同步交流等等。总之，在这个阶段，扬州利用一切可以利用的渠道介绍自己，从而让世界更好地了解扬州，增进扬州与国际的交流与合作，促进扬州的经济发展和对外开放。

扬州公共外交的第三个阶段，是 21 世纪的头一二十年，可以称之为“全面拓展期”。这个全面拓展，主要有三个方面，第一个方面是对外交往主体的全面拓展。从当初单纯的“政府主导”拓展到真正意义上的全民参与。第二个方面是对外交往客体的全面拓展，从当初单一的传统交往对象日本，拓展到和全世界五大洲一百多个国家普遍交往与美国、日本、韩国、俄罗斯、澳大利亚等国家重点交往的有机结合。第三个方面是交往手段的全面拓展，从当初单一的派团出访拓展到集人际交流、大众传播、新媒体传播于一体，集合报纸、电视、网络广播、杂志等各种传播工具，汇聚电视专题片、形象宣传片、舞台、荧屏、图书、摄影、书画等各种载体，涵盖视觉、听觉、触觉等各种感官,形成立体式的对外交往网络。

经过三个阶段六十多年的发展,扬州公共外交形成了以“人文交流”为主要支撑,服务于国家外交战略、服务于本地经济社会发展的战略架构,并呈现出依托传统、主动作为、全民参与和照顾受众关切等四个鲜明的特点。

一是依托传统。文化没有国界,它体现人类共通的情感和价值,是实现公共外交目的的有效载体。如前所述,扬州从来就是一个开放的国际化城市,既有着悠久而丰厚的历史文化积淀,又是中外交往的重要枢纽,有着源远流长的中外交往的历史,相比其他公共外交形式,文化外交在扬州更具有独特的优势。新中国成立以后特别是改革开放四十年来,扬州利用历史文化资源面广量大的特色开展公共外交,形成了自己独特的经验,探索出一条扬州开展公共外交的独到路径,提升了利用公共外交塑造城市国际形象的能力。2015 年是扬州城庆 2500 周年纪念年,扬州以此为契机,整体策划,整体推进,大力开展形式多样的公共外交活动,极大地扩大了扬州的知名度、美誉度和影响力。人民日报、新华社、中新社、中央电视台、新华日报、中国日报、解放日报、香港大公报、澳门日报以及人民网、央视网、中新网、凤凰网、联合早报网、新浪网、搜狐网等 80 多家媒体均在重要版面和时段进行了全面报道。据不完全统计,当时有关扬州城庆 2500 周年的相关报道 22000 多条,“烟花三月扬州国际经贸旅游节”的相关新闻报道(含视频、图片)有 5000 余条,相关中文网页(包括新闻、博客、微博、帖文等)约 80000 条。就在这一年,扬州有关部门牵头组织了城庆 2500 周年海外乡贤恳亲、外国友人恳谈及世界运河名城旅游论坛活动。外交部部长助理钱洪山,澳门华浦投资集团有限公司董事、总经理陈云斐,瑞典盲人长笛演奏家、瑞典盲人协会副会长吴晶等共 33 位乡贤嘉宾,以及阿尔巴尼亚文化部长米雷拉·库姆巴罗,太平洋经济合作理事会、中国太平洋经济合作全委会主席唐国强,城市贵宾德间和男、杰克·伯明翰等应邀参加相关活动。就在这一年,来自国内外近 50 家运河城市名城的代表齐聚扬州,出席世界运河城市名城旅游论坛,围绕运河旅游业主题展开交流发言。就在这一年,扬州有关部门与中国传媒大学合作完成了全省第一部全英文写作的城市宣传书《发现扬州》(*Finding China in Yangzhou*),在 9 月城庆期间推出并受到国内外人士一致好评。就在这一年,第十届中国扬州鉴真国际半程马拉松赛暨全国半程马拉松锦标赛吸引了 43 个国家和地区的 3.5 万名运动员参赛，其中外籍选手 577 人。央视体育频道和江苏国际频道联合向境外 55 个国家和地区高清航拍直播。就在这一年，扬州积极组织《运之河》歌剧、“美哉大运河”大型图片展、扬州城市文化主题展、扬州工艺美术展等丰富多彩的活动，以欧洲观众熟悉的形式，讲述扬州故事，展示扬州名城知名度和影响力，引发欧洲民众浓厚兴趣，所到之处引起轰动，海内外众多媒体跟踪报道。就在这一年，扬州积极主动与国内知名媒体、涉外媒体、海外华文媒体合作，请进来，走出去，先后与江苏国际频道合作拍摄“情动江苏”、“长江视野”、看文化、走读江南等系列电视专题片；与香港大公报合作推出“扬州博物馆多精品，稀有文物得来有段古”专版报道；与央视科教频道《味道》栏目合作拍摄系列纪录片《味道——寻味运河味道》；与央视发现之旅频道《发现中国》栏目合作拍摄“运河明珠”专题片；与央视中文国际频道《走遍中国》栏目合作拍摄“旅游养老在扬州”、“扬州园林”等系列专题片；与美国《芝加哥华语论坛报》、《国际日报》合作开辟了扬州专版宣传；与联合早报网江苏频道合作推出“智能开启、掌上约会”大型外宣微海报。就在这一年，扬州积极挖掘地方特色文化，大力实施文化“走出去”战略，打造文化品牌，积极推进汉语教学，举办乒乓球比赛、书画展、外国人歌唱才艺大赛等各种各样的文化交流活动，增强对外宣传的吸引力、感染力。扬州木偶走向世界大舞台，先后出访 30 多个国家和地区，在 400 多个城市巡演 2000 多场。扬州还积极与外文出版社合作编辑出版《中国城记》江苏系列丛书扬州篇《又梦扬州》双语版书籍，并于 5 月参加美国华盛顿书展，作为外文出版社新书重点宣传。就在这一年，2015 年海外华裔青少年“中国寻根之旅”冬令营扬州营活动在扬州顺利举行，来自马来西亚、印度尼西亚等国家和地区的 50 多名青少年欢聚在中国历史文化名城扬州，开启寻根之旅，感受中华传统文化的魅力。

二是主动作为。官方交流和民间交流并行并举，能够使外交方式更灵活，渠道更广泛，交流更深入。国务委员杨洁篪曾提出“公共外交是中国外交重要的开拓方向，我们认为公共外交现在是应运而生、正逢其时、大有可为”。1992 年中韩建交后，两国之间的官方和民间往来都日趋频繁。扬州作为拥有丰富历史文化资源的城市，也在寻找加强对韩交往的切入点和突破口。20 世纪 90 年代末，韩国崔氏宗亲会派员到中国，根据崔致远《桂苑笔耕集》中的记载，寻访崔致远在唐朝生活、学习、为官等有关的遗迹。与崔氏宗亲会相关人员接触交流之后，扬州方面认为可以打好“崔致远”这张主题牌，扩大对韩国的宣传和交流。崔致远在中国历史上并不特别显眼，但是梳理崔致远的生平事迹和思想、了解其在韩国的历史和现实影响之后，发现他可称为中韩传统友好交往史上的代表人物。他 12 岁入唐求学，18 岁中宾贡进士，后在溧水、扬州等地任官。回到新罗后，大力传播唐代文化。崔致远去世后，被尊为“东国儒宗”“百世之师”。现在韩国还有大量的崔致远遗迹和纪念物。崔氏后裔组成的韩国崔氏宗亲会是重要的民间团体，成员达 200 多万人，在韩国具有重要的影响力。2001 年，扬州首先以唐城遗址博物馆为依托，设立了崔致远史料陈列馆，并请韩国社会科学院理事长金俊烨题写了馆名。馆内举办了“来自新罗的友好使者——崔致远与扬州”陈列，展出与崔致远有关的各种史料、图片和实物。在此基础上，又开始筹建专题的崔致远纪念馆，定位为集纪念、展示、参观等功能于一体，并力争将其打造为扬州与韩国文化交流的重要平台。2007 年 10 月 15 日，崔致远纪念馆正式开放。2012 年，扬州市政府决定对崔致远纪念馆进行全面的完善和升级。通过馆舍出新、陈展提升，崔致远纪念馆以崭新的面貌呈现在世人面前。扬州崔致远史料陈列馆、崔致远纪念馆的建成，经行处遗迹碑的刻立，以及中韩崔致远学术研讨会的召开，在扬州和韩国产生了一定的影响，吸引了大批韩国客人来到扬州，追寻崔致远的足迹。扬州也以崔致远为中韩友好和交流的桥梁，每年举办一系列对韩文化交流活动，扩大与韩国的友好交往，文化外交的成果丰硕。可以说，现在以崔致远和一批中韩传统友好交往人士为桥梁，扬州与韩国各界的心理距离、文化距离不断拉近，这成为扬州与韩国之间文化外交的基础。通过这些多层次、全方位的文化外交活动，扬州在韩国的知名度不断扩大，使古代文化与现代文明完美融合的扬州城市形象为更多的韩国人所熟知和喜爱。

三是全民参与。2005 年，旅居日本的沈光文女士，带日本友人游览扬州大明寺时，被能修法师授予鉴真莲子的法号。鉴真莲子萌发了将日本盛行的国际马拉松赛事带到鉴真故乡的想法，并在次年付诸实施，从而拉开了鉴真马拉松的“序幕”。尽管第一届鉴真马拉松赛(全名为“中国扬州鉴真国际半程马拉松赛”)由民间发起，但由于鉴真在日本的影响力，日本驻上海总领事赴扬州参加了这届马拉松

2012 年 3 月 29 日日本厚木市 GP 少年足球团访问扬州(市外办提供)

赛，一些日本知名的大公司也都派员工参赛，从而使赛事的影响提升到国际层面。第一届赛事获得成功后，为使鉴真马拉松赛长期发展，中国田径协会、江苏省体育局和扬州市人民政府开始主办这一赛事，从而全方位推动赛事的发展。从路线选择和调整上，鉴真马拉松赛力求凸显扬州名城特色；在参赛规模的增长上，人数从第一届的 300 多人逐年上升，如今已有近 4 万人参赛，且参赛者来自不同国家和地区；从赛事影响上，2010 年中央电视台参与主办并全程直播赛事，2011 年成为年度国际田联银标赛事。自 2012 年起，鉴真马拉松赛升格为国际田联金标赛事，并连续七年蝉联此项殊荣。除了政府作为主导者推动和管理着整个马拉松比赛的进程外，鉴真马拉松赛还大量容纳非国家行为体参与到这项高层次的公共外交活动当中。比如由普通市民、学生组成的数万志愿者出现在马拉松赛的现场和扬州的大街小巷，以其热情感染着海外来宾，这些都是践行多层次公共外交的重要尝试。多

主体的参与模式使得全体扬州市民都加入到马拉松赛当中，他们是中国现代化成就的最直接受益者，而且此举不仅形成社会团结一致的活动特色，也呈现出更为丰富、生动的公共外交画面。依靠普通民众进行的交流无疑更能贴近中国人的现实生活、凸显扬州鉴真马拉松赛的主题。就扬州鉴真马拉松赛这一案例来说，公共外交努力不仅仅针对着云集扬州的数以千计的各国马拉松选手和国际媒体，也不仅仅针对着大批因这次比赛而来到扬州的海外游客，更重要的还在于，通过他们的眼光，扬州鉴真马拉松赛不但将扬州的形象在全世界传播出去，形成良好的公共外交效应，也将把体育精神与中国文化充分结合起来，向世界展现一幅古代文化与现代文明交相辉映的生动画面。

四是照顾受众关切。公共外交，脱胎于国际传播学，从传播学的角度来看，开展公共外交活动，就是要让国外民众通过这些活动加深对中国的了解认识，提升中国的对外形象和影响。因此，公共外交活动，除了要遵循一般的大众传播规律外，也要适应国外民众的审美方式和欣赏习惯。公共外交活动需要对中国悠久的历史和名胜古迹、秀美山川和灿烂的文化进行观照，因为传播这些，可以向国际社会展示中国的美好形象，加深海外受众对中国的了解和认识。但是，这些只是公共外交活动的一部分基本内容。而真正要对外传播的，主要还是中国的现实社会，这才是海外受众最关注的。虽然他们也想了解中国的过去，但最注重的还是中国的现在，尤其关注与他们利益密切相关的现实状况。从这一点出发，扬州市政府新闻办公室曾和外文出版社合作开展了“中国城记之扬州篇”外宣项目，邀请一名外国作家写一本介绍扬州的书籍。西班牙作家、摄影师迪安娜·可卡承担了这项工作，她和扬州作家韦明铧先生一道完成了一本名叫《又梦扬州》的摄影散文集。这本书出版以后，在封底上赫然写着：“一位从未到过扬州的外国人，初次到扬州的感受。通过在扬州的生活体验、实地采访和亲身经历，讲述扬州的经济、文化等各方面的发展。通过这些故事，帮助外国读者了解扬州。”像《又梦扬州》这样的案例在扬州还有很多。易得波，一位丹麦女士，同时担任着丹麦哥本哈根大学亚洲学院挪威奥斯陆大学东方学院的汉学研究员。一个偶然的机会，她在法国巴黎一家扬州人开的中国餐馆里听到扬州方言和扬州评话，由此触发了研究扬州评话艺术的激情。她曾六到扬州，出没于扬州的书场与评话艺人家中，并多次邀请扬州评话艺术家到丹麦、挪威表演扬州评话，大量录制扬州评话段子和扬州方言，与评话艺人座谈交流，记录、搜集脚本。先后在英国出版了《扬州评话探讨》、《扬州说唱文学》等研究扬州评话的著作，并在美国出版了中英双语版的《扬州评话选集》。扬州电视台用跟拍的方式记录了易得波女士在扬州考察扬州方言和扬州评话的部分情景，并于1998年专程到丹麦和挪威拍摄了有关易得波女士从事教学科研和组织评话艺术表演会活动的实况，还有她的日常生活等，最后编辑制作了纪录片《易得波》。该片在国内外播出后都产生了较大反响，受到专家好评，获得江苏省精神文明建设“五个一工程奖”和江苏省广播电视“外宣彩虹奖”一等奖。

四、友城网络的构筑

对外友好交往，贯穿于新中国成立以后扬州对外交往的全过程。随着扬州接待外宾的逐年增多，开展友好城市和友好交往城市的工作成为扬州对外交往工作的重要部分。扬州先后与日本、韩国、美国、德国、意大利、英国、加拿大、澳大利亚、土耳其等国的城市缔结友好城市，并进行了友好交往。从1982年2月起，扬州市已经与日本的唐津市、厚木市、奈良市，韩国的龙仁市、庆州市，美国的西港市、肯特市、斯坦福市、阿特波罗市，德国的奥芬巴赫市，意大利的里米尼市，英国的科切斯特市，澳大利亚的大绿三角地区、南格莱片郡、高本市、巴拉瑞特市，土耳其的孔亚市，比利时的布瑞市，缅甸的仰光市，俄罗斯的巴拉什赫市，荷兰的布雷达市，克罗地亚的科尔丘拉市，埃及的卢克索市，法国的奥尔良市等15个国家缔结了23个友好城市，扬州的友好城市遍布五大洲。在缔结友好城市的同时，扬州还与许多国家的城市如意大利的特雷维佐市、德国的新勃兰登堡市、日本的入广濑村等城市(村)交往密切，成为友好交往城市。

最初与扬州建立友好城市的是日本的城市，这与鉴真大和尚东渡和中日两国一衣带水的友好邻邦的历史渊源密不可分。随着友好交往渠道的拓宽，扬州与美国、英国、加拿大、澳大利亚、德国、意大利、新加坡、马来西亚等国诸多城市交往频繁。20世纪90年代初，扬州将友好城市的着眼点从亚洲转向美洲、欧洲、澳洲，最终形成了遍布全球的友好城市和友好交往城市的网络。

扬州与外国友城之间进行友好交往的工作，主要是人员交流、派团互访和互赠象征友谊的纪念建筑和开展友城结好纪念活动四大类。

一是人员交流。在结好前后，扬州和外方都会相互派官员和学生到对方进行交流。例如扬州市与美国肯特市结为友好城市后，1995年4月，肯特市财政局长梅·米勒和肯特市财政局官员简图尔森作为肯特市首批政府官员，来扬进行为期一个月的考察、调研。接着，肯特市政府官员布莱恩·史旺伯格和迪安·瑟瑞·舒乐来扬进行为期一个月的交流。1995年2—5月，扬州市外办副主任童年万作为扬州首批交流官员赴美，主要了解美国肯特市政府的运转情况，进一步宣传扬州，促进两市之间的友好交往。1996年4月18日至5月16日，扬州市建委副主任、市规划局局长张杰赴肯特市进行为期一个月的第二轮政府官员交流，重点是了解美国城市规划情况。1995年7月开始，扬州市和美国肯特市进行中学生交流。到1998年，扬州赴美交流的学生有4批共8人。此间，美国肯特市从1995年8月至1997年10月，也先后派出3批共6名学生来扬州交流，住在扬州赴美学生家中。1984年，扬州与日本厚木市结为友好城市后，1993年2—3月，扬州市外办派2人赴厚木市进行职员交流。2000年—2003年，扬州市外办先后派出3人作为国际交流员赴日本学习交流。根据1997年签署的《扬州堪培拉交流协议》，扬州市外办一名翻译于1998年2月至4月赴澳大利亚国立大学继续教育中心，进行为期2个月的短期进修。1998年9月和1999年9月，扬州西园大酒店、扬州迎宾馆先后两次派员赴澳大利亚首都堪培拉国际旅馆学院进行为期半年的进修。2001年—2003年，扬州市外事办公室派员分别作为国际交流员和扬州市驻韩国招商贸易代表，赴韩国学习交流和进行招商工作。2002年，韩国龙仁市政府公务员、观光文化课担当朴明询在扬州市外办进行为期半年的交流。2003年，韩国龙仁市公务员申荣美和议会事务局公务员池希英在扬州市外办进行为期2个月的学习交流。

二是派团互访。以扬州与肯特的友好交往为例，1994 年到 2003 年扬州市共派出 35 个代表团进行了政治、科技、城建、新闻、教育、农业、青少年艺术等方面的友好交流。同期，肯特市也派出 18 个代表团来扬州进行了议会、商会、经济、社区教育等方面的友好交流。

三是与国外友好城市互赠象征友谊的纪念物。如扬州赠送给日本厚木市的“风亭”，按照扬州瘦西湖小金山上的风亭式样仿制，是一座六角垂檐亭，在厚木名为“风月亭”，系取唐鉴真大和尚所题“山川异域，风月同天”之意，象征中日友好源远流长，扬州厚木友好世代相传。在厚木市议会议员德间和男与厚木市日中友好协会副会长四灶秀郎倡议下，1993 年 3 月，扬州创办日语学校。每年从市区各小学四年级学生中，挑选 15—20 名学生入校学习日语，为期 2 年。第一至第四届学生，赴日本进行访问。扬州市与肯特市结为友好城市后，两市友好不断加深。为使两市结好有一个永久性的标志，扬州市人民政府向肯特市赠送“四面八方亭”一座。1995 年 6 月，“四面八方亭”在肯特市竣工。肯特市也在扬州市中心石塔桥下兴建一座美国西北风格的“友谊园”，于 1998 年 5 月 8 日举行赠捐仪式。市政协主席施国兴和肯特市市长吉姆怀特为“友谊园”剪彩。1995 年 7 月，缅甸仰光市市长吴哥礼率团访问扬州，仰光客人在参观大明寺时，得知新建的栖灵塔欲请玉佛供奉，当即表示向大明寺赠送 5 尊玉佛。1996 年 4 月 30 日，缅甸仰光市赠送扬州市玉佛迎奉仪式在大明寺举行，计 1 座卧佛、4 座坐佛。为感谢仰光人民的深情厚谊，扬州市回赠仰光市 1 艘“扬州号”画舫、8 艘玻璃钢游船和 1 座“四面八方亭”。

四是开展友城结好纪念活动。仍以日本厚木市为例，在扬州—厚木结好 5 周年、10 周年和 15 周年，中日双方都举行了隆重的纪念活动，互赠结好纪念品。双方分别多次派出代表团互访互商，并在日本考察工商企业、拜会工商界人士，与日本在投资合作、发展扬州经济方面形成了共识，为加快友好城市经济协作迈出了新的一步。日本友人足立原茂德、四灶秀郎等还被扬州市人民政府授予“荣誉市民”称号。

实践证明，缔结友好城市和友好交往城市是公共外交的重要形式，是地方政府和民间交流的一个重要窗口，是一个城市走向世界的重要渠道。通过友城交往，在政治、经济、技术、文化、教育、卫生、体育等各个领域发展了实质性的关系，加深了交往，取得了丰硕的成果。通过友城交往，为扬州的对外开放和交往提供了一个相对稳定、多层次、多方位和不可替代的国际固定渠道，通过友城交往，新中国成立以后的扬州对外交往也为维护世界和平、增进与世界人民之间的了解和友谊做出了重要贡献。

扬州市与日本唐津市结好

日本唐津市面积 127 平方公里，人口 8 万余人，北濒唐津湾。唐代以来就是中日两国文化交流和贸易往来的重要港口。唐津市的农业生产技术在日本享有盛名，个体小农经济实现了机械化、现代化，养殖水产和捕捞业很发达，文化教育、医疗卫生事业也较发达。

日本唐津市赠送的友好纪念杯（市档案局提供）

1978年4月,日本唐津市市长濑户尚亲自率唐津市第一次友好访华团到扬州参观访问。1980年4月,唐津市第三次友好访华团拜会扬州市市政府时,向市长祝志福提出了唐津与扬州结为友好城市的建议。同年4月,鉴真大师干漆夹纻像回扬巡展期间,唐津市市长濑户尚请人代向鉴真纪念堂赠送铜香炉一只。从那以后,两地领导人通过多次书信往来和友好交往,两市各界群众也为实现结成友好城市的美好愿望作出了许多努力。日本佐贺县日中友协理事长宫崎茂曾先后三次访华,两次同唐津市友好访华团到扬州与市政府、市人大负责人进行友好交谈,这为两市结为友好城市奠定了良好的基础。

1981年4月22日,中国人民对外友好协会复函江苏省人民政府外事办公室:“经国务院批准,同意扬州市和日本唐津市于明年结为友好城市,请于今年下半年以扬州市市长名义致函唐津市市长,正式表示扬州市愿与唐津市结为友好城市。并邀请唐津市派先遣组来扬州商谈缔结友好城市的具体事宜。”1981年5月2日,扬州市和唐津市的代表在南京双门楼宾馆,就两市结为友好城市的相关事宜进行商谈。参加会谈的中方人员有江苏省人民政府外事办公室主任汪良、扬州地区行政公署外事办公室副主任姚伟鼎,以及江苏省旅游局、江苏省友协的负责人。日方人员有佐贺县友好之翼第三次访华团团长、佐贺县知事香月熊雄,副团长、佐贺县友好协会理事长宫崎茂和访华团团员以及随行记者等。1981年11月18日—25日,由江苏省人民政府外事办公室主任汪良、江苏省进出口管理委员会主任杜文白、扬州市人民代表大会代表魏玉华等人作为结好先遣组出访日本,赴唐津市商谈缔结友好城市事宜。先遣组在日本商定,1982年2月22日在扬州市举行缔结城市的正式签约仪式。

为做好迎接扬州市与日本唐津市结成友好城市的各项准备工作,经市委、市政府研究,于1981年12月8日建立结好工作筹备组,由扬州市市长祝志福为组长,整个接待工作由地区行署外事办公室具体安排。12月12日,市委、市政府负责人及有关方面负责人举行会议,汇报研究关于缔结友好城市各项重点工作的准备情况。1982年2月22日上午,扬州市与唐津市结为友好城市正式签约仪式在扬州市政府礼堂举行。参加签约仪式的中方人员有江苏省副省长洪沛霖、扬州市市长祝志福、江苏省友好协会副会长方非、扬州地区行署负责人、扬州市各有关方面负责人和各界代表三百余人，日本方面有唐津市市长濑户尚等 10 人参加签约仪式。

扬州市与日本厚木市结好

日本厚木市，面积 92 平方公里，人口 16.5 万人，地处日本的政治、经济、文化中心地区，且是东京的卫星城市，交通发达，城市经济实力雄厚，是一座现代化的工业城市。扬州与厚木建立友好城市关系，有利于扬州市在东京、神奈川地区开展官方和民间友好活动，发展以经济为主的合作交流，对扬州的经济建设起到一定的促进作用。同时，东京是华侨聚居的地方，扬州和厚木结为友好城市，有利于东京华侨工作的开展。

1979 年，足立原茂德当选为厚木市市长后，亲自 4 次率团并派遣厚木市议员团访问北京、南京、扬州。1981 年 11 月，足立原茂德又在新建的市民展馆主持了扬州儿童

与厚木市结为友好城市纪念磁盘(市档案局提供)

书画展。扬州市访日组访问厚木市，都受到了足立原茂德和厚木各界友好人士的热情接待。在频繁的友好交往中，足立原茂德多次向中国中日友好协会和江苏省、扬州市有关领导提出和扬州市结为友好城市的愿望，热切希望早日缔结友好城市。1983年，扬州市派出两批团(组)访问厚木，受到了厚木各界人士和广大市民的热情接待。厚木市成立了友好合作委员会，且于1983年分别派遣3个团组、1984年又派遣团组来扬商谈缔结友好城市事宜。

1984年10月23日，扬州市与日本厚木市缔结友好城市的签约仪式在厚木举行，扬州派出友好访问团、工艺品展销团、艺人表演团和杂技团4个团组共43人。扬州市市长黄书祥任友好访问团团长，代表扬州市人民政府参加缔结友好城市签约仪式。其他3个团配合友好访问团宣传扬州，向厚木市人民介绍扬州风景名胜、风土人情、工艺美术、文化艺术。扬州生产的玉雕、漆器等工艺品在厚木市株式会社百货店达木厚木店从10月23日展销至10月30日，受到了厚木市民的欢迎。展销的工艺品，后来由厚木市一次性买断。在举行结好仪式时，厚木市赠送给扬州市日产高级轿车1辆、索尼电视录放像设备1套。扬州市回赠给厚木市"风月亭"1座，安放在厚木市森之里区的"若宫公园"，1985年10月竣工建成。

扬州市与美国肯特市结好

美国肯特市位于美国西北部的华盛顿州，是西雅图的卫星城，介于美国西雅图港和塔科马港两大港口之间，是美国的五大集散地之一，经贸战略地位相当重要，文化教育事业也很发达，扬州市与肯特市经济社会全方位交流合作潜力巨大。

扬州市从1992年与美国肯特市开始友好交往，双方领导人及经贸、企业界人士进行多次互访。1993年9月，肯特市前任市长丹凯勒来扬州考察访问，与扬州市市长施国兴签订了两市建立友好关系意向书。1994年4月8日下午，扬州市与美国肯特市缔结友好城市签约仪式在扬州宾馆会议大厅正式举行。扬州市市长施国兴和肯特市市长吉姆·怀特分别在《中华人民共和国江苏省扬州市与美利坚合众国华盛顿州肯特市建立友好城市关系协议书》中、英文文本上签字。

肯特市赠送的水晶纪念品(市档案馆提供)

扬州市与美国西港市结好

西港市是美国康涅狄格州的一座历史文化名城,是美国独立战争主要战场之一,遗迹众多。该市距纽约市200多英里,面积22.4平方英里,人口2.5万,历史上是美国东海岸重要的港口,交通便利,经济富裕,全美许多著名的企业家都住在这里。西港也是美国重要的文化艺术中心,旅游业较为发达。与美国东海岸的西港市结为友好城市,可以形成扬州与西海岸的肯特市、中部的凤凰城三城合作网络,对扬州市的进一步对外开放、发展经济起到很大的促进作用。

扬州市与西港市的交往开始于80年代中期。1983年和1985年,美中文化交流基金会会长苏张之丙女士两次率领西港市文化交流烹饪团和美中文化交流团来扬访问,并带来西港市市长的亲笔信,表达了与扬州结为友城的愿望。1993年西港市为推动两市结好进程,成立了“西港、扬州姐妹城市委员会”宣传扬州,鼓励工商实业界人士到扬州考察、投资。1995年2月,扬州市委副书记陈宝田率代表团专程赴西港访问,代表团访美期间,西港市长阿卡迪公告每年2月19日为西港市的“扬州日”,两市实质性友好交往不断发展，为正式结好创造了条件。

1995 年 6 月 2 日，扬州市市长施国兴应美国西港市市长阿卡迪的邀请，率扬州市友好代表团赴西港市。6 月 6 日（美国时间 6 月 5 日），签字仪式在西港市市政厅举行，施国兴和阿卡迪分别在《中华人民共和国江苏省扬州市与美利坚合众国康涅狄克州西港市建立友好城市关系协议书》中、英文文本上签字。

扬州市与缅甸仰光市结好

仰光市是缅甸的首都，面积约 368 平方公里，人口约 500 万，是缅甸全国的政治、经济、文化中心和交通枢纽，其名胜古迹众多，仰光港是缅甸内河航道最大的港口，扬州与仰光结为友好城市，可以在多个方面交流合作和取长补短。

扬州与缅甸仰光市的友好交流开始于 1995 年。当时，国家对外经济贸易部外贸司副司长黄学琪任扬州市副市长，3 月份率扬州市经贸考察团赴缅甸考察访问，就扬州与仰光的几个经济合作项目进行了酝酿策划，并邀请中国驻缅甸大使陈宝鋆来扬访问。陈大使利用回国述职的机会，对扬州进行了为期两天的考察调研，认为扬州可以与缅甸开展经济合作，产品有很强的互补性，于是她推荐仰光市长吴哥礼访问扬州。1995 年 7 月，缅甸仰光市市长吴哥礼率团来扬州访问，与市长施国兴就合作办电焊条厂、水泥加工厂、家用电器厂及扬州菜馆等项目进行了磋商。这次来访时，吴哥礼着重提出要与扬州市结为友好城市的愿望，并在乾隆水上游览线的游船上，与施国兴签订了扬州市与仰光市建立友好城市关系的备忘录。在参观大明寺时，得知新建的栖灵塔欲请玉佛供奉，吴哥礼当即表示向大明寺赠

仰光市赠送的纪念品（市档案馆提供）

送5尊玉佛。玉佛于1996年4月29日由上海港运抵扬州大明寺。5尊玉佛为1座卧佛,4座坐佛。卧佛长5.7米,重18吨,为我国卧佛之最;4尊坐佛均高1.75米左右,重4吨,在国内实为少见。5尊玉佛面目清秀、仪态庄重,“出生”地都是曼德勒。曼德勒为缅甸第二大城市,以出产玉石而闻名。扬州市回赠了1座“扬州亭”和1艘“扬州号”游船。1996年10月,施国兴率扬州市友好代表团回访仰光市,出席了吴哥礼主持的“扬州亭”建成揭幕暨“扬州号”游船下水仪式。中国驻缅甸大使陈宝鋆和仰光市发展委员会全体委员及社会各界代表数百人参加了仪式。仰光市市长吴哥礼向施国兴递交了仰光市愿与扬州市结为友好城市的亲笔签名信。

1997年6月26日,扬州市第三届人民代表大会常务委员会第28次会议审议通过,同意扬州市与仰光市缔结友好城市。1997年7月8日下午,扬州市、仰光市缔结友好城市签字仪式在扬州市政府大厅举行。

扬州市与韩国龙仁市结好

龙仁市位于韩国京畿道南部(属于首都圈),面积591平方公里,人口25万,是一个历史悠久的文化名城,也是一个山明水秀的旅游观光城市。龙仁市交通便捷,是韩国的交通要冲,经济活力强,拥有世界最大的半导体生产基地(三星半导体公司)和无穷花卫星控制所,大宇研究所每年都有新开发的汽车问世。扬州与龙仁两市有共同的文化、旅游特质,缔结友城关系对扬州的经济发展和对外开放能起到积极的推动作用。

扬州市与韩国龙仁市是经韩国一洋药业株式会社牵线搭桥开始交往的。1997年9月,龙仁市副市长朴胜薰应邀率友好代表团考察访问扬州。1998年2月,扬州市委书记吴冬华率经济友好代表团访问龙仁。双方在互访的过程中,对工业、农业、教育、旅游、商业及基础设施、公共设施等进行了全面的考察。为使友好关系向纵深发展,双方一致认为,在加强官方交流的同时,要注意加强民间交流,并首先从定期进行两市的大学生交流开始。双方在相互接触过程中,多次表示希望两市缔结友好城市,并进行了具体的商谈。

龙仁市赠送的铜钟(市档案馆提供)

2000 年 5 月 10 日下午,扬州市与韩国龙仁市在扬州市政府接待厅举行正式缔结为友好城市仪式,扬州市市长苏泽群和龙仁市副市长韩锡圭分别代表两市政府在结好文本上签字,并敲响象征新开端和美好祝愿的钟声。

扬州市与韩国庆州市结好

庆州位于韩国庆尚北道,曾是新罗王朝的首都,也是韩国古代有“东国儒宗”、“东国文学之祖”之称的著名学者崔致远的故乡。现有人口 28 万,是一座恬静的城市。

举凡山地、溪谷,都有王陵、石塔、佛像、寺庙遗迹。游览庆州古都,也就等于在探索古代灿烂文化的遗迹,故庆州有“无围墙之博物馆”之称。

2006年底,中共扬州市外事办公室党组书记丁章华率扬州市工作组访问韩国庆州市,两市开始交往。2007年10月14—16日,庆州市长白相承率团一行11人访问扬州,参加了扬州崔致远纪念馆主馆开馆仪式暨中韩经济文化交流日活动。10月14日,白相承代表庆州市与扬州签署了缔结友好城市的备忘录。

2008年11月24—26日,庆州市长白相承、庆州市议会议长李镇久率团一行26人访问扬州,参加扬州崔致远纪念馆开馆1周年纪念活动。24日晚,双方在扬州迎宾馆正式签署建立友好城市协议书。

庆州市赠送的纪念品(市档案馆提供)

扬州市与克罗地亚科尔丘拉市结好

科尔丘拉(克罗地亚语:Korfula,意大利语:Curzola)是克罗地亚的一座古城,位于亚德里亚海科尔丘拉岛的东岸。小镇上保存至今的历史古迹,包括中央的罗曼式—哥特式的圣马克主教座堂(建于1801—1806年),15世纪的方济各会修道院(带有一个美丽的威尼斯哥特式回廊),市议会会议厅,前威尼斯总督府,第15和16世纪本地商人贵族的宫殿,以及大规模的城市防御工事等等。该市还是元朝时来到中国的意大利旅行家马可·波罗的出生地。

2006年7月,克罗地亚驻华大使博里斯·韦利奇先生一行访问了扬州市,副市长纪春明在迎宾馆会见了大使一行。2007年3月16日,扬州市外事办公室主任丁章华拜访了克罗地亚驻华大使馆，与韦利奇大使、全权公使波利奇博士、公使衔参赞欧泽恩·巴克维奇博士进行了会谈，初步商定派工作组赴科尔丘拉市，考察两市间开展友好交流合作的可能性。

2010 年 4 月 16—20 日，科尔丘拉市政府代表团在副市长斯代尼克的带领下参加扬州烟花三月国际经贸旅游节，并于 4 月 16 日签署了科尔丘拉市与扬州市的友城协议。

中华人民共和国扬州市和
克罗地亚共和国科尔丘拉市
建立友好城市关系协议书

中华人民共和国扬州市和克罗地亚共和国科尔丘拉市，根据中克两国建交（公报）原则，为进一步巩固并发展两市的友好合作，增进中克两国人民的了解和友谊，经过友好协商，双方同意建立友好城市关系。

一、 双方根据平等互利的原则，在经济、贸易、科技、文化、教育、体育、卫生、人才等方面开展多种形式的交流与合作，促进共同繁荣发展。

二、 双方领导人和有关部门保持经常的联系，以便就双方交流和合作事宜及共同关心的问题进行协商。

三、 本协议书自签字之日起生效。本协议书有效期为五年。有效期满后，如无一方提出终止手续可顺延。

四、 本协议书于二〇一〇年四月十六日在扬州市签订，一式两份。用中文、英文两种文字写成。两种文本同等作准。

中华人民共和国扬州市 克罗地亚共和国科尔丘拉市

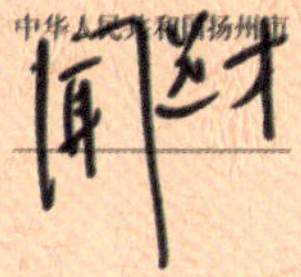

AGREEMENT BETWEEN KORCULA OF THE REPUBLIC OF CROATIA AND YANGZHOU OF THE PEOPLE'S REPUBLIC OF CHINA ON THE ESTABLISHMENT OF FRIENDSHIP CITY RELATIONSHIP

Korcula of the Republic of Croatia and Yangzhou of the People's Republic of China, acting in accordance with the principles of the Joint Communiqué on the Establishment of Diplomatic Relations between the People's Republic of China and the Republic of Croatia, wishing to enhance mutual understanding and friendship between the Croatian and Chinese peoples, and consolidate and develop friendly cooperation between the two cities, have reached agreement, through friendly consultations, on the establishment of Friendship City relationship.

Ⅰ. The two sides will carry out, in accordance with the principles of equality and mutual benefit, exchanges and cooperation between the two cities in various forms in the fields of economy, trade, science and technology, culture, education, sports, health, personnel, etc. to promote common prosperity and development.

Ⅱ. Regular contacts shall be maintained between the leaders and relevant departments of the two sides to facilitate consultations on the exchanges and cooperation as well as matters of common concern.

Ⅲ. This Agreement shall come into force from the date of signature. It will be valid for five years. Upon expiration, it may remain in force if neither side terminates it.

Ⅳ. This Agreement, signed on April 16, 2010 in Yangzhou, is done in duplicate in the Chinese and English languages, both texts being equally authentic.

City of Korcula
Of the Republic of Croatia

City of Yangzhou
Of the People's Republic of China

与科尔丘拉市建立友好城市的协议书（市档案馆提供）

扬州市与日本奈良市结好

奈良市，位于日本纪伊半岛中央，四周为大阪府、京都府、和歌山县、三重县所环绕，由被称为“近畿之屋顶”的纪伊山地及扩展至北侧的平原组成，土地面积约占全国面积的1%，山地面积所占比重较大，森林覆盖率为77%，大约90%的人口集聚在县北部的奈良盆地及其周边地区。

在佛教传入日本的公元6世纪至8世纪期间，奈良一直作为日本的政治、文化中心而繁荣。公元710年，仿效中国唐代的长安城而创建的大规模国际首都“平城京”，作为历史性的遗产已列入世界遗产名录。西方的文化、艺术、建筑技术等透过古代通商道路——丝绸之路传入日本，存有以东大寺、法隆寺为代表的世界文化遗产、佛教建筑、佛像雕刻等许多国宝和重要文化遗产。

扬州与奈良的关系可以追溯到1200年前的鉴真东渡。唐时在扬州大明寺任住持的鉴真大师，东渡日本后就是在奈良的东大寺为天皇和皇后授戒的，后大师还为日本修建了唐招提寺，并在此终老。

1980年，奈良唐招提寺的鉴真大师坐像的回归故乡，成为中日友好关系的重要里程碑。此后，扬州大明寺一直与奈良唐招提寺保持着密切的交流关系。唐招提寺历任住持都曾来访扬州，大明寺住持能修也数次访问奈良。

2007年6月，扬州市市委主要领导率团访问奈良，向唐招提寺赠送鉴真立像，并拜访了奈良市市长藤原昭先生，提出了缔结友好城市的愿望。

2010年5月，扬州市常务副市长张爱军率团出访奈良。5月23日在奈良百年会馆签订了两市缔结友好城市协议，两市正式结好。

五、扬州外事旅游工作的发展

扬州的外事旅游接待，据文字记载，始于1952年。这一年的春天，亚洲及太平洋区域和平代表团参观扬州，这是扬州在新中国成立后接待的第一批外宾。

扬州外事旅游接待工作，大体分为两个阶段。第一阶段从1949—1973年；第二阶段从1973年到现在。第一阶段主要以接待零散华侨和港、澳、台同胞为主，有时也接待极少量的外宾团队。据不完全统计，1949—1973年，24年间扬州接待了日本、越南、也门、罗马尼亚、加拿大、美国、老挝、泰国、马来西亚、保加利亚、波兰、印度、缅甸、印度尼西亚、巴基斯坦、新西兰、澳大利亚、法国、苏联等19个国家的代表团12个，约200余人。外宾来扬主要是考察水利建设和参观大明寺、参加和鉴真东渡有关的纪念活动。1974年，因“文化大革命”中断了的扬州外事旅游业开始复苏，这一年扬州共接待外宾、华侨、港澳台同胞994人。1974—2005年31年间，扬州接待了国家元首和政府首脑及外宾30余批，大型团队和部长级外宾100余批，接待境外宾客100余万人次。

70年代初至80年代中期，扬州对外开放的大门逐步打开，闭关自守的状况逐渐改变。1978年，公安部批准扬州为“半开放城市”，来自亚洲、美洲、欧洲、非洲等国家的外宾逐年增加。当时的开放单位基本上是三大块，首选的是水利工程，江都抽水机站、施桥船闸几乎是每批外宾必去的；其次是风景区，瘦西湖、大明寺、何园、个园也是外宾参观的主要景点；三是扬州工艺，漆器厂、玉器厂、工艺厂、绣品厂是有选择地安排外宾参观。当时的对外宣传口径是介绍社会主义制度的优越性。80年代中期起扬州全境对外开放，不仅不受过去条条框框的限制和束缚，且将开放地域从扬州市区扩展到所属各县(市)。1985年，江苏省人民政府批准扬州所属各县(市)为甲类开放地区。同年，经国务院批准，扬州被列为全开放城市。

21世纪初，扬州的外事旅游工作有了一个更大的进步。为了拓宽对外交往的渠道，扬州市外事部门遵照市政府提出的扬州全方位对外开放的发展战略要求，采取“请进来、走出去”的办法，积极寻找对美洲、欧洲、澳洲等地区的交往对象，利用一切渠道，争取各方面支持，加大工作力度，走出亚洲，走向世界。市政府代表团、各类经济考察团、文卫体考察团、招商引资团、经贸洽谈团等纷纷走出扬州，走出国门，走向世界。旅游方面也派出团组赴美国、日本、韩国、新加坡、马来西亚等国家考察国际旅

游，招揽国外客源，加强了与国外旅行社团的联系与交往。市政府还在北京、杭州等旅游热点城市召开旅游新闻发布会，扩大和提高扬州的知名度。1999 年 1 月，扬州喜捧“中国优秀旅游城市”奖杯。由于多方面努力，扬州在对外交往方面也取得了可喜的成绩。将友好城市从亚洲发展到美洲、欧洲、澳洲。1994 年 4 月至 2003 年 3 月的 10 年间，扬州先后与美国肯特市、西港市，德国奥芬巴赫市，澳大利亚大绿三角地区，缅甸仰光市，意大利里米尼市等 9 个城市结为友好城市，并与加拿大、巴西、阿根廷等国家建立了友好交往合作关系。近 20 年间，扬州各类代表团出访美国、英国、德国、法国、俄罗斯、韩国、朝鲜、意大利、澳大利亚、新西兰、阿根廷、日本等几十个国家和地区，促进了互相了解和经济、科技文化等方面的交流与交往，增进了彼此间的友谊，也争取了旅游客源。如今，涉外旅游工作已成为扬州对外交往的重要纽带和桥梁，成为扬州对外开放的窗口和基地。

对外宣传是做好外事旅游工作的一个重要方面。扬州的外事旅游宣传有一个逐步认识和深化的过程，经历了从口头到文字，从文字到图片，从静观到动感，从无声到有声，从国内到国外等五种形态。20 世纪 70 年代初，扬州的外事旅游宣传几乎是一片空白，1975 年，扬州外办首次油印了宣传小册子——《扬州开放单位简介》，这本小册子并未介绍旅游，而是介绍了农田水利、工厂学校、人民公社等方面的简况。70 年代末、80 年代初，随着扬州外事旅游业的发展，一些对外宣传的专著、画册也应运而生。1982 年，扬州外办首先编印了《扬州游览手册》，并由江苏人民出版社正式出版，在全国发行。随后，此类书刊、画册纷纷问世。1982—1999 年，由出版社正式出版的有关扬州外事旅游专著 20 余种，其中文字专著有《扬州游览手册》、《扬州》(英文版)、《扬州导游》、《扬州旅游》、《扬州旅游大观》、《扬州红楼宴》等 11 种，画册有《扬州》、《扬州游》、《江山多娇》、《淮扬菜图解 100 例》、《诗情画意绿杨城》等 9 种。全国和省内还有许多著作是涉及扬州旅游的，如《中国名胜词典》、《江苏旅游指南》、《江苏旅游大观》等著作中都以较大的篇幅描写了扬州旅游景点、美食、工艺等方面的内容。在进行图文并茂宣传的同时，扬州外事旅游部门，又将对外宣传的形式提高了一步，使宣传更形象化、多样化、动感化，更容易为国外游客所接受。外事旅游部门与电视台等单位合作拍摄了《古城扬州》、《明月扬州第一楼》、《综艺大观》、《城市之间》、《醉游扬州》等电影片、电视片，1996 年和扬州电视台合作开办了《中国扬州》栏目，并以办展览、招揽客源、出国考察、相互交流等形式，将这些影视片推向北京、上海、杭州、西安、桂林等旅游热点城市。还通过中国黄河电视台和五洲传播中心(五洲传播出版社)把电视片从国内推向国外。在组织对外宣传的过程中，逐步学到了怎样向外国人介绍扬州，怎样让外国人通过扬州这个中国的窗口了解中国和中国的文化、中国的改革开放，了解中国的社会现状和发展前景。

涉外特色旅游项目，是扬州外事旅游项目的亮点和特色。为了让中外宾客更实际地了解扬州，外事旅游部门推出了“乾隆水上游览线”、“红楼宴”等扬州特色旅游项目。“扬州乾隆水上游览线”，是国内独一无二的黄金水上旅游线。清代，乾隆皇帝曾经六下江南，次次到访扬州。“扬州乾隆水上游览线”走的就是当年乾隆巡游扬州的路线，十里碧波，二十四景，缀连着一串闪光的珍珠。“扬州天下秀，妙在水上游”，若有机会能乘上“乾隆”号画舫，从御码头出发，直到大明寺山脚下，一边品茗，一边倾听导游小姐的详细介绍，尽情观赏“两堤花柳全依水，一路楼台直到山”的美景，定会感到似在画中，意趣无穷。扬州“红楼宴”属淮扬菜系，是经过多位红学专家的探讨和论证，在多位淮扬美食的理论家和特级厨师的指导下，才开发出来的。它根据《红楼梦》书中描绘的美食名称、原料和烹饪方法，在淮扬菜的基础上，烹调出源于《红楼梦》，又高于《红楼梦》的美味佳肴。扬州外事旅游系统的厨师已先后赴新加坡、日本、澳大利亚等国家和地区以及北京、上海、广州等大城市烹调和表演红楼宴。澳大利亚首都堪培拉市市长卡奈尔、中国驻澳大利亚大使华君铎、香港特区首任行政长官董建华在澳大利亚和香港品尝扬州红楼宴后，都给予了较高的评价。“乾隆水上游览线”和“红楼宴”已接待了数以万计的宾朋，许多中外国家元首对此倍感兴趣。1991 年秋，中共中央总书记、国家主席江泽民陪同朝鲜民主主义共和国主席金日成访问扬州，江泽民在扬州宾馆红楼厅设宴款待金日成，两位国家元首兴致勃勃地畅游了乾隆水上游览线，宾主都感到甚为满意。

六、涉外侨务工作的开展

开展公共外交，要服务于国家的外交战略部署，必须要选择目标群体，明确外交对象，其中，加强与海外华人的联系是推进中国公共外交的不竭动力，也是扬州开展公共外交的重要抓手。海外华侨华人逐渐为所在国主流社会所关注，有不少人已经融入主流并有较大号召力和影响力，他们既懂中国文化、了解中国发展实情，又融入当地社会，了解所在国的政治、文化和社会环境，是我国开展公共外交的重要对象和渠道。通过华侨华人开展公共外交，可以发挥他们“贯通中外”的巨大优势，直接向所在国国民传递真实的中国形象。

扬州的华侨事务始于辛亥革命前后，一些青年学生从扬州去日本、西欧各国求学。抗日战争时期，扬州有一些人去香港躲避战乱，其中部分人陆续旅居国外。扬州解放前夕，一些国民党军政人员和部分工商业者及其家属迁居国外或香港。新中国成立后，旅居海外的人员陆续回到大陆。1952 年，扬州安置了首批归侨 3 户 7 人。

1966 年，扬州市政府开始设立华侨事务处。“文化大革命”期间侨务工作被迫中断。1978 年，成立扬州地区侨务工作办公室。1983 年，成立扬州市（地级）人民政府侨务办公室。80 年代开始，侨务部门为企业牵线搭桥，引进资金、技术、人才，吸引华侨来扬兴办企业，邀请旅外专家学者讲学，进行科技交流。海外侨胞出于爱国爱乡之情，或捐赠，或办厂，为振兴扬州经济作出贡献。

进入 21 世纪，市侨办贯彻落实市委、市政府“举全市之力，实现招商引资新突破”的要求，多方联系华商，推动扬州地方政府赴日本、英国、香港、澳大利亚、马来西亚、新加坡、印尼等地考察，促成外资、港资及其项目落户扬州，推动华人华侨对家乡进行教育、养老等公益捐赠。从 2012 年开始承接的海外华裔青少年“中国寻根之旅”营，来自美国、加拿大、瑞典、爱尔兰、意大利、法国、阿联酋、新西兰、马来西亚、泰国、印度

2015 年 5 月 26 日，世界华裔杰出青年华夏行来扬（市侨办提供）

尼西亚、菲律宾等十几个国家的华裔少年来扬参加活动，增进海外华裔青少年对祖（籍）国的了解，宣传和介绍江苏省、扬州市经济社会发展成就。华文教育基地是从扬州的小学、初中、高中、艺术学校中选择，由省侨办、省教育厅命名的平台。目前，扬州市梅岭小学、竹西中学、宝应中学、扬州中学和文化艺术学校入选。5 所华文教育基地在历次海外华裔青少年“中国寻根之旅”活动及“中国文化行”活动中，都积极配合市侨办做好课程教学的安排，将最具有代表性的中华传统文化课程用寓教于乐的形式传授给来扬州参加活动的海外华裔青少年们。2016 年，国务院侨办主任裘援萍到扬州视察侨务工作，走访扬州大学旅游烹饪学院，与国际中餐培训班学员座谈。同年，国务院侨办副主任王晓萍与江苏省副省长张雷共同为江苏南京“侨梦苑”和“海外惠侨工程中餐繁荣基地”揭牌，“海外惠侨工程中餐繁荣基地”正式落户扬州大学。扬州市侨办发挥统筹协调侨务工作的职能作用，在对外文化交流中以海外华裔青少年“中国寻根之旅”营、华文教育基地、中华文化海外交流基地、海外华文媒体扬州交流中心、省侨办“中华大乐园”外派教师活动及国侨办中餐繁荣基地等为平台，推进教育国际化和文化国际化。中华文化海外交流基地有瘦西湖风景名胜区、个园管理处、扬州文化艺术中心、扬州戏曲园、扬州486非物质文化集聚区、扬州博物馆。2016年1月到2018年6月30日,这6家中华文化海外交流基地共开展对外文化交流达到79次,对于讲好江苏故事、扬州故事,进一步扩大江苏及扬州城市对外良好形象发挥了积极作用。海外华文媒体扬州交流中心是2015年在国务院侨办的关心下,市侨办与中新社江苏分社共同建立的。3年来,交流中心依托中新社和海外华文媒体的资源和力量,做了大量传播扬州声音、提升扬州城市国际化水平的宣传工作。省侨办"中华大乐园"外派教师活动及国侨办中餐繁荣基地平台,遴选扬州本地教授中国传统文化的老师,赴海外华文学校向华裔少年传播优秀传统文化和助推中餐繁荣,发挥、扩大扬州城市的美誉度和在海外的影响力,为扬州经济社会发展发挥作用。

注:本章引用了扬州市外办编辑的《扬州外事志稿(1949—2008)》的部分章节内容,谨此致谢。

第二章

扬州对外交往重要的事件和人物

第一节　重要事件

一、纪念鉴真圆寂 1200 周年

1963 年，当时中日尚未建交，中国国家领导人正在寻求打开中日关系的钥匙。日本将 1963 年 5 月至 1964 年 5 月定为“鉴真年”，全国将举行盛况空前的各种纪念活动。时任中国佛教协会领导人的赵朴初，审时度势，向周恩来总理建议：“中日邦交正常化可以通过民间促官方，佛教是个很好的载体，而鉴真大和尚的题材很好，可以担当民间大使，打开中日友好之门。”周恩来总理很快采纳了赵朴初的建议。于是，中国决定与日本同时举行鉴真圆寂 1200 周年纪念活动，并且成立了纪念委员会，赵朴初任主任委员。赵朴初与宗教界、文化界知名人士组成代表团赴日，与日本佛教界、文化界人士商定，两国佛教界、文化界共同在日本、中国北京和鉴真的故乡江苏扬州举行纪念活动。[①]

1963 年 10 月 4 日，首都佛教界、文化界、医药界人士 1500 多人在全国政协礼堂隆重集会，纪念鉴真和尚圆寂 1200 周年。人大常委会副委员长、中日友好协会名誉

① 陈忠：《民间外交在中日关系中的作用和影响——中日邦交正常化前后之比较》，复旦大学硕士论文，2006 年。

鉴真纪念馆(陈建新摄)

会长郭沫若,中日友好协会会长廖承志,中国人民对外文化协会会长楚图南,鉴真和尚逝世1200周年纪念筹备委员会主任委员赵朴初等出席了大会。以金刚秀一为团长的日本佛教代表团和以安藤更生为团长的日本文化界代表团以及在京的日本朋友应邀出席大会。

1963年10月15日,中日两国联合在江苏扬州的法净寺(古大明寺,1980年恢复原名)举行鉴真和尚纪念堂奠基典礼。中国佛教协会副会长赵朴初、日本佛教代表团团长金刚秀一、文化代表团团长安藤更生分别代表中国佛教协会和日本佛教代表团签订了中日两国佛教文化交流的有关协定。1963年10月,鉴真大和尚纪念碑竣工。郭沫若题写了碑名,赵朴初撰书碑文。中国佛教界、文化界知名人士赵朴初、郭沫若、楚图南、谢无量、陈垣、马一浮、喜饶嘉措、持松、法尊、冰心、梁思成、常任侠、向达、巨赞、周叔迦、楼适夷、陈邦贤、耿鉴庭等,日本宗教界、文化界知名人士亀井胜一郎、高阶珑山、大西良庆、中岛健藏、三岛一、大谷莹润、井上靖、安藤更生等分别题词、发表文章纪念和赞颂鉴真的不朽功绩。同时，鉴真和尚圆寂1200周年纪念委员会还在江南鹿苑黄泗浦(今江苏省张家港市塘桥镇东渡景区)树立石质经幢一座，以纪念鉴真和尚圆寂1200周年、第六次东渡成功1210周年。

纪念鉴真圆寂1200周年的活动是在当时中日邦交尚未正常化的背景下进行的。中日民间外交这种独特的交往方式，是在国际冷战格局下中国政府积极推动和日本在既受日美关系制约又同中国在经济、文化等方面相互需要这二者之间不断平衡的一个结果。正是这种独特的交往方式，使得中日两国在没有官方正式外交关系的情况下，仍然保持了一条比较畅通的交流渠道，使得两国有了一定程度的了解，不但在双方民间促成了相互友好的感情，而且对中日官方关系也起到了积极的推动作用，对促使日本政府改变对华政策和后来的中日邦交正常化也做了有益的铺垫。在20世纪70年代国际形势变化的催化作用下，中日民间外交合乎逻辑地导向了中日邦交正常化，而且给人一种瓜熟蒂落、水到渠成的感觉。

二、鉴真大和尚坐像回乡巡展

鉴真东渡成功以后，在日本弘扬佛法，传播博大精深的中国文化，促进了日本佛学、医学、建筑和雕塑水平的提高。临终之前，鉴真的弟子依照他的相貌塑造了干漆夹纻坐像，供奉于日本奈良唐招提寺内。鉴真像重12公斤，高2尺7寸，与身等长，是日本现存最古老、最逼真的人物塑像杰作，被奉为日本的国宝，也是中日友谊的象征。

1972年中日邦交正常化后，奈良唐招提寺森本孝顺长老提出，希望鉴真像来华展出。1978年中国佛教协会代表团访问日本，日中文化交流协会中岛健藏理事长再次表达了鉴真坐像回乡省亲的愿望。1978年10月，国务院副总理邓小平访问日本时，亲自应允森本长老要求，欢迎他陪鉴真像来中国。1979 年，邓颖超副委员长访问日本，参观唐招提寺时，再次表示欢迎鉴真像回乡。同年 12 月，日本首相大平正芳访华，对鉴真像来中国巡展的意义，也作了很高的评价。经过中日双方的共同努力，实现了鉴真像回国巡展的夙愿。

为加强鉴真像回国巡展的组织与领导，国家成立了以赵朴初为主任的“欢迎鉴真大师像回国巡展委员会”，江苏省暨扬州市也成立了相应的欢迎机构，由江苏省和扬州市各界领导和知名人士组成。扬州地区和扬州市建立了工作班子，在地、市委负责同志直接掌握下，负责在扬州展出期间和展出前后的一切工作。

1980 年 4 月 13 日，鉴真大师坐像由日本奈良唐招提寺森本孝顺长老护送回国巡展。日本派专机将鉴真坐像平安运抵上海虹桥机场，后由森本孝顺长老和赵朴初护送，连夜用特制的专用座车驶往鉴真大师的故乡扬州。4 月 14 日下午，运载鉴真像专车的汽渡，驶抵瓜洲古渡，受到沿途成千上万群众的热烈欢迎。鉴真大师像运送至大明寺，大明寺主持能勤法师出山门迎接，并陪同森本孝顺长老鸣钟击鼓、参拜鉴真纪念堂。

4 月 15 日，鉴真大师像运抵扬州后，江苏省及扬州市各界在扬州工人文化宫隆重集会。4 月 19 日，在大明寺鉴真纪念堂内举行了鉴真大师像在扬州展出的开幕仪式。在中日双方共同努力下，鉴真像回扬展出 7 天，4 月 25 日下午在鉴真纪念堂内举行闭幕仪式。后森本长老和日本朋友又护送鉴真大师像到北京法源寺展出，鉴真坐像在中国共计展出 45 天，共有 50 多万群众瞻仰了鉴真大师像。鉴真大师像回国巡展前后，《人民日报》《解放军报》《光明日报》《文汇报》和《旅行家》《旅游》等大型报刊登载了长篇文章，对鉴真像回国展出作了综合报道和专题介绍。中日两国领导人和一些知名人士纷纷撰文、吟诗、题词，盛赞鉴真像回国展出的伟大意义。中国方面有：国务院副总理邓小平、人大常委会副委员长邓颖超、中日友好协会会长廖承志，著名作家茅盾、夏衍、冰心，中国佛教协会会长赵朴初，著名画家吴作人，扬州大明寺住持能勤法师；日本方面有：总理大臣大平正芳、文化厅长官犬九直、作家井上靖、奈良国立博物馆馆长仓田文作、日本艺术院会员画家东山魁夷、原公务大臣藤山爱一郎和唐招提寺第八十一代长老森本孝顺。其中，邓小平在《一件具有深远意义的盛事》一文说：

"在中日人民友好往来和文化交流的历史长河中，鉴真是一位作出了重大贡献，值得永远纪念的人物。他应日本留学僧荣睿、普照之请，以百折不回的毅力，经过五次东渡失败，双目俱盲之后，终于到达了日本，完成了他的使命。我前年访日时，在奈良唐招提寺见到了鉴真塑像，诚如历代诗人学者所赞叹的，它具有非常高的艺术性，表现出鉴真的坚强意志和安详风度。一千二百余年来，日本人民把它作为国宝，精心保护和供奉到今天，值得我们敬佩和感谢。现在，在日本政府支持下，日本文化界和佛教界人士，把国宝鉴真像郑重地送来中国供故乡人民瞻仰。这是一件具有深远意义的盛事。它必将鼓舞人们发扬鉴真及其日本弟子荣睿、普照的献身精神，为中日两国人民世代友好事业作不懈努力。"[①]日本首相大平正芳说："往昔，唐代高僧鉴真和尚，应我国留学僧的殷切希望，不顾生命的危险，闯过万里风浪，渡海前来我国，不仅在佛教，而且通过他的门生弟子，在建筑、雕刻、文学和医学等方面，对于日本的发展作出了重大贡献"[②]。

三、纪念鉴真大师相关活动

扬州与奈良联合举办鉴真学术研讨会

为纪念鉴真大和尚诞辰1310周年和中日友好条约签订20周年，1998年4月29日—5月1日，中国扬州市和日本奈良市联合举办的"鉴真学术研讨会"在扬州召开。与会者中方400余人，日方100余人，日方出席的人员有厚木市代表团、碧波会访华团、佐贺县鉴真显彰会访华团和唐招提寺82代长老远藤证圆一行161人。南京大学教授卞孝萱的《鉴真与扬州》，扬州大学教授李廷先的《日人元开所著〈唐大和尚东征传〉》，扬州市政协文史委主任许凤仪的《鉴真六次东渡失败考》，日本碧波会会长鹤健

① 邓小平：《一件具有深远意义的盛事》，《新华月报》1980年第4期。

② 转引自许凤仪：《鉴真东渡》，上海人民出版社2000年版，第356页。

市的《鉴真大和尚和日本碧波会的指导思想》，奈良唐招提寺82代长老远藤证圆的《鉴真和尚的佛教修养》等论文在会上作了口头或书面发言。在碧波会会长鹤键市的倡议下，会议还成立了“扬州鉴真学术基金会”，将鉴真学术研讨会相对固定，为中日双方的文化交流奠定了良好基础。会上，扬州市外事办公室印发了中日文双语的《扬州鉴真学术研讨会论文汇编》。

鉴真东渡成功1250周年纪念活动

2003年是鉴真东渡成功1250周年，是中日和平友好条约缔结25周年。11月1—2日，扬州市人民政府先后举办了鉴真东渡1250周年纪念大会、法会、“鉴真学院”奠基仪式、鉴真东渡研讨会等一系列纪念活动，旨在学习、弘扬鉴真经国济民、舍生忘死、百折不回的献身精神，增进扬州与日本的经济、文化、学术交流与合作，增进中日两国人民的友好往来，提升扬州的国际知名度，促进扬州文化、经贸、旅游事业的发展，激励全市人民负重前进、攻坚克难、不断推进经济社会的迅速发展。

“鉴真精神论坛”和鉴真纪念活动

2008年5月10日，扬州市政府和奈良市政府在日本唐招提寺举办“鉴真精神论坛”开幕。11月11日，扬州大明寺接待日本奈良市市长藤原昭、唐招提寺长老松浦俊海率领的友好代表团，代表团在大明寺鉴真纪念堂参加鉴真大和尚追思会，与鉴真学院师生交流。

日本东大寺鉴真坐像回国省亲

2010年11月26日至12月7日，日本东大寺鉴真木质坐像在扬州大明寺展出。日本东大寺鉴真木质坐像供奉在鉴真纪念堂内。展出期间，扬州市举办了“鉴真坐像回扬省亲暨首届中日佛教艺术节大型晚会”、“鉴真坐像迎请供奉法会及揭幕仪式”、“鉴真(樱花)大道”启动仪式及海外友人认捐仪式、第二届“鉴真精神”论坛、中国扬州首届“鉴真杯”国际书画精品展开幕式、佛教艺术展开幕式等多项活动。

鉴真坐像(陈建新摄)

在日本,鉴真大师坐像共有两座,一座是陈列于奈良唐招提寺的鉴真干漆夹纻像,是日本"国宝"级文物;另一座是奈良东大寺鉴真大师木质坐像,也是日本国家级重要历史文物。

供奉于日本奈良东大寺戒坛院千手堂中的鉴真大师木雕坐像,高 78.2 厘米,是日本享保 18 年(清朝雍正十一年、1733)重建现在的戒坛堂时所造,是江户时代保存下来的日本国家级重要文物。唐天宝十三载(754)4 月,鉴真在东大寺大佛殿前设立戒坛。次年,戒坛向西迁移,成立戒坛院。鉴真则居住在北部唐禅院,唐乾元二年(759)创建了唐招提寺。据鉴真传记《唐大和尚东征传》的记载,鉴真在生前曾授意弟子思讬为自己在戒坛院建造影堂(祠堂),但未能如愿。这尊坐像虽是江户时代所制,但它供奉于鉴真生前希望建造影堂的地方,从完成鉴真生前遗愿来说,意义深远。

四、中国国际《红楼梦》学术研讨会和“红楼宴”的开发

1992 年 10 月，1992 中国国际《红楼梦》学术研讨会在扬州举办。该会原定于 1989 年在北京举办，后因故推迟。到 1992 年，红学专家冯其庸认为扬州是《红楼梦》作者曹雪芹曾经生活的地方，曹家在扬州还有许多遗迹，因此将会址定在扬州。

1992 年 10 月 18 日至 22 日，会议在西园饭店举行。会议的中心题目是“《红楼梦》与中国文化”，扬州“红楼宴”也是会议的议题之一。会议邀请海内外正式代表 130 余人，到会 120 余人，美国、澳大利亚、日本、韩国、台湾、香港知名学者和国内的红学专家参加了开幕式。会上，形成了一种共识，就是文学作品既来源于生活，又离不开虚构和想象，但这种虚构和想象必须建立在雄厚的生活基础和深刻入微的体验上。《红楼梦》也是如此，它不能也没有“瞎编”，而是对生活加以深刻的提炼和艺术概括。如果将生活原封不动地搬到作品中去，或者根据一点史迹随意敷行甚至“创造”一番，反而显得不真实。会上，扬州才女吴国瑜捐赠手抄本《红楼梦》，由中国红学会转赠扬州博物馆收藏；扬州汶河医院外科医生金永生创作融书法、绘画、篆刻、剪纸多种艺术为一体的《红楼梦》剪纸；扬州 23 所职工袁邦懿创作红楼梦诗词歌赋全录石刻。这些成为此次红学会的插曲。会议期间，扬州西园饭店、扬州宾馆还推出了根据《红楼梦》中的描写精制的“红楼宴”，菜肴大多属淮扬菜，经多年发展，“红楼宴”逐渐为扬州菜系的一个品牌。

《红楼梦》与扬州有深厚的渊源，这个历史渊源，是红楼宴开发和研制的背景。扬州“红楼宴”属淮扬菜系，它的开发始于 20 世纪 70 年代，兴于 80 年代，盛于 90 年代。红楼宴分大观一品、贾府冷碟、宁荣大菜、怡红细点、美酒名茶、时令鲜果 6 大类、30 多个品种，形成美食、美景、美器、美乐完整的美食体系，且融食补、滋补、药补于一体，可与颇具皇家气派的“满汉全席”相媲美，是《红楼梦》饮食文化在现实生活中的再现和

发展。中共中央总书记、国家主席江泽民在扬州宾馆用红楼宴款待过朝鲜劳动党中央总书记、国家主席金日成；香港特别行政区长官董建华在港品尝红楼宴后，接见了扬州厨师并合影。在30多年的时间内，扬州红楼宴的厨师先后赴新加坡、日本、澳大利亚等国家和地区烹调红楼宴，并赴北京、上海、广州、南京等大城市作过表演。据不完全统计，《人民日报》(海外版)、《中国食品报》、《中国烹饪》、《美食》等30余家国内报刊，中央电视台及多家地方电视台，美国《纽约时报》、新加坡《联合早报》、日本《朝日新闻》、澳大利亚《堪培拉时报》等中外媒体纷纷报道过红楼宴，刊登过红楼宴的文章和照片。

五、1996中国扬州友城产品展览会暨经贸洽谈会

1996年9月26日—29日，经扬州市人民政府外事办公室倡议，扬州市外经委牵头，扬州市侨办、外办、台办、经委等单位在扬州商城联合承办1996中国扬州友城产品展览会暨经贸洽谈会(以下简称“友城产品展览”)。“友城产品展览”是1996中国扬州二十四桥赏月会的主要内容之一，来自韩国、日本、新加坡、泰国、孟加拉国、美国、德国、英国、法国、意大利、加拿大、西班牙、澳大利亚和香港、台湾等15个国家和地区的7个政府官员代表团和87个厂家(公司)的代表，以及来自国内8个城市的4个政府代表团和22个企业的代表参加了展览会，1000多名境内外的客商参加了经贸洽谈会。经过中外双方的共同努力，洽谈进展顺利。市开发区与美国、韩国达成6个合资合作项目，宝应县与澳大利亚达成经贸合作协议，市直建工系统与江都和日本、新加坡等国达成劳务合作项目3个。据统计，展览会期间，累计内贸成交1.42亿元，进口成交1681.54万美元，出口成交1618.54万美元，签订对外合资合作项目45项，总投资1.73亿美元，内联合作经营项目8个，合作经营总额3.74亿元，内联贸易成交1644万元。

六、1997亚洲举重锦标赛

1997中国扬州“三笑杯”第29届男子、第10届女子亚洲举重锦标赛(简称1997亚举赛),1997年7月7—14日在扬州举行。

1995年,扬州承办了第三届全国城市运动会(简称三城会)的举重比赛,赢得竞赛委员会第一名的美誉。中国举重协会秘书长钱光鉴临行前说“扬州可以办1997年亚举赛”,让扬州体委主任陈侠铭记在心。在扬州市委市政府的支持下,扬州市体委决定申报承办1997亚举赛。同年秋,亚举联在韩国召开会议,投票表决由扬州承办1997年的亚洲举重锦标赛。

国家对1997亚举赛非常重视,成立了由国家体委副主任袁伟民、原江苏省副省长张怀西、江苏省副省长金忠青为总顾问,江苏省政府秘书长刘坚等6人为顾问,扬州市委市政府主要领导为主任、分管领导为副主任的组委会,并分设若干工作班子。经过赛前动员、部署筹备工作、召开新闻发布会等准备工作,1997亚举赛于1997年7月7日晚在扬州体育馆隆重开幕。来自孟加拉国、印度尼西亚、印度、日本、哈萨克斯坦、吉尔吉斯斯坦、韩国、尼泊尔、朝鲜、新加坡、泰国、乌兹别克斯坦、中国等国家和中国台北地区的171名运动员、教练员、官员参加。比赛根据体重分级别进行,男子10个级别,女子9个级别,通过6场比赛,取得圆满成功,有10人13次打破10项世界纪录。本次大赛决出的57枚金牌中,中国队夺得40枚,中国男女举重队双双获得团体冠军。亚洲举重联合会主席李来忻专程从韩国赶到扬州指导办赛工作,中外宾朋盛赞扬州的优美舒适的环境和热情友好的接待。

七、1998扬州“中行杯”国际女篮邀请赛

1998年10月17—18日,1998扬州“中行杯”国际女篮邀请赛在扬州体育馆举行。这次大赛由国家体育总局篮球运动管理中心主办,中国银行扬州分行、扬州市体委联合承办。参加邀请赛的有中国女子篮球队、美国ABC职业女篮俱乐部、新西兰国家女子篮球队、中国台北女子篮球队四支球队。两天激烈角逐后,中国国家女子队以96∶74战胜中国台北女子篮球队,摘取桂冠。中国台北队、新西兰国家女子篮球队和美国ABC职业女篮俱乐部分获二、三、四名。

八、首届国际友城美食节

首届国际友城美食节于1999年9月24—30日在扬州举行。来自美国、韩国、日本、法国、德国、澳大利亚、比利时等8个国家和地区的360多名外宾和厨师参加,是20世纪扬州历次大型外事活动中参加外宾最多的一次。中餐是美食节的主体,扬州厨师以烹制中餐为主,外宾以烹调西餐为主。中餐除以淮扬菜为主题,同时展示川菜、鲁菜、粤菜外,还推出了红楼宴、乾隆御宴等高档次的宴席。

首届国际友城美食节在扬州举办,既是庆祝建国50周年、扬州市与日本厚木市结好15周年、扬州市与美国肯特市结好5周年的纪念,也是发扬光大淮扬菜,增加中外文化的沟通与融合,增进双边和多边的交流与合作。这次大型的公共外交活动,以“食”为媒,显示出官民共烹、中西共存、雅俗共赏、宾主共享的特色,提高了扬州在国外的知名度。

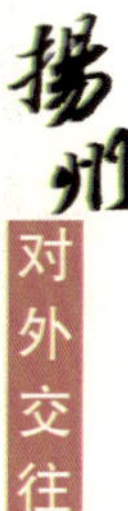

2016 年丝路美食扬州汇暨印度周洽谈会现场（公共外交协会提供）

2016 年 9 月 22 日丝路美食扬州汇现场（市外办提供）

九、第 21 届世界男子乒乓球赛

2000 年 10 月，扬州迎来了历史上第一次世界级体育盛事——“第 21 届世界杯男子乒乓球锦标赛”。这不仅是扬州的“首次”——首次承办世界级国际大赛；也是国际乒联的“首次”——首次实行“大球”后的世乒大赛。国际乒联决定，从 2000 年 10 月 1 日起，在世界乒乓球比赛中开始统一使用“大球”(原小球直径为 38 毫米，重 2.5 克，大球直径增加到 40 毫米，重 2.7 克)，所以从这种意义上来说，扬州是世乒赛“大球”的发祥地。

2000 年 10 月 12—15 日，第 21 届世界男子乒乓球赛在扬州体育馆举行。中国、美国、奥地利、瑞典、白俄罗斯、澳大利亚、巴西、埃及、韩国、克罗地亚、比利时和中国台北等 12 个国家和地区的运动员参赛。10 月 15 日比赛落下帷幕，中国马琳夺得“大球”时代第一个世界冠军，韩国选手金泽珠获亚军，中国王励勤获第三名。国际乒联副主席塞贡，国际乒联名誉主席、中国乒乓球协会主席徐寅生，中国乒乓球队总教练蔡振华分别题词祝贺第 21 届世界男子乒乓球赛的成功举办，并感谢扬州人民对乒乓球事业的支持。国家乒乓球队总教练蔡振华说：在扬州举行的这次世界杯赛，意义重大。一是比赛在中国乒乓球的福地扬州举行，将预示着 21 世纪中国‘大球’必将取得更大辉煌；二是比赛是世界性的，且是新千年首次用‘大球’，这将永载乒乓球运动的史册。

十、中国扬州烟花三月旅游节(国际经贸旅游节)

2000 年 4 月 15 日至 5 月 10 日，由扬州市政府和江苏省旅游局联合主办的“中国扬州烟花三月旅游节”在扬州举行。国家旅游局副局长孙刚、江苏省副省长王荣炳、扬州市市长苏泽群、省旅游局局长陆素洁共同为“烟花三月旅游节”揭幕。

扬州自古就是赏景和旅游胜地，唐代诗人李白的诗句“烟花三月下扬州”更将扬州描绘成令人心驰神往的乐土。恰逢千禧年，上海词曲作家陈小奇以李白的这句诗，谱写了旅游歌曲《烟花三月》，并在全国旅游歌曲大赛上荣获金奖，一时间传唱中国各地。扬州市委、市政府和省、市旅游部门审时度势，举办了扬州首届烟花三月旅游节。

由于组委会的精心组织和全市各界的积极参与，首届“中国扬州烟花三月旅游节”效果显著。一是扬州旅游呈现出前所未有的高潮。日本、美国、澳大利亚、韩国、新加坡、马来西亚、加拿大、菲律宾、香港、台湾等 30 多个国家和地区派团来扬考察和旅游。据统计，旅游节期间，扬州接待境外旅游团组 1312 个，境外宾客 1 万多人次，全市宾馆、饭店的客房利用率 90%以上，同期增长 31%以上。二是友好城市经贸交往进一步增强。旅游节期间，与扬州有交往的国家，特别是与扬州结为友好城市的国家和地区都派了友好代表团来扬观光旅游和经贸考察。在“政府搭台，旅游、经贸唱戏”的办节方式下，旅游、经贸如同鸟之两翼，齐头并进。据不完全统计，首届旅游节应邀和闻讯参加的境外客商 892 人，涉及全球 5 大洲 31 个国家和地区，欧盟各国都有客商参加。据《扬州日报》报道，“烟花三月”旅游节期间，扬州举行各种投资项目洽谈会 120 多场次，签订投资项目意向书 19 项，签订正式协议 23 项，项目总投资达 1.3 亿元，其中协议利用外资 8758 万美元，直接利用外资 5000 余万美元。在签订协议的 23 个项目中，协议利用外资在 1000 万美元以上的项目 4 个，500 万美元以上的项目 7 个，还有一些科技含量很高的项目，对促进扬州经济发展起着积极的作用。三是文化旅游节目丰富多彩。开幕式“风流扬州”文娱晚会由中央电视台朱军、孙晓梅和扬州电视台 4 位节目主持人共同主持，民间的礼仪表演、吴桥杂技、扬州木偶、扬州评弹、板桥道情、安徽黄梅戏、甘肃民族歌舞、上海越剧、土耳其民族歌舞等，为旅游节添光增色。四是美食休闲琳琅满目。为提升来扬客人食与游的体验度和满意度，扬州各宾馆饭店推出以弘扬淮扬饮食文化为主体的特色餐饮、小吃夜市、美食展销月、富春包子节、“红楼宴”等，满足不同人群的需求。

从 2002 年开始，“中国扬州烟花三月旅游节”改为“中国扬州烟花三月国际经贸

2017 烟花三月国际经贸旅游节(陈建新摄)

旅游节”[①],旅游成为烟花三月节的一部分,更多的是扬州市政府牵头举办的各种经济合作签约、文化旅游等经贸活动。韩国丽水市、济州市,德国奥芬巴赫市,新西兰普罗鲁尔市,比利时布瑞市等友城都派出代表团到扬交流。2003 年,在遭遇“非典”不利影响下,“中国扬州烟花三月国际旅游节暨经贸招商月”活动中,市外办邀请数十位外国客商和 10 家外国媒体到扬参加活动。2004 年,经市外办邀请,来自美国、比利时、澳大利亚、新西兰、韩国、日本、墨西哥、瑞士、阿盟、希腊等 15 个国家和地区的 48 个代表团(其中经贸团组 26 个)参加活动。扬州的部分友城市长或议长率团来扬,企业集团纷纷来扬考察。2007 年,邀请国外客商 220 余名,先后接待美国、巴西、韩国、德国等商会代表,促成韩国亚细亚农业机械项目、韩国造船及配件项目签署合作意向。2008 年,邀请美国、德国、日本、韩国、荷兰等国家和地区的重要客商 20 多个团组到扬

① 《扬州改革开放进程中有重大历史影响的 30 件大事候选条目》,《扬州日报》2008 年 10 月 31 日 A3 版。

参加活动。2011年,接待参加“烟花三月”国际经贸旅游节的美国、克罗地亚等11个国家的18个团组外宾近60人。2012年,邀请12个国家、地区和国际组织的16个团组到扬州参加活动。2013年,邀请32个国家参加“烟花三月”节活动。

经过近20年的推广和运营,“烟花三月”节活动在宣传城市、促进交流、发展经济、服务民生等方面发挥着越来越重要的作用。

十一、天涯共此时——2001年中秋晚会

2001年10月1日(农历八月十五日),中央电视台海外中心、江苏扬州电视台、台湾中视卫星传播有限公司、香港卫视V音乐台、新加坡传媒电视第8频道在江苏扬州瘦西湖风景区联合制作了大型综艺节目“天涯共此时—2001年中秋晚会”。CCTV-4、YZTV、PTV、PTV娱乐台均作了现场直播。

这台晚会是一个熔诗词、舞蹈、演唱、朗诵、时装表演及器乐演奏等形式于一炉而又极具扬州地方文化特色的大型综艺组合节目,展现了一幅“天涯共此时,中秋月更圆”的美好画卷。由席慕蓉作词、腾格尔演唱的一曲《乡愁》,牵动着海外华夏儿女的中秋乡思;《两岸髓缘》让观众感受到两岸同胞“血浓于水”的手足之情。内地的宋祖英、赵薇、章子怡、田震、腾格尔,香港的苏有朋、柯蓝,台湾的张宇、动力火车、徐乃麟,澳门的钱盈以及新加坡的郑秀珍、范文芳、李南星等众明星都到场表演,明星众多是这台晚会的又一特点。晚会还以8颗卫星覆盖全球130多个国家和地区,向世界华人宣传了扬州美丽的自然风景和灿烂的文化传统,宣传了扬州对外交往对中华文明的发展和传播所作出的重要贡献。

“天涯共此时——2001年中秋晚会”获得了中国外宣电视“彩虹奖”一等奖、全国电视文艺“星光奖”二等奖、第20届中国电视金鹰节综合电视文艺节目优秀作品奖。

十二、“中韩经济文化周”和崔致远纪念活动

缘于崔致远的影响，2001 年 10 月 15—21 日，中韩经济文化周在扬州举办。活动分为中韩领导人论坛、中韩崔致远学术研讨会、韩国企业产品展暨投资环境说明会、韩国工业园开园揭牌仪式、中韩文化交流展、崔致远史料陈列展暨旅游线首游式、韩国优秀电影展映、友城围棋、乒乓球友谊赛等 12 项活动。韩方派出 8 个城市代表团 343 人参会，其中韩国崔氏宗亲会 88 人参加崔致远纪念活动。活动在政治、经济、文化三个方面硕果累累。中韩高层领导人论坛分别围绕“中韩经济发展与合作”、“东北亚地区形势”、“中国经济形势及展望”、“21 世纪韩国经济展望及加强中韩合作方案”、“韩半岛和平统一与周边国家关系”等专题进行了精彩深入的研讨。扬州企业界与韩方就箱包、全息激光防伪烫金材料、电动声控玩具等 6 个项目举行了签约仪式。韩国企业家通过活动了解扬州投资环境后，作进一步考察，以确定投资方向。在崔致远学术研讨会上，专家、学者们就“崔致远与扬州”、“崔致远文学研究”、“崔致远交游与生平”、“崔致远思想研究”、“崔致远与中韩文化”等方面进行了广泛的交流和讨论。中韩经济文化周是一次规模空前的中韩经济文化盛会。

2007 年，扬州市配合中国人民对外友好协会、江苏省对外文化交流协会、江苏省广播电视总台摄制了电视纪录片《崔致远》，8 月 19 日在北京首映。10 月 14 日，扬州市成功举行了“中韩经济文化交流日活动”，崔致远纪念馆开馆及《崔致远思想和作品研究》的首发式等系列活动。

2012 年，扬州市外办参与“中韩建交二十周年”纪念活动，先后接待韩国妇女知名人士访华团、韩国庆州崔氏宗亲会访问团、韩国济州交响乐团等韩国访问团。6 月，组织扬州化工园区代表团赴韩国举行经贸洽谈活动，与丽水市国家产业园负责人

韩国人举办的崔致远祭祀活动(扬州公共外交协会提供)

2009 年 10 月 16 日崔致远学术座谈会暨捐赠仪式(市外办提供)

商定缔结友好园区协议内容。7 月,组织“扬州市友好小使者文化交流团”访问韩国龙仁市和丽水市,参观丽水市世界博览会。

2015 年,举办“中韩友好交流日”系列活动,包括中韩纪念崔致远主题拓本书画展开幕式、第四届孤云国际学术大会、崔致远告由祭等活动。

十三、扬州首次在国外举办大规模招商活动

2002 年 4 月 2 日,扬州市人民政府主要领导率领代表团赴韩国进行招商活动。这是扬州首次在国外举办大规模招商活动。招商团拜访、考察了 30 多个企业及经济组织,在汉城、大邱分别召开了“2002 中国扬州投资说明会”。共有 20 多个项目签订了合作协议,总投资达 6600 万美元。2002 年以来,扬州市委、市政府多次率团到日韩、欧美等地进行各种形式的招商活动,取得了丰硕的成果。

十四、扬州八怪艺术国际研讨会

“扬州八怪艺术国际研讨会”由扬州市政协和中国美术家协会联合举办,于 2002 年 11 月 24—26 日在扬州召开。出席会议的有美国、瑞典、英国、韩国、德国等国家的教授、画家、大学校长、研究所主任等高级人士 20 余名,以及国内书画界、艺术界、教育界、新闻界等知名人士近 100 名。研讨会对扬州八怪形成的历史渊源、扬州八怪作品的艺术特色、扬州八怪书画对中国书画的深远影响等重大问题作了深刻的研究和探讨。会上收到论文 70 多篇,扬州市政协选取其中 56 篇编成《扬州八怪艺术国际研

讨会论文集》出版发行，该论文集的出版对“扬州八怪”的艺术成就及其成因研究，产生了深远的影响。

十五、扬州鉴真国际半程马拉松赛

扬州鉴真国际半程马拉松赛诞生于2006年，是扬州的三项半程马拉松赛事之一，是中国田径协会、江苏省体育局与扬州市人民政府共同打造的年度国际性品牌赛事，是基于唐代扬州高僧鉴真大师不畏艰险六次东渡日本，传播中国文化的坚持不懈精神与马拉松永不放弃精神的深度契合而创设的，是江苏具有自主知识产权的国际马拉松赛事。“扬马”从举办之初就充分利用蜀冈、瘦西湖园林文化资源的慷慨馈赠，着力打造现代景观体育，以“精神引领、文化立赛、凸显历史、融入城市”为办赛宗旨，首创“名城名人名赛”办赛策略。在线路的设置上，以扬州的历史进程为线路，辅以文化特色的环绕，选手们从扬州城市文明的发祥地大运河畔起跑，经过古运河、东关街、蜀冈、宋夹城等不同历史时期的城市老城区，最后到达现代时尚的西区，让海内外参赛人员通过马拉松线路直观地了解扬州不同时期的城市文明和文化。“唐宋元明清，从古跑到今”，从而挖掘出“历史广陵为唐诗浸润、现代扬州被马拉松激活”的文化诉求，走出了世界马拉松发展史上的独特之路。

2018年，该赛事连续第七次被国际田联评为金标赛事，也是国内唯一获此殊荣的半程马拉松赛事。

2013 年亚洲鉴真国际半程马拉松赛（陈建新摄）

十六、扬州市荣获“联合国人居奖”

2006 年 10 月 4 日，“联合国人居奖”颁奖仪式在俄罗斯喀山举行。中国江苏省扬州市荣获 2006 年度“联合国人居奖”。“联合国人居奖”是全球人居领域最高规格的奖项，扬州市凭借对古城的有效保护和市民人居环境的明显改善获得了这一奖项。2006 年 10 月 15 日，扬州市隆重举行荣获“联合国人居奖”庆祝大会，联合国副秘书长、人居署执行主任安娜·卡朱莫洛·蒂贝琼卡和国家建设部副部长黄卫为扬州“联合国人居奖”揭牌。

十七、配合中日“暖春之旅”系列活动

2008 年 5 月 6 日至 11 日，国家主席胡锦涛对日本进行了国事访问。为配合这次“暖春之旅”，5 月 8 日至 11 日，中共扬州市委主要领导率领由 116 人组成的“鉴真故里·扬州市民访亲团”访问日本并举办了系列活动。5 月 10 日，胡锦涛主席向日本唐招提寺赠送一座鉴真东渡船模型——“友谊之舟”。这件旨在重温历史情谊，增进中日友好的“国礼”，就是扬州漆器厂受外交部委托而特制的。

“友谊之舟”的设计参考唐代海船出土文物，按照总长 40 米海船的设计原型，根据传统木船制作办法缩微而成。作品长 1.535 米，宽 0.435 米，高 0.55 米，船体采用经过烘干防腐处理的榉木为主材，以白玉、牛角、金箔、紫竹、绸缎、生漆等为辅料。其高翘的船头、矗立的桅杆、精致的船楼，使整个船体形神兼备；细密的栏杆、微型的绞关和滑轮将细部特征表现得惟妙惟肖；船首的船眼、船锚和兽头，采用扬州漆器独有的雕漆嵌玉工艺，极大地丰富了海船的装饰效果，使海船模型既有很强的写实性，又有丰富的艺术性；船身采用日本人偏爱的中国传统漆艺精心漆制，用天然的大漆着色。整艘船涵盖了木工、玉工、漆工、彩绘、浮雕、木雕、贴金、象牙刻等多种工艺。

这艘“友谊之舟”在日本一出现，随即引起很大轰动，很多日本友人在“友谊之舟”前合影留念，国内外多家媒体也竞相报道，称其体现了中日友好的主题、凝结着中日人民的智慧和汗水，既是对鉴真弘法之旅、文化之旅、友谊之旅、精神之旅的纪念，也是中日两国人民友谊源远流长的最好见证，更是凝聚了两国人民“盼望世界永久和平，珍视中日传统友谊”的美好情感和对开创两国美好未来的祈望。

扬州市民访亲团参加了赠送船模等活动，在奈良与当地市民进行了广泛而又友好的交流。在奈良县知事欢迎胡锦涛的宴会上，扬州演员还表演了扬州民歌和古筝合奏。胡锦涛主席对扬州方面的系列活动给予了充分肯定。

十八、世界运河历史文化城市合作组织(WCCO)落户扬州

2009年9月24日，国务院批准成立世界运河历史文化城市合作组织(WCCO)。该组织是由世界各国运河城市和相关经济文化机构自愿结成的非营利性国际组织，秘书处常设中国江苏省扬州市。

2007年，国家文物局确定扬州为大运河申遗牵头城市，为了做好大运河申遗工作，提升扬州"运河第一城"的地位和价值，扬州市政府与中国太平洋经济合作组织全国委员会承办了世界运河名城博览会及世界运河城市论坛，并在此基础上提出成立"世界运河历史文化城市合作组织(WCCO)"的设想。此后，由扬州牵头，联合中国35座大运河城市和国外25座运河城市共同发起成立该合作组织。世界运河历史文化城市合作组织(WCCO)成立之初就确定其国际化定位，以建设运河文化的"达沃斯论坛"为目标，打造中国大运河文化之窗。截至2017年8月，合作组织共有会员89名，包括41座国内大运河城市和25座国外运河城市、12家文化机构、6家企业以及5位个人会员。组织住所和秘书处永久设在扬州，会员规模持续扩大。计划到2020年，五大洲重要运河沿线遍布合作组织会员，在全世界范围内形成一个以运河为主题的大家庭，构建类型、分布、层级合理的会员网络。

WCCO成立的近十年，在千年运河文化史上是一个短暂片断，却在世界城市发展交流史上具有重要的里程碑意义，在大运河文化带建设中扮演着不可替代的重要角色。在大运河"申遗"过程中，WCCO积极调动多方资源，组织专家学者、运河管理部门、国际机构、世界知名运河城市进行研讨交流，为中国大运河"申遗"提供专业支

2018 年世界遗产运河古镇合作大会(WCCO 提供)

持和经验咨询;承办国家文物局召开的大运河保护和“申遗”工作相关会议,推进大运河沿线 35 座城市实施一大批遗产保护项目,为中外遗产保护作出十分重要的贡献;2014 年,派代表参加第 38 届世界遗产大会,助力中国大运河申报世界遗产。

“申遗”成功后,WCCO 继续深入推进国际性文化交流平台建设。自 2007 年起已成功举办了 11 届世界运河名城博览会及世界运河城市论坛,论坛主题从“运河城市的可持续发展”到“运河城市在‘一带一路’合作中的新机遇”,积极探索大运河文化促进城市发展之路。2011 年 9 月 26 日,中国 · 扬州世界运河名城博览会永久性会址——京杭会议中心正式启用,为世界运河文明对话构建了一个永久性平台。

在传承大运河文化上,WCCO 以“大运河文化带建设”为共同主题,贡献运河城市智慧,分享运河城市解决方案。一是在保护上实现大运河沿线城市建立跨地区、跨部门的大运河文化带建设联动机制。推介扬州大运河保护利用经验，妥善处理好保护与利用的关系、遗产管理与水利航运管理的关系、文化功能与航运功能的关系，共同做好大运河遗产保护工作。二是在传承上体现通过合作组织加强大运河城市对话，以世界运河城市论坛为载体，促进大运河城市联手挖掘运河文化价值。联手推出运河文化项目，活化运河历史文化，共同讲好大运河故事，更好地呈现原真性、多元性的大运河历史文化风貌。三是在利用上依托社会化力量，建设大运河城市综合资源展示平台。有效推介会员城市产业、商务、旅游、文化等资源，为实现“将大运河文化带打造成贯穿南北文化的大长廊”提供服务支持。具体工作措施上，编辑出版了《世界运河名录》这一套具备权威性、参考性的世界运河工具书，联合山东聊城大学大运河研究院，完成《世界运河蓝皮书》的出版，为提升合作组织世界话语权、确立合作组织在世界运河领域的权威地位打下坚实基础；建立互联网媒介窗口，与来自中国、法国、荷兰、加拿大等地的20个运河古镇代表在世界运河城市论坛上，召开世界运河古镇合作机制会议，通过《世界运河古镇合作扬州倡议》，建设世界运河古镇合作平台网站，助力大运河会员城市向全世界推介运河城市；以举办江淮生态大走廊运河城市恳谈会为切入点，形成“建设江淮生态大走廊，构筑江淮生态大地绿色生态屏障，是江淮生态大走廊运河城市的共同责任”这一框架共识，进而推广至支持大运河沿线城市生态文明建设等，让世界关注运河文化。

WCCO以运河为纽带，以担当保护和传承大运河文化的历史使命，积极促进大运河城市间经济文化交流，逐步成长为具备一定地位和影响力的世界性交流合作组织，国际性文化交流平台成效凸显。

WCCO计划申请联合国经社理事会咨商地位，适时将世界运河城市论坛办出国门，走向世界。WCCO多次受邀出席多边会议，为“亚太互联互通倡议对接”国际研讨会提供支持，与太平洋经济合作组织理事会、内河航道国际组织、国际古迹遗址理事会等国际组织建立了良好的交往关系。通过这个平台，既能推介中国大运河城市走上世界舞台，又可调动国外运河城市主动参与中国大运河城市的经济、社会、城市建设、文化等各种交流活动，以实际行动扩大世界运河历史文化城市合作组织的影响力。

2018 年世界运河城市论坛(WCCO 提供)

十九、中法市长圆桌会议

中法市长圆桌会议由中国人民外交学会与法国法中委员会于 2004 年联合创办，每次会议围绕城市建设和管理，选定不同议题，组织中法两国城市市长及相关组织专家交流和探讨，旨在集中彼此智慧，共享人类创新成果，推动城市共同发展。

2013 年 5 月 31 日至 6 月 1 日，第八届中法市长圆桌会议在扬州举行。会议主题是“建设美好城市”，13 个法国城市和北京、上海、南京等 22 个中国城市的市长或代表以及中法两国部分企业代表参加会议。

会议由扬州市副市长孔令俊主持，中国人民外交学会党组书记、副会长卢树民，法中委员会主席赵国华，法国格勒诺布尔市市长德斯托，上海市政协副主席周汉民，法国驻上海总领事卢力捷先后在开幕式上致辞。市长朱民阳代表扬州作题为《让市民共建共享碧水蓝天绿色家园》的主题发言，介绍扬州市综合实施“碧水工程”“蓝天工程”“绿化工程”的做法和取得的成效。与会代表围绕“治理污染刻不容缓”“经济增长、动力分享”“不可或缺的公共和社会政策”三大议题，分别进行讨论和交流。

二十、扬州公共外交协会成立

2014 年 10 月 17 日，扬州公共外交协会成立。第十一届全国政协常委、外事委员会主任、中国人民大学新闻学院院长赵启正，扬州市委书记、市人大常委会主任谢正义共同为扬州公共外交协会揭牌。大会通过扬州公共外交协会章程，宣布谢正义、朱民阳担任名誉会长，选举洪锦华为会长、朱路跃等为副会长，推荐产生扬州公共外交协会第一届会员 80 人。扬州公共外交协会是江苏省内首个地市级公共外交协会。

2015 年，为提升扬州城市国际形象，扬州公共外交协会邀请外交部公共外交咨询委员会华君铎、吴思科、张援远、龚建忠、孙玉玺 5 位大使到扬州开讲国际形势报告会。扬州公共外交协会先后受邀参加首期中国公共外交高级研修班、德国第四届公共外交国际论坛、“一带一路”百人论坛、北京“沟通对话合作共赢”中日韩研讨会。协会申办 2016 年中日韩公共外交论坛、第五届外交国际论坛。2016 年，协会与印度驻沪总领事馆共同举办 2016 中国太极·印度瑜伽(扬州)大会、中国(扬州)—印度创新与商务合作论坛、中国人眼中的印度画展等活动。参与举办亚太互联互通倡议对接国际研讨会、全球青少年残疾人 IT 挑战赛、第二届江苏省·日本友好城市公务员交流会、第二期东盟国家外交官淮扬美食文化体验暨商务推介等国际会议活动。

第二节　扬州对外交往重要人物

一、本籍人物

唐代过海大师鉴真

鉴真(688—763)俗姓淳于,唐代扬州人。少时在扬州大云寺出家,后游学洛阳、长安。回扬州后,建佛寺、造佛像、讲佛法达四十余年,江淮间尊为授戒大师。因日本僧人邀请,鉴真发愿东渡弘佛,十数年间,六次渡海,九死一生,百折不挠,终于抵达东瀛。鉴真将律法、医药、雕塑、绘画、书法、建筑等盛唐文化弘扬于扶桑,成为中日两国友好的先驱。

唐代扬州,佛教盛行,民间大兴崇佛之风。鉴真的父亲诚心向佛,曾在寺庙受戒。鉴真 14 岁时,随父亲到扬州大云寺参佛,见佛像而心生感动,向父亲要求出家。父亲认为他与佛有缘,同意他的想法。鉴真 16 岁时,在大云寺出家。两年后,道岸律师为鉴真受菩萨戒。从此后,鉴真一心钻研律学。唐景龙元年(707),鉴真为进一步深造,从扬州千里迢迢前往东都洛阳。洛阳是华夏古都,佛教文化历来兴盛。自白马寺建成后,洛阳成为中国北方佛教重镇,中外高僧常在此交流心得,佛教的节诞、俗讲、赏花、结社、观灯等也在民间蔚成风气。鉴真在洛阳,时刻浸润于佛国氛围之中。唐景龙二年(708),鉴真来到大唐京城长安。在长安实际寺,由著名的律宗法师弘景主持,为鉴真举行具足戒仪式,见证的各寺高僧有12人。此时鉴真才20岁。此后数年间,鉴真来往于长安、洛阳二京,潜心于经、律、论三藏,终于成为学识渊博、道行深厚的僧侣。

鉴真坐像

唐天宝元年、日天平十四年(742),日本僧人荣睿、普照来到扬州大明寺,诚邀鉴真到日本弘法,鉴真欣然允诺。当鉴真历经劫难到日本时,已66岁。鉴真在日本受到隆重礼遇,被封为传灯大法师、大僧都,在日本建立了正规的戒律制度。唐广德三年、日天平宝字七年(763),鉴真在唐招提寺圆寂,享年76岁。

鉴真东渡六次,屡渡屡败,屡败屡渡,终于获得成功,这正是他留给后人的精神财富。第一次东渡,于唐天宝元年(742)年底开始准备,在扬州附近的东河既济寺造船。天宝二年(743)春,准备工作大致就绪。不料,僧人道航和如海发生矛盾,如海诬告道航等造船入海,勾结海贼。于是荣睿、普照、玄朗、道航等均被拘禁。经说明情况,被拘僧众得到释放。首次东渡就此夭折。唐天宝二年(743)冬日,鉴真准备二次东渡。由鉴真出资,购下岭南道采访使所属军船一艘,雇好水手,置备停当,于十二月从扬州举帆启程,同行者85人。船循运河入江,再东行入海。行至明州(今浙江余姚)时,遭到恶风巨浪袭击,船被击破,众人被迫登岸,暂居明州阿育王寺。二次东渡遂告结束。唐天宝三载(744)春,鉴真应越州(今浙江绍兴)、杭州、湖州、宣州(今安徽宣城)等地寺院邀请,往各地讲法。回到阿育王寺后,准备三次东渡。事为越州僧人得知,为挽留鉴真,他们向官府控告日本僧人潜藏中国,引诱鉴真,结果荣睿被捕。三次东渡就此作罢。唐天宝三载(744)冬,鉴真决定从福州买船出海。他率弟子30余人,从阿育王寺出发，一路巡礼佛迹，取道南下福州。本拟经临海（今浙江台州），过永嘉（今浙江温州），以入闽境。不料弟子灵祐担心师父安危，请求官府阻拦，结果鉴真在黄岩禅林寺被护送回扬州。四次东渡不了了之。唐天宝七载（748）春，荣睿、普照再到扬州拜谒鉴真，准备五次东渡。六月末，鉴真一行35人从扬州新河出发，到越州三塔山。一月后出海，不幸遭遇飓风，漂泊至海南。鉴真在振州（今海南三亚）大云寺停留一年后北返，经崖州（今海南海口）、雷州，到始安（今广西桂林）住一年。后到广州讲法，经吉州（今江西吉安）、江州（今江西九江）、江宁（今江苏南京）回到扬州。其间，荣睿病死，鉴真失明。五次东渡又告失败。唐天宝十二载（753），日本第十次遣唐使藤原清河等到扬州参见鉴真，再次邀请他到日本传教。鉴真当即表示应允。他随带各种经论、法书、佛像、绣轴、舍利、金塔等，于十一月起航。经过一个多月航行，于日本天平胜宝五年（753）十二月抵达日本，终于实现夙愿。此时，鉴真已66岁。前后六次，东渡终于成功。

鉴真来到日本的消息，引起了日本朝野的极大震动。天宝十三载（754）一月初十日，日本朝廷得到大伴古麻吕的报告，知道鉴真已经到达日本。二月一日，鉴真至难波国师乡（今属大阪府）时，受到了先期到达的崇道和日本佛教大师行基弟子法义的热情款待。后住在藤原鱼名的官厅，日本政府特派使者前来迎接慰问，催促鉴真入京。2月4日，鉴真一行抵达奈良，同另一位本土华严宗高僧“少僧都”良辨统领日本佛教事务，封号“传灯大法师”。756年，鉴真被封为“大僧都”，统领日本所有僧尼，在日本建立了正规的戒律制度。鉴真于是在东大寺中起坛，为圣武、光明皇太后以及孝谦之下皇族和僧侣约500人授戒。公元758年，淳仁天皇下旨，以“政事烦躁，不敢劳老”为名，解除了鉴真“大僧都”一职，并将在宫廷斗争中败死的原皇太子道祖王的官邸赐给鉴真。次年，鉴真弟子在该官邸草成一寺，淳仁赐名“唐招提寺”，鉴真从东大寺迁居至此。淳仁还下旨，令日本僧人在受戒之前必须前往唐招提寺学习，使得唐招提寺成为当时日本佛教徒的最高学府。759年，唐招提寺建成，鉴真僧众搬进居住。从此，鉴真就在寺中讲律授戒。当时鉴真年事已高，健康情况每况愈下，弟子们感到有必要将鉴真奋斗一生的历史记录下来，由思托执笔撰成了《鉴真和尚东征传》。日本天平宝字七年（763），为传播佛法奋斗了一生的鉴真，在唐招提寺面向西方端坐，安详圆寂，终年76岁。他的遗体经火化后，葬在寺后面的松林中。

明初使日高僧道彝

道彝，字一如，明初高僧。嘉庆《重修扬州府志》有道彝的传记，说："道彝，明僧，字天伦，住扬州天宁寺。博通内典，与少师姚广孝友善。永乐中，奉使日本，寂于其地，年六十六。"府志的传记虽短，但很重要，因为有关道彝的生平资料极少。不过《重修扬州府志》说道彝在日本圆寂不确，实际上道彝并未终老日本，而是在第二年(1403)二月回到了故国。

道彝的朋友姚广孝，法名道衍，字斯道，元末明初政治家，也是一位高僧。他通儒道，善诗文，虽是出家人，但不忘功名。曾谋划"靖难之役"，帮朱棣从朱允炆手中夺取大明江山。朱棣即位之后，赐名姚广孝，授太子少师，所以有"政治和尚"、"黑衣宰相"之称。

洪武十五年(1382)，朝廷设立佛教管理机构"僧纲司"，道彝和尚曾出任"都纲"。这是一个僧职兼官职的职务，也是管理全国佛寺和僧众的总头领。

早在明初，中国东南沿海各地常遭倭寇掠劫。此时日本南北对峙，日方甚至斩杀明朝使节，中日两国关系一度紧张。明太祖曾派祖阐、克勤二僧担当使节，赴日疏通，但未获结果。直到建文

道彝所绘罗汉像

四年(1402),明惠帝派遣道彝、一如二僧担任使节,携带国书,出使日本,亲至京都,宣读国书,颁布明历,中日关系才由于高僧的斡旋得以缓和,从而恢复海上的贸易往来。

当时,明惠帝在诏书中提到了道彝,说:“兹尔日本国王源道义,心存王室,怀爱君之诚,逾越波涛,遣使来朝,归逋流人,贡宝刀、骏马、甲胄、纸砚,副以良金,朕甚嘉焉……今遣使者道彝、一如,颁示大统历俾奉正朔。”所谓“日本国王源道义”是谁呢?就是当时控制日本幕府军政大权的足利义满。后来,足利义满在致明朝皇帝的信中承认大明是“上邦”,也即宗主国,说:“日本国开辟以来,无不通聘问于上邦。”可见明初中日友好关系的确立,与扬州高僧道彝的访日有密切的关系。需要说明的是,作为明朝正使的高僧道彝,乃是扬州天宁寺的当家和尚。与道彝一起使日的一如法师,也是一位高僧,俗姓孙,字一庵,号退翁。13 岁出家,居杭州上天竺寺。永乐中曾奉命编辑《禅宗语录》,后又编辑《法华科注》、《大明法数》等书。

道彝、一庵两位高僧受到日本官方的热情款待,逗留京都达 6 个月之久。在这期间,他们与日本的禅僧也有交往。第二年,也即永乐元年(1403)三月,他们离日回国,足利义满派天龙寺的坚中圭密为遣明使,辅之以梵支、明空二僧,携带国书与贡物随同他们回访明朝。当时,明成祖朱棣取代明惠帝朱允炆即位为帝,建都于北京。日本使者将足利义满致明成祖的国书呈上,义满自称“日本国王臣源”,进献的贡物中有马匹、硫黄、玛瑙等物。

道彝属于佛教临济宗传人。临济宗是禅宗南宗五大流派之一,自洪州宗门下分出,始于临济义玄大师。义玄从黄蘖希运禅师学法 30 余年,之后往镇州(今河北正定)滹沱河畔建临济院,广为弘扬希运禅师所倡导的“般若为本、以空摄有、空有相融”的禅宗新法。这种禅宗新法因义玄在临济院举一家宗风而大张天下,后世遂称之为“临济宗”。临济宗影响深远,传人也多,今人星云大师就是临济宗第四十八代传人。

道彝善画,今有《罗汉立轴》传世,为水墨纸本。画上写一罗汉,怒目圆睁,双臂前拱,笔触老到,表情生动。画上有题识云:“见梁皇不识,见嵩山面壁。破皮鞋那值分文?无伎俩留下一只。累及后代儿孙,只管收拾不得。东涂西抹,眼横鼻直。仔细看来,是何标格。此一花五叶漫流芳,大地香风吹不息。大明僧录司左觉义道彝拜赞。”言语中充满了禅机与幽默。钤印有“道彝”、“天伦”等。

道彝能诗，他和一庵出使日本时，遇到日本高僧中津绝海。中津绝海向道彝、一庵出示明太祖朱元璋御赐的诗轴，并向两位中国法师请求唱和。道彝当即提笔和诗："采药秦人旧有祠，春风几见禾苗肥。老僧曾到中华国，御笔题诗赐远归。"一庵也和诗道："挂锡龙河古佛祠，一生高洁厌轻肥。赋诗诏入金銮殿，携得天香满袖归。"这时正值倭寇骚扰中国东南沿海，从中可见两国高僧对和平的珍重和祈福。道彝诗中所说的"采药秦人"，是指秦代徐福到海上寻求长生不死药的故事。

有意思的是，在道彝所编的这部分文字中，常见扬州方言的痕迹，有的甚至用扬州话念才押韵。如有一篇《净慈行堂请》云："眼生三角，头峭五岳。心性急如弦，胸中无点恶。东海鲤鱼打一棒，雨似盆倾；南山白额奋全威，天魔胆落。截断妙喜葛藤，扫荡永明糟粕。却忆老卢公，辛勤在龙朔。碓觜花开劫外春，千古高风动寥廓。"其中的角、岳、恶、落、粕、朔、廓等字，用扬州话念才能够全部押韵。

明末扬州推官王徵

明天启七年(1627)，也即将近四百年前，由德国传教士邓玉函与扬州推官王徵合作编译的《奇器图说》一书，在扬州城首次刊刻问世。这部书第一次向中国人介绍了西方的力学与机械知识，书中引用了多种欧洲文献，并将阿基米德传统力学理论与机械知识合编在一起，在全世界从无先例。有趣的是，《奇器图说》一书是以"图说"也就是今天我们所说的"插画本"、"绘本"的形式出现的。

王徵(1571—1644)，字良甫，又字葵心，晚号了一道人，陕西泾阳人。明代天启、崇祯年间，他先后任广平府推官、扬州府推官、山东按察司佥事等职。王徵的父亲是个擅长数学的私塾先生，舅父通晓兵法，善制器械，这对他后来热衷于西方科学技术的研究和推广，产生了直接的影响。

王徵在做官之前，以著书讲学为务，精研理学，并从事一些农具和日常用具的改良和发明。他这一时期的科学成就，后来被收入《新制诸器图说》一书。天启二年(1622)，年过半百的王徵考中进士，旋即担任直隶广平府(今河北永年)推官，继而改任南直隶扬州府推官。明代的推官，相当于地方法院院长兼审计局长之职。他在做官期间，注意发展生产，体恤民情，保持平易节俭、廉洁奉公的作风。

王徵像

王徵在扬州期间的政绩甚多，他毁祠开坝，裁减盐课，严禁盐商虚报数字、贿买官吏。尤其重视工程技术，修筑了高邮湖堤、泰州水闸和天长石桥，兴利除弊，多所惠民。当时，全国各地的官僚为了趋附权阉魏忠贤，纷纷为其立生祠。扬州的“瞻恩祠”建成后，大小官吏都前往拜谒，惟独王徵对魏中贤阉党的倒行逆施深恶痛绝，并大胆抗争。他与兵备副使来复两人，不避风险，拒不朝拜魏忠贤生祠，因为他们二人均为关中人士，时人称为“关西二劲”。他这种刚直不阿的精神，在晚明官吏中难能可贵。

王徵在扬州为官大约两年。后因父亲去世，回乡守孝。丁忧期满，经御史孙元化的奏举，任山东按察司佥事辽海监军。这时的王徵，积极拥戴徐光启等维新派的主张，他从澳门购得西洋兵器，装备明军，与清兵作战。但结果受到保守派的阻挠，又因将领叛变，作战失败，王徵遭到流放，后遇赦归乡。

晚年的王徵报国无门，以经算教授乡里。他在家乡陕西创立天主教民间团体——仁会，以救济战乱中的难民。李自成军队攻陷西安城后，胁迫王徵为之效力。王徵不从，引佩刀自尽未成。后闻北京失守，朱明亡国，王徵绝食七天而死，学者私谥为“端节先生”。

王徵有著作数十种，惜多散佚。现在知道的有《士约》、《兵约》、《两理略》、《了心丹》、《百子解》、《学庸解》、《天问辞》、《山居咏》、《元真人传》、《圣经直解》、《历代发蒙辩道说》等，以及译著《诸器图说》、《奇器图说》、《西儒耳目资》等。他对科学技术的矢志不渝的追求，对西方文化的虚怀若谷的接纳，在今天仍有重要的现实意义。

与王徵合作完成《奇器图说》的邓玉函，是一位德国人。他的德文名字叫

Johannes Schreck,拉丁文名叫 Terrentius,中文名叫邓玉函,字涵璞。邓玉函生于德国的康斯坦茨(今属瑞士),父亲是律师。他先在阿尔特道夫大学学医,后来就读于意大利的帕多瓦大学,与大科学家伽利略结识。邓玉函精通哲学、数学、医学、力学、天文学、机械学、博物学,通晓德文、英文、法文、葡文、拉丁文、希腊文、希伯来文、迦勒底文。1611 年加入耶稣会。同年,在伽利略成为灵采研究院第六名院士后,成为该院第七名院士。邓玉函在华仅 9 年时间,但留下的业绩却是多方面的。一是天文学方面,他在中国译著了几本有关天文学方面的书,制作了许多观察及测量天文的仪器。他的被召入明朝历局,被认为是耶稣会传教士在中国"最富有神话般时代"的开始。二是生理学方面,他在杭州完成了《泰西人身说概》一书。此书讲骨骼、神经、脂肪、经脉、皮肤、躯体、血液、感官、视觉、听觉、嗅觉、舌头、触觉、发音等原理,是最早向中国介绍西方解剖学知识的书。三是力学和机械学,也即由他口授、由王徵译绘而成的《奇器图说》。这本书,被视为给古老的中国带来西方力学和机械工程知识的第一抹曙光。

王徵是一个学以致用的科学家。他曾根据力学原理,设计过一件可以起重七千多斤的机器。又根据物理学、机械学原理,设计过弩机、火机、水铳、龙尾车、恒升车、自行车、自转磨、自鸣钟等五十多种机械。他还根据声学原理,在居室四周钻了不少孔眼,每遇婚丧大事,他在大厅中一说话,各屋的人都能听到。

《奇器图说》先后被收入《古今图书集成》、《四库全书》、《守山阁丛书》、《中西算学集要》、《丛书集成初编》,但它最早是在明天启七年(1627)首刻于扬州的。《奇器图说》之所以首刻于扬州,至少有三个理由:一是王徵本人做过扬州推官;二是扬州自古有雕版印刷传统;三是晚明扬州已有开放的风气。作为西学东传的见证和中德交流的结晶,《奇器图说》在问世将近四百年之后,再次引起国际科学史界的关注。王徵留给扬州人的遗产,不仅是历史的荣誉,而且是现实的反思。

清朝册封琉球正使汪楫

以日本人的身份而坚决主张钓鱼岛属于中国的学者,首推井上靖。井上靖在《钓鱼岛的历史与主权》第四章《清代的记录也证实钓鱼岛是中国领土》中,重点谈

汪楫像

到清代扬州人汪楫关于钓鱼岛的重要著述。

《使琉球杂录》的作者汪楫(1626—1689),字舟次,号悔斋,原籍安徽休宁,寄籍江苏江都。康熙十八年(1679)举博学鸿词科,列为一等,授翰林院检讨,参与纂修《明史》。康熙二十二年六月十六日同中书舍人林麟焻赴琉球,出发前,汪楫回到扬州和他的父母兄弟告别,在家乡觐见正在南巡的康熙皇帝,并写下多首诗歌,收录在《观海集》中,而《使琉球杂录》则是他出使琉球归来所著的游记和报告。此外他还著有《崇祯长编》、《册封疏抄》、《悔庵集》、《观海集》等。

琉球即今冲绳,隋大业年间即与中国交往。明洪武初,太祖朱元璋册封其王为中山王,自此向中国贡奉不断。清康熙二十一年(1682)四月,琉球王驾崩,世子尚贞嗣位,向清帝上表请求册封。因汪楫德才兼具,意气伟然,康熙帝钦定他为册封琉球正使,赐一品麒麟服,拥仪仗,奉玺书,持金册,领御笔,出使琉球,一则谕祭故王,一则册封新王。汪楫一行从福建登海,七日后抵达琉球。新中山王亲率群臣于郊外迎候,仪式十分隆重。汪楫在琉球期间,亲至宗庙祭祀先王,并为殿堂书写匾额,又与新王及群臣辨别音律,唱和诗词。临行时,琉球朝野纷纷以厚礼馈赠,国君更以千两黄金送行。然而汪楫绝不收受一文,其高风亮节使琉球人深为感佩,特建"却金亭"以表敬仰。直至光绪五年(1879),日本将琉球改为冲绳县,"却金亭"才遭到平毁。

据《国家图书馆藏琉球资料汇编》记载,汪楫在琉球宣读了康熙帝的祭奠文,祭文表彰了已故中山王的忠诚,对其逝世表示哀悼,并赐银绢等物,还重申清廷的立场:"凡有恪共藩职,累世输诚,则必生加锡命之荣,殁隆赙恤之典。"在册封新中山王的大典上，汪楫又宣读诏书，“中山王世子尚贞屡使来朝，贡献不懈，笃守臣节，恭顺弥昭，克殚忠诚”，并赐给新王蟒缎等物。

汪楫回国后将琉球见闻一一记录，书名《使琉球杂录》，共分五卷，即《使事》、《疆域》、《俗尚》、《物产》、《神异》。《使事》记载出使琉球的缘由，《疆域》记载琉球的山川与地理，《俗尚》记载琉球的风俗和艺术，《物产》记载琉球的风物与特产，《神异》记载在海上祭神的情况。其中最重要的一段是：

> 二十五日见山，应先黄尾、后赤屿，无何，遂至赤屿，未见黄尾屿也。薄暮，过郊，或作沟，风涛大作。投生猪羊各一，泼五斗米粥，焚纸船，鸣钲击鼓，诸军皆甲露刃，俯舷作御敌状，久之始息。问：“郊之义何取？”曰：“中外之界也。”“界于何辨？”曰：“悬揣耳。然顷者恰当其处，非臆度也。”

汪楫率领的中国船队过了“郊”或“沟”后，恰逢风浪大作，船队向海里投下猪羊两头，倾倒米粥五斗，并焚烧纸船，敲锣打鼓，披甲执刀，作备战状。此处的“郊”或“沟”，也称为“黑沟”、“黑水沟”，即今所谓琉球海沟。从地理而言，琉球海沟将琉球群岛与中国大陆架截然分开，钓鱼岛、黄尾屿、赤尾屿及台湾岛都坐落在中国大陆架上。换言之，“郊”就是“中外之界”，琉球海沟是中国和琉球的分界线。汪楫的记载是钓鱼岛属于中国领土的有力证据。井上靖《钓鱼岛的历史与主权》援引汪楫的《使琉球杂录》，表明了《使琉球杂录》的重要价值。

后来，汪楫曾出知河南府，治绩为人所称。再迁福建布政使，召至京城，途中得病，竟然不治。汪楫工诗，与三原孙枝蔚、泰州吴嘉纪齐名。亦能作曲，有《补天石》传奇。他也是书法名家，书以骨胜，有米芾之神。出使琉球时，为其国王书殿榜，纵笔为擘窠大书，琉球国王大惊，以为神人。

“放眼看世界的第一人”魏源

从扬州老城区的丁家湾进去，穿过一些古意尚存的街巷，就到了新仓巷 37 号。这里没有标志，没有门楼，甚至没有号码。但是这里曾经是一个伟大的思想家起居、思考和著述的地方。这个思想家被誉为中国近代史上“放眼看世界的第一人”，他的巨著《海国图志》被推为影响中国历史进程最重要的一百本书之一！他就是魏源，他的杰作《海国图志》初稿就是在新仓巷中的絜园里写成的。

魏源(1794—1857)，字默深，湖南邵阳人。十几岁中秀才，直到年过半百才中进士，做过东台与兴化知县、高邮知州和两淮盐运使海州分司运判。他的仕途很不得意，但对国计民生极为关注。他的一生，同扬州结下了不解之缘。

魏源是因为在京城屡试不第，应聘来到江苏布政使贺长龄、江苏巡抚陶澍幕下，从而常住扬州的。他在幕中做过两件了不起的事情，一是建议将河运改为海运，一是建议将纲盐改为票盐。魏源做幕僚之余，也出资在盐场购盐、纳税、运销，获得巨额利润，絜园就是他用经营盐业得来的钱购建的。从某种意义上说，魏源也是个“扬州盐商”。他的朋友就曾戏称他等同富商：“足下盐利大获，在扬州买宅，居然与富商等。”

魏源像

《海国图志》一书是魏源在1840年鸦片战争爆发后，深感中国之弱、西方之强发愤而作的。这一年英舰来犯，他从扬州亲赴浙江前线御敌，岂料朝廷和战不定，军中也是兵骄将怯，魏源见报国无门，只得返扬。途经镇江时，邂逅被贬的林则徐。林则徐嘱托他一定要写好《海国图志》，并给他带来许多从澳门得到的西方书报，为《海国图志》的撰写提供了大量新鲜的资料。经过一年的奋笔疾书，就在扬州新仓巷的絜园中，中国人研究东西方世界的划时代的著作《海国图志》初稿诞生了。魏源在《海国图志原叙》里指出：“是书何以作？为以夷攻夷而作，为以夷款夷而作，为师夷长技以制夷而作。”叙末特地署道:“邵阳魏源叙于扬州。”这样,魏源就在中国近代史上第一次明确提出了向西方学习的思想和口号,从此以后,中国人就开始了向西方寻找真理的伟大而漫长的历程。

《海国图志》有五十卷、六十卷、一百卷三种版本,前两种刊刻于扬州,后一种刊刻于高邮,后来又在海内外不断重刊。它的全部内容,就是围绕“制夷”这个中心,全方位地介绍世界各国的地理、历史、政治、经济、军事、科技,乃至宗教、文化、教育、风土等各种情况。它是中国有史以来未曾有之书。因此,它不愧是一部破天荒的百科全书式的巨著,一经问世,风行人间,不但启迪了中国的志士仁人,并对日本的明治维新产生了深远的启蒙作用。

清廷驻日领事卞綍昌

晚清出任日本长崎正领事官的卞綍昌(1873—1946),是扬州仪征人。今扬州广陵路有其故居,已经破败不忍睹。

卞綍昌原名纶昌,字经甫,号薇阁,晚号猥盦,出生官宦之家,为卞宝第次子。善饮,工书,中优行廪贡生,就学于南菁书院,先后娶广东廉州府知府张丙炎四女、清廷重臣张之洞长女为妻。捐纳同知后,先在广东试用,后任驻日本长崎正领事官、农工商部商务司行走、铁路南段总稽查、湖北候补道员等。

光绪二十七年(1901),清廷出使日本大臣蔡钧奏调卞綍昌充任随员,并派其充任日本横滨副领事、长崎正领事官。三年后任满,清廷出使大臣杨枢奏保卞綍昌为道员,仍留原差。光绪三十三年再次差满,杨枢以其“保护华侨异常出力”再行保奏。直到次年二月农工商部调其在商务司行走,卞綍昌方才离开日本。

卞綍昌先后在日本任外交官七年,即1901年至1907年。在此期间,卞綍昌最突出的贡献是以清廷驻长崎领事的身份于1905年倡议创办长崎华侨学校。在侨胞赞助下,该校成为当时日本九州唯一的华侨学校,校址最初设在长崎大浦町的孔庙。

日本的华侨教育始于何时,迄今未有确凿稽考。日本明治时代,郑敏齐担任日本德川幕府末年的唐通事,通晓满语、英语,曾倡导教育,传授译事。其后又创办译家学校(唐通事学校),教授汉语和英语,可谓日本华侨办学之嚆矢。此后孙中山等革命党

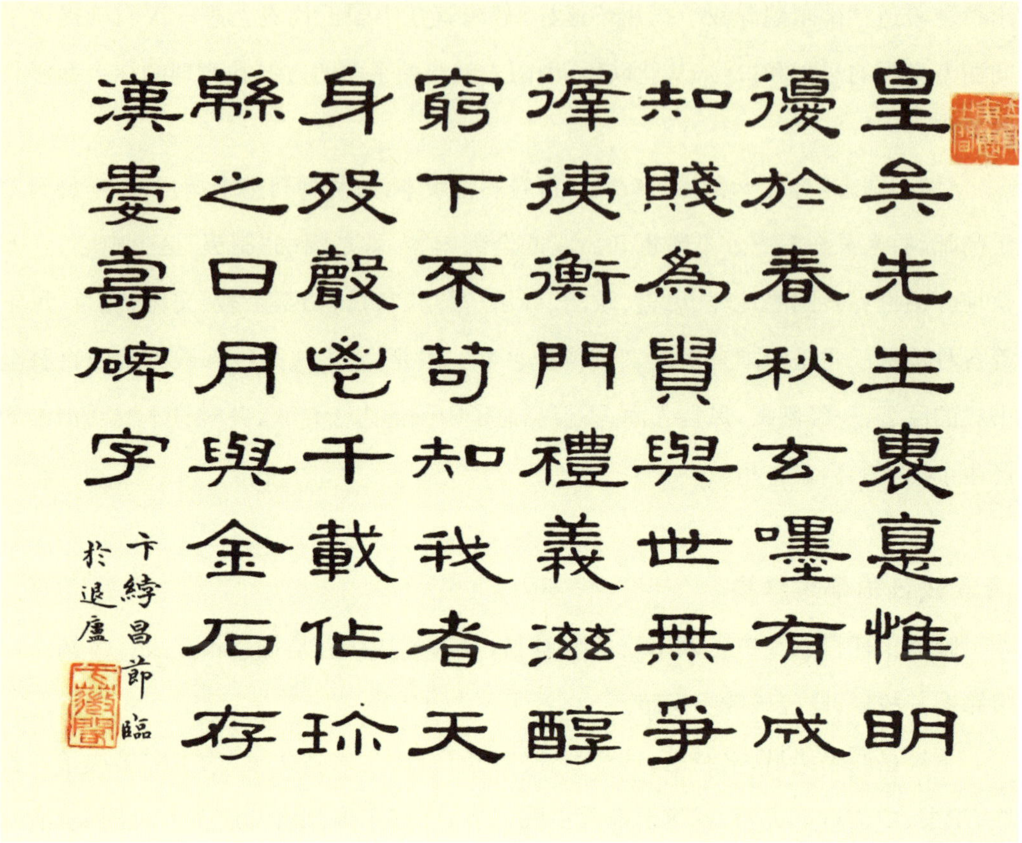

卞綍昌书法

人和康有为等保皇党人，也曾在日本创办华侨学校。与横滨、神户的华侨学校由革命党人或保皇党人兴办不同，长崎华侨学校则由并无政治色彩的长崎领事卞綍昌倡导创办，并得到清廷认可。校名起初叫做“私立时中两等小学堂”，所谓“两等”即初等与高等，初等学制五年，高等学制四年。后来更名为“长崎华侨时中小学校”。

“私立时中两等小学堂”所在的长崎孔庙，由光绪十九年(1893)清廷驻长崎总领事张桐华呼吁建立。这也是日本现存14座孔庙中唯一完全由华人兴建的孔庙。12年后的1905年(清朝光绪三十一年，日本明治三十八年)，在长崎第七任总领事卞綍昌的奔走呼吁下，清廷再次出资，卞綍昌也带头捐款，加上华侨的踊跃捐助，在孔庙内修建起日本九州地区唯一的华人学校。从此，华侨子弟在这里接受祖国的母语教育。

校名“时中”来自中国古代经典《中庸》,《中庸》有“君子之中庸也,君子而时中”的古训。这是希望华侨子弟能够明白自己的处境,随时守住中道,无过与不及。长崎华侨时中小学校开学时,有男生47人,女生13人。到1919年,学生达到200人左右。20世纪30年代日本悍然侵华,华侨大批回国,学生骤减到60人左右。1945年日本战败,学生人数逐渐增加。20世纪60年代后,华侨逐渐融入日本主流社会,子女也纷纷进入日本学校,长崎华侨时中小学校的学生再次减少。1988年,这所学校送出了最后两名毕业生。这所学校从建校至此,一共送出2000多名毕业生。1989年,长崎华侨时中小学校顺应时代变化,改为“长崎时中语学院”。每逢周末,这里有20多名华侨子女来补习中文,还有日本人在这里参加中文的入门、中级、高级班。长崎的中国留学人员,则在这里担任教师。

卞綍昌的祖父卞士云进士出身,官至浙江巡抚。卞綍昌的父亲卞宝第官至福建巡抚、湖广总督等职。扬州诗人陈含光诗云:“两世棨戟遥相望,同时七印何辉煌。”这是当时卞家地位的真实写照。卞綍昌的大哥卞绪昌官至安徽按察使,后任安徽巡警总局设交通股时为首任巡警道员,为提倡新风,曾亲自在城内繁华处站岗执勤。

卞綍昌工书,他的汉隶与谭大经的篆书、王景琦的真楷、卞斌孙的大草称为近代扬州书坛“四绝”。扬州民间藏有卞綍昌墨宝。他赠陈重庆一联云:“垂杨荫涂,成安平域;美稼乐利,书大有年。”镌刻在瘦西湖碑廊中。辛亥革命后,卞綍昌归隐不出,优游林下。1946年卒,葬于仪征刘家集塘坝。

扬州出洋留学第一人卞白眉

卞白眉(1884—1968),名寿荪,字白眉,江苏仪征人。中年以后以字行。著名爱国金融家,曾任中国银行天津分行总经理,天津银行业公会会长。

卞白眉出生于官僚世家,自幼攻读四书五经,15岁应乡试,成为童子秀才,16岁与李鸿章之孙女李国锦完姻。后就学于扬州卞府自办的新式学堂。18岁时移居北京。此后,在上海参加了革命党,入了巡警道的黑名单,被迫携眷属逃到日本轮船上才得幸免于难。光绪三十二年(1906),卞白眉自日本赴美,成为扬州出洋留学之第一人。卞白眉来到美国以后,入布朗大学攻读政治经济学,获哲学学士学位。辛亥革命

卞白眉

成功，他于 1912 年回国。

经中国银行总裁孙多森介绍，卞白眉参加筹建中国银行，自此步入中国金融界。1913 年，中国银行正式成立，享有发行、代理国库等特权，成为当时政府的中央银行。卞白眉入行之初，任发行局佐理，后升任总稽核。1916 年，因反对北洋政府明令停止中国、交通两银行钞券兑现，卞白眉辞职移居天津，协助孙多森筹办中孚银行。1918 年，冯耿生、张嘉璈出任中国银行正副总裁，又约请他重回中国银行，出任天津分行副经理，不久晋升为经理。

1921 年 1 月 15 日，北京中、交两行突然发生挤兑风潮，消息传来，天津中国银行也发生挤兑风潮。卞即采取一系列应急措施，最终将兑现风潮平息。

1931 年“九一八”事变后，华北地区民族工商业者经营的纱厂，大多陷入困境。当时郑州的豫丰纱厂欠中国银行货款 400 余万元。为使这一大棉布纱厂不致倒闭，卡白眉请示总行同意，并经与河南省政府磋商批准，由中国银行于 1935 年 11 月将纱厂接管，该厂所欠债务和股权，皆由中国银行出资清理了结，原厂长和职工全部留用，董事会则进行改组，由卞白眉任董事长。1936 年，宋子文鉴于法币贬值，提出将储蓄部存款 600 万元投向华北纺纱行业。为此，卞白眉曾拟订“沟通秦豫纱厂经营计划”。是年 9 月 23 日，总行讨论决定先接管雍裕、整顿豫丰，以后再接办晋华、晋生、大益成等厂，天津分行对各厂认股半数以上。接管后工厂生产大有起色。

20 世纪 30 年代初期，华北地区连年天灾人祸，农村经济遭受严重破坏，农业生产亟待救济。自 1934 年起，卞白眉在天津中国银行开办农业货款，在一定程度上缓解了农业危机。1935 年春，平、津两行又一次发生挤兑风潮。卞白眉深知此次挤兑风潮系由日本特务机关背后操纵造成，只有充实储备实力，方能抵御外来压力。因此，除向总行申报备足现洋外，又通令华北各地分、支行，大量吸收现洋存款，抵挡了兑现压力；又通过当局与日本方面交涉，双管齐下，终于平息了平、津两市的又一次挤兑风潮。

1937 年 7 月，日军占领天津后，急需法币抢购物资。于是日方指使前北洋政府外交总长曹汝霖等传话，希望中、交两行共同向日本正金银行和朝鲜银行透支 300 万元法币。卞白眉认为银行之间少数周转，原无不可，故允透支 20 万元。但日本侵华商社兴中公司负责人十河却致函银行公会和伪河北省银行，定要共同筹集 300 万元。卞白眉亲到租界十河住宅说明筹集法币之困难，不能大量供应。十河竟出言恫吓，卞毫不畏惧，不欢而散。曹汝霖又出面向卞说项，似应迁就日方之要求。卞当即表示：若此迁就，中、交两行是否能维持下去亦成问题，再次拒绝了日本调拨头寸的要求。

1938 年 1 月，中国银行总行通知卞白眉去香港开会，成立天津中国银行驻香港办事处，仍遥控天津分行，直至太平洋战争爆发。1943 年，卞白眉任中国银行副总经理。1951 年迁居美国。1968 年在美国逝世①。

卞白眉是晚清民国时期扬州出洋留学之第一人，也是一位享有相当威望的近代民族资本家、金融家，对近代中国民族金融业尤其是天津金融事业和民族工商业的发展作出了重要贡献。卞家与李鸿章、李翰章家族为姻亲，育有彭年、柏年、松年、万年、凤年、美年六子和女儿菊年，均学有所成。其中尤以彭年、万年和美年最为突出。

旅法画家张玉良

张玉良(1895—1977)，现代女画家、雕塑家，扬州人。1921 年考取官费赴法留学，先后进里昂中法大学和国立美专学习。1923 年进入巴黎国立美术学院，作品曾陈列于罗马美术展览会。1929 年张玉良归国，任上海美专及上海艺大西洋画系主任，兼任中央大学艺术系教授。1937 年再赴巴黎，直至去世。

张玉良的故居在扬州广储门。

广储门街，位于东关街西端北侧。晚清时期，这条街上有一家张姓毡帽铺，以经

① 资料来源于张连红，严海建主编：《民国财经巨擘百人传》，南京出版社 2013 年版。

张玉良

营绣花毡帽为生。男人制帽，女人绣花，自食其力，安然度日，倒也称得上是小康人家。但是一件意外的事情，改变了这家人的命运。扬州知府的舅爷借做生意为名，骗走张家大量毡帽而分文不给，张家因此破产，男人一气而亡，留下一个孤孀、两个孤女。后来大女儿早夭，唯有小女儿存活下来与母亲相依为命，她就是张玉良。母亲依靠绣花维持生计，日子过得艰难，而女儿却从母亲的绣花针下受到了最早的艺术熏陶。贫贱的女人容易衰老，在张玉良 8 岁时，母亲积劳成疾，不治身亡，她在离世前把女儿托付给了自己的亲弟弟。谁知这个弟弟却是一个“瘾君子”，整天在鸦片馆中吞云吐雾，消磨生命。终于，在张玉良 14 岁时，这个亲舅舅不顾胞姐的临终嘱托，竟把自己的亲外甥女卖给了安徽芜湖的一家妓院。幸而张玉良在这里遇到了海关监督潘赞化，好心的潘赞化对张玉良情有独钟，为她赎身，娶她为妾，还送她前往上海读书。从此，张玉良又名潘玉良，或潘张玉良。

在上海，张玉良遇到潘赞化的老友陈独秀。陈独秀以其慧眼，发现了张玉良具有艺术家的天赋。张玉良在上海的邻居洪野是上海美专的画师，因为洪野的引导，她得以报考以“模托儿事件”出名的上海美术专门学校。张玉良的绘画考试成绩名列前茅，不料发榜时却名落孙山。一打听，才知道是教务处得知她出身青楼，生怕玷污了学校名声而没有录取她。事为校长刘海粟所知，这位素来不为世俗成见所动的“艺术叛徒”亲自在榜文上大书张玉良的名字。张玉良就此成了上海美专学生，并且以一幅惊世骇俗的《裸女》速写轰动全校。

在当时的中国，女人画裸体是难为社会接受的，何况张玉良本人又出身青楼。妓女的出身，小妾的地位，使得志向高远的张玉良无法待在国内。加上刘海粟校长说过，学西画如不去西方，等于没有学，张玉良于是决计到国外求学。

1921年,张玉良从上海乘坐加拿大皇后号邮轮离开祖国,先后在巴黎和罗马等地的国立美术学院学习。凯旋门、塞纳河、埃菲尔铁塔、香榭丽舍大街的林荫道、古罗马的宏伟建筑和文艺复兴时代的绘画杰作,给了她巨大的心灵震撼。当然,她流连最多的地方是卢浮宫,这座位于巴黎中心塞纳河畔的艺术殿堂,收藏着人类艺术的顶尖级珍宝。张玉良为了临摹那些稀世珍宝,在此度过了无数晨昏。正是在卢浮宫,她萌生了要像那些先辈大师一样把自己的作品也藏入这座艺术圣殿的梦想。在留学期间,她才华初露,荣获意大利国际美术展览会金奖。

1928年,张玉良回国,担任她的母校上海美术专门学校西画系主任,兼任南京中央大学艺术系教授。她协助蔡元培组织中国美术学会,参加支援绥远抗日义展,五次举办个人画展,多次前往黄山、庐山各地写生,一时声誉鹊起。值得一提的是,她曾经率领一群中央大学艺术系学生到故乡扬州瘦西湖来写生。扬州的一花一草、一石一木,无不使得她怦然心动。她把自己对故乡的情愫,全都倾注在画笔之下,作了一幅恍如仙境的《瘦西湖之晨》以抒发浓浓的乡思。

1937年,张玉良再度去国,这一去就没有回来。她在国外获得了许多荣誉,包括法兰西金奖、比利时金奖等。更重要的是,她终于实现了自己的梦想:让自己的作品被西方最高艺术殿堂收藏。1977年7月22日,她病逝于巴黎,墓碑上用中文镌刻着"潘玉良艺术家之墓"。

法国东方美术研究家叶赛夫这样评价张玉良:"她的作品融中西画之长,又赋于自己的个性色彩。她的素描具有中国书法的笔致,以生动的线条来形容实体的柔和与自在,这是潘夫人的风格。"如今,在扬州广储门老街32号,仍能访到她未加修复的故居旧址。

荣获法兰西骑士勋章的盛成

盛成(1899—1996)是一个集作家、诗人、翻译家、语言学家于一身的学者,1899年2月6日出生于扬州仪征。自幼聪颖好学,稍长与兄盛白沙一起秘密加入同盟会。

因结识革命家黄兴,并得其赏识,更名盛成。他参加光复南京的战斗时年仅12岁,因而得到孙中山的嘉奖和勉励。这一切离不开他的兄长盛白沙的影响。盛白沙

年轻时的盛成

曾任广州革命军政府海军肇和舰舰长、汕头海军临时舰队指挥，协助孙中山平息陈炯明叛乱，后为叛乱分子杀害，成为民国烈士。1914年，盛成考入上海震旦大学，读法语预科。三年后，考入长辛店京汉铁路车务见习所任职。

1919年，中国爆发了五四运动。在这场中国人空前觉醒的狂飙中，盛成扮演了时代先锋的角色。盛成一生向往自由。1919年年底，他满怀救国的理想，登上勒苏斯号邮轮，开始他的勤工俭学之旅。在法国，他先进入蒙彼利埃农业专科学校学习蚕桑，后转入意大利帕多瓦大学和蒙彼利埃大学，获得高等理学硕士学位。20年代初，盛成加入了法国社会党，并参与创建了法国共产党。具有艺术天赋的盛成，凭借自己的个性，又加入到超现实主义的达达运动之中。

达达运动是1916年至1923年之间出现于法、德、瑞的一种艺术流派。从根本上说，达达属于一种无政府主义的艺术运动，它试图打破既有的一切传统文化和美学形式。这个运动由一群年轻气盛的艺术家和反对战争的运动家领导，他们通过愤世嫉俗的言行表达对现实的反抗。盛成在旅法期间，积极参加维护中国留法学生权益的斗争，并以超常的勇气投身国际左翼组织的活动。但由于他的思想与当时的主流声音不合，所以他不得不告别政治舞台，潜心学术研究。他后来应聘到巴黎大学讲学，才发现东西方思想其实是相通的，孙中山提出的“天下大同”是盛成奋斗终生的最高理想。

盛成的自传小说《我的母亲》于1928年在巴黎出版，得到了著名作家纪德、罗曼·罗兰、萧伯纳、海明威、罗素等人的高度评价，先后被译成英、德、西、荷、希伯来等16种文字在世界各地出版发行。其实早在长辛店实习期间，盛成就已写出初稿《盛世母范》。在后来的文章中，他回忆道："我心中老觉得别人爱我，是一时的，我的母亲爱我，是一世的。别人的爱情是有条件的，有目的的。我母亲爱我，是无条件又无目的的。"在盛成看来，唯有母爱是天下殊途而同归的。盛成笔下的故乡和母爱，博得了整个法国的赞叹。1929 年，盛成《我的母亲》续集《我的母亲和我》问世。1931 年 10 月，盛母病逝，盛成回国奔丧，葬母于仪征青山。1935 年初，盛成离欧返国时，将《我的母亲》译成中文出版，卷首刊有徐悲鸿绘制的盛母像，上题："辛未岁阑悲鸿敬为成中兄造其太夫人像。"章炳麟另题"盛母郭太夫人"六个篆字。

盛成欧洲归国后，先后在北京大学、广西大学、中山大学和兰州大学执教。抗战期间一度投笔从戎，担任上海十九路军政治部主任和武汉全国文艺界抗敌联合会常务理事。1948 年应聘到台湾大学担任教授，一边从事法语教学，一边从事国学研究。他在台湾被视为异己分子。他写出论文《唐代美术》、专著《但丁》、回忆录《巴黎忆语》等，却无固定收入，只靠妻子缝纫浆洗维持生计。1965 年盛成去美国，用英文写成《欧阳竞无传》。不久再度赴法，专事创作与研究。他的著作被收入法国学校的课本，同时还发行了由他本人朗读的教学录音带。60 年代他应联合国教科文组织的约请，将中文《老残游记》译成法文出版。1978 年 10 月，盛成回到中国大陆，在北京语言学院担任教授。80 年代后，盛成仍然从事马来语与汉藏语系的比较研究。1985 年，法国密特朗总统授予这位世纪老人以"法兰西荣誉军团骑士勋章"，表彰他对中法文化交流所做出的突出贡献。

1993 年，盛成出版《旧事新书——盛成回忆录》。1996 年 12 月 26 日，盛成因病在北京辞世，享年 97 岁。在告别仪式上，法国大使馆敬献的硕大花圈用鲜花组成法兰西共和国国旗图案，挽带上写道："献给中法友谊的开拓者盛成先生。"法国总统雅克·希拉克发来唁电，盛赞盛成创立了中国与法国间的现代关系，并以个人和全体法国人民的名义表示最沉痛的哀悼。

盛成的一生在故乡的时间很短，但是他终于落叶归根了。1997 年 1 月 13 日，他的骨灰由夫人和儿子护送至仪征。1 月 15 日，按照他的遗愿，仪征市人民政府葬盛成于青山盛氏墓地。

爱因斯坦的助手束星北

束星北(1907—1983),名传保,生于邗江头桥,10 岁入江都大桥镇小学读书。后至镇江润州中学、杭州之江大学就读,并转济南齐鲁大学攻读物理专业。1926 年留学于美国拜克大学。1927 年,束星北几经周折去柏林见爱因斯坦,得到赞赏。爱因斯坦从柏林大学为他争取到资金,并聘他作为自己的研究助手。次年,因德国法西斯势力猖獗排犹,爱因斯坦被迫离开,束星北不得已去英国爱丁堡大学和剑桥大学继续攻读。1930 年束星北受聘美国麻省理工学院研究助教。1931 年辞聘归国,历任浙江大学、上海暨南大学、交通大学教授与系主任等职,在相对论、量子力学、无线电和电磁学等方面卓有建树,对相对论和无线电学造诣尤深。1945 年,束星北研制成功我

授课时的束星北

国第一部雷达。新中国成立后,束星北转入气象学研究,先后在浙江大学、山东大学、青岛医学院任教。1978 年,到国家海洋局第一海洋研究所从事海洋动力学的教学和研究工作。

束星北是当代杰出的物理学家及气象学家。1957 年被错划为右派,仍坚持不懈地钻研科学,完成专著《狭义相对论》手稿。在古稀之年,又抱病投身于海洋事业,承担多门基础理论课程的教学任务。其间他为重大国防科学实验计算预测了海洋环境要素,还和他的学生一起致力于海洋内波研究。

束星北一生从事教育工作,培养出大批科学人才。他的学生中,有在国际科学界享有盛名的吴健雄、李政道和程开甲等。

束星北生前曾任中国海洋学会常务副理事长、《海洋学报》副主编、国家海洋局学术委员会委员、中国海洋物理学会名誉理事长、青岛市物理学会名誉理事长、国家海洋局第一海洋研究所学术委员会顾问。1983 年 10 月 30 日病逝,享年 76 岁。

束星北在科学界是个特立独行的人,他把对科学的执着也贯注在社会生活中。有一件事颇能反映他的性格。抗战期间,他放下手头的理论研究,到国民党军令部技术室研制武器,中国最早的雷达就是他设计与制造出来的。抗战胜利后,国民党要他填表加入国民党组织,否则就不发奖金。束星北不仅自己不加入,还不准他带去的学生加入。冲突发生后,他命学生拆掉已安装完成的雷达,乃至遭到军令部的囚禁。这段经历,后来却成了给他戴上“反革命”帽子的主要原因。他先是成为历史反革命,到了反右运动中,尽管持论中正且十分理性,仍被打成极右,下放到水库工地劳动改造。生活上的艰难不谈,最令他苦恼的是,以科学家严谨的逻辑思维,他很难明白自己的错误到底在哪里。

“束大炮”是束星北在浙江大学时同事赠给他的外号。约在 1931 年的年底,在学校大众礼堂召开了一次重要的学术报告会,主讲人是当时中国最著名的热力学家王竹溪。王的学术报告内容广泛,介绍了国内热力学的学术状况,也谈到了国际上的最新动态和发展前景。当然更多的是谈自己的认识和成果。他一边讲着,一边随手在黑板上写出漂亮的公式或重要的概念。报告大约进行到 50 分钟时,一个身穿蓝色长袍、身材高大魁梧的人走向讲台,也不做任何解释或开场白,就将双手撑在讲台上,说:“我有必要打断一下,因为我认为王先生的报告错误百出,他没有搞懂热力学的本质。”他捏起粉笔,一边在几乎写满黑板的公式和概念上打叉,一边解释错在哪里。大厅里沉寂了好一阵子后,有人小声嘀咕说:“束星北! 这是束星北!”对于会场上的骚动,束星北根本就没有在意,他一口气在台上讲了大约40分钟。

束星北在20世纪70年代得以复出,归功于他的学生李政道回国时向周恩来总理的举荐。他复出后做了不少工作,但因长期接触不到最新资料与远离科学活动,他自觉已无法在前沿领域做出大的成就了。一个天才就这样抱憾度过了自己的余生。

《扬州十日》的英文翻译者毛如升

毛如升,原名毛如杰,1911年生于江都邵伯的一个书香门第,父亲是塾师。他在邵伯读完小学后,考入扬州中学读初中。初中毕业后辍学,在家艰苦自修二年,翻烂了两本英汉字典。因无高中文凭,只好借用兄长毛如一的高中文凭,将“一”字改为“升”字,考入南京中央大学外文系。因为成绩优异,毕业后留校,在中美文化交流中心供职,得以结交来华工作的美国朋友贝德教授,并深得贝德赏识。当时正值二战期间,毛如升一面勉力工作,一面勤奋译文,始终不忘国难当头。他把《扬州十日》译为英文,先后在《天下》《西风》等杂志上发表,还把抗日烈士华椿的诗篇《纪念之歌——奉献给奴隶们》译为英文发表在美国密西根大学学报上,以期激励国人御侮之志,让全世界都知道中国人是不甘做亡国奴的。此外,他又把诗人徐志摩、卞之琳、邵洵美等人的新诗译为英文发表,以促进中外文化交流。南京沦陷后,中央大学撤退到后方,毛如升因家累未能随校撤离,便前往上海肇光中学教授英文。在此期间,他主编《长风》英语半月刊,继续推进中西文化交

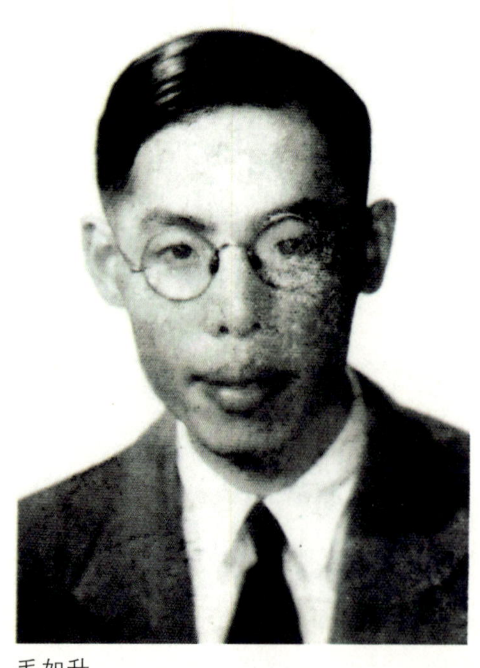

毛如升

流，并将朱自清编选的《中国新文学大系·诗集》全部译成英文，寄给已经回国的贝德教授，拟在美国出版。可惜因太平洋战争爆发，这一富有伟大意义的出版计划付之东流，饱含毛先生无数心血的译稿也在战争期间不知下落。更加令人扼腕痛惜的是，就在毛如升 1940 年暑假回邵伯探亲时，突患伤寒，溘然去世。毛如升翻译《扬州十日》的时间，正是在南京大屠杀之后，他极有可能是因为激愤于日寇的暴行而联想到明清之间的那场民族悲剧，才进行他的译事的。他是用他的译笔来抒写愤懑，诅咒战争。

二、外籍人物

日本使者阿倍仲麻吕

古代来到扬州的日本人，时代最早而名声最大的，要数阿倍仲麻吕(698—770)。阿倍仲麻吕，全名阿倍朝臣仲麻吕，亦名朝臣仲满，汉名晁衡。在日本读音中，阿安、部倍、麻满皆同音，故也称为安部仲麻吕或仲满吕。

阿倍仲麻吕生于奈良附近的一个贵族家庭，天资聪敏，勤奋好学，尤爱汉文。当时唐朝社会稳定，经济繁荣，文化昌盛，国威远播，日本青年纷纷来唐求学。唐开元四年、日本灵龟二年(716)，日本第八次遣唐船队组成，成员有五六百人之多，其中 19 岁的仲麻吕也是遣唐留学生之一。翌年春，仲麻吕随多治比县守大使一行，从难波(今大阪)起航，向大唐进发。同行的还有另一个知名日本留学生吉备真备。阿倍仲麻吕和吉备真备同乘一船，渴望入唐学习的共同理想使他们结为好友。经过艰险的旅程，终于在秋天到达大唐。

阿倍仲麻吕在唐 54 年，历仕玄宗、肃宗、代宗三代皇帝，官至客卿，荣达公爵，但他的思乡之情也与日俱增。天宝十二载(753)六月，阿倍仲麻吕随藤原清河大使一行辞别长安，南下扬州。也就是这一次，他们在扬州延光寺会见了鉴真，并邀请鉴真和

阿倍仲麻吕像

尚东渡，实现了鉴真东渡的心愿。

关于这件事情的原委，据说是日本遣唐使藤原先上书玄宗，请求允许鉴真和尚及弟子去日本弘法，未获批准，但藤原并不死心。这一年十月十五日，当日本遣唐使船归国前夕，大使藤原清河、副使吉备真备、大伴古麻吕和仕唐多年的日本留学生阿倍仲麻吕等准备一道回国，他们也一同到扬州延光寺参谒鉴真和尚。藤原清河一行诚恳邀请鉴真到日本传道弘法，不过是否成行，还请鉴真和尚自己做主。此时的鉴真已经66岁高龄，在此之前曾遭5次东渡失败，追随者36人死亡，各种工匠200多人离散。唯有弟子思讬和日僧普照始终跟随鉴真，矢志不渝，百折不挠。鉴真赴日的决心坚如磐石，他向藤原表示，自己一定要东渡弘法，约定在苏州港相会东渡。

阿倍仲麻吕与鉴真在扬州的会面，在《鉴真和上东征传》里这样记载道："天宝十二载次癸巳十月十五日壬午，日本国使大使特进藤原朝臣清河、副使银青光禄大夫光禄卿大伴宿弥胡麻吕、副使银青光禄大夫秘书监吉备朝臣真备、卫尉卿安倍朝臣朝衡等，来至延光寺，白大和上云：'弟子等早知大和上五回渡海向日本国，将欲传教，故今亲奉颜色，顶礼欢喜。弟子等先录大和上尊号，并持律弟子五僧，已奏闻主上，向日本传戒。主上要令将道士去，日本君王先不崇道士法，便奏留春桃原等四人，令住学道士法。为此大和上名亦奏退，愿大和上自作方便。弟子等自在载国信物船四舶，行装具足，去亦无难。'时大和上许诺已竟。"

扬州地方官探知鉴真又要东渡，对他所居住的龙兴寺防护甚严。十月十九日午夜，鉴真一行悄悄溜出门，搭上预先准备好的快船，从龙兴寺到了苏州黄泗浦，终与日本遣唐使会合。当时海上航行风险很大，为了不至于重要人员同遭覆没之灾，采取分舟乘坐的方法。鉴真及随从与副使宿祢胡磨同船，大使藤原清河与阿倍仲麻吕等同船，普照与吉备真备同船，其他人另乘一船，于十一月十五日同时出发。当他们分乘的四船从苏州起航回国时，正当皓月当空，秋色满江。仲麻吕赋诗云："翘首望长天，神驰奈良边。三笠山顶上，想又皎月圆。"但是，残酷无情的命运和归心似箭的仲麻吕开了个玩笑。他们一行在归国途中遇到风暴，偏偏是仲麻吕所乘的第一船触礁不能航行，与其他三船失去了联系，被风暴一直吹到安南(今越南)的海岸。登陆之后又遭横祸，全船 170 余人绝大多数惨遭土人杀害，幸存者只有阿倍仲麻吕和藤原清河等十余人。

鉴真与副使乘坐的船于十二月十日抵达日本萨摩国阿多郡秋妻屋浦，吉备真备与普照乘坐的船也先后抵达日本，唯独大使藤原清河和阿倍仲麻吕乘坐的船遭遇飓风，漂至安南，历经艰险，又回到长安。此时已是天宝十四载(755)的夏天。阿倍仲麻吕回到长安，与故友重逢，不胜悲喜。但好景不长，又遇兵燹，是年冬日，安史之乱发生，唐玄宗蒙尘四川，仲麻吕也随往避难。至肃宗至德二载(757)岁末，玄宗还幸长安，仲麻吕亦随之返还，是年仲麻吕已经 61 岁。此后阿倍仲麻吕再度仕官，历任左散骑常侍兼安南都护、安南节度使。大历五年(770)阿倍仲麻吕终于长安，时年 72 岁。代宗为了表彰仲麻吕的功绩，追赠从二品潞州大都督。

为了纪念中日文化交流的杰出使者阿倍仲麻吕，西安和奈良各建过一座阿倍仲麻吕纪念碑。西安的阿倍仲麻吕纪念碑位于著名的唐兴庆宫遗址内，碑正面刻着"阿倍仲麻吕纪念碑"八字，背面镌刻其事迹。柱顶四周是樱花与梅花的浮雕，柱基采用莲瓣的雕饰，柱板上刻着日本遣唐使船的浮雕，两侧分别是李白《哭晁卿衡》诗和阿倍仲麻吕《望乡》诗。

日本请益僧圆仁

在鉴真东渡扶桑 86 年之后，有一个日本和尚不畏艰险来到了大唐扬州。说来也巧，他是鉴真的再传弟子——圆仁(794—864)。

圆仁，俗姓壬生氏，日本桓武天皇延历十三年(794)出生于日本下野国都贺郡。据《熊仓系图》记载，圆仁的父亲名叫首麻吕，曾任都贺郡三鸭驿长，并是郡中大慈寺

圆仁像

的施主。圆仁的兄长名叫秋主，有着从七位下的官阶。圆仁幼年丧父，九岁起跟从其兄学“外典”及“经史”，受到中国文化和佛教气息的熏陶。由于他“口诵俗典，心慕佛乘”，随后便在原籍的大慈寺名僧广智门下落发。

日本仁明天皇承和三年，也即唐文宗开成元年(836)，年已45岁的圆仁，毅然随政府组织的遣唐使，携带着日本比叡山延历寺未决天台教义30条，以“请益僧”的身份入唐求法。他随日本第18次遣唐使藤原常嗣西渡，在经历了两度渡海失败之后，于承和五年、唐文宗开成三年(838)第3度上船，经海上19天的风浪颠簸，九死一生，登陆到达扬州。

圆仁的初衷是想前往佛教圣地天台山求法巡礼，但由于迟迟未获唐王朝的允准，只得改变计划，到达另一佛教圣地山西五台山朝拜，嗣后又到唐王朝的首都长安，作长达4年10个月的滞留。圆仁入唐参学前后历时10年，适逢唐武宗“会昌灭佛”，这使圆仁饱受磨难。经过两年多的颠沛辗转，圆仁才得以于唐宣宗大中元年(847)九月归国。

圆仁在中国的10年间，足迹经历了江苏、山东、河北、山西、陕西、河南、安徽等地。一路上，他受灌顶，学汉文，写经卷，游山水，孜孜不倦，竭力求学。他广泛接触了当时中国的官吏、僧侣、百姓，目睹了那个时代的大小事件。这10年间的所见所闻、所思所感都凝聚在一部他用日记体裁写的《入唐求法巡礼行记》里。

圆仁在扬州停留了7个月，这段时间他是在开元寺度过的。开元寺位于唐代扬州城的东北角。他在那里学习经文，同时也设斋供养寺里的僧人。千年之后，开元寺早已夷为平地，毫无痕迹。据圆仁说，那时扬州有40余座寺院。他详细描述了扬州僧侣们如何抄写经文，临摹佛像，以及庆祝冬至，欢度除夕。他还提到高僧鉴真，说在东塔见到了鉴真的画像。

圆仁描述了扬州江面的繁荣景象，说："江中充满大舫船，积芦江、小船等不可胜计。"这和《唐会要》所载扬州"当南北要冲，百货所集"，《旧唐书》所载扬州"多富商大贾珠翠珍怪之产"，可以相互印证。唐代后期，"兵食所资在东南"，盐铁转运使设在扬州，圆仁对此也有记载，他说："盐官船积盐，或三四船，或四五船，双结续编，不绝数十里，相随而行。"对于他这个外国人来说，"乍见难记，甚为大奇"，深为唐朝扬州的盐业运输所惊叹。

对于扬州的岁时风俗、商业繁华，圆仁也曾写到。如写扬州的除夕之夜："道俗共烧纸钱，俗家后夜烧竹与爆，声道万岁，街店之内，百种饭食异常弥满。"既记录了扬州百姓过年的风俗，也反映了扬州市肆贸易的兴旺。在扬州，除了专门的交易市场以外，一般的街坊也开店设铺，而且扬州商人善于利用节日做活生意："立春，市人作莺卖之，人买玩之。"从圆仁的记载中，可见扬州是名副其实的商贾如织的大都市。圆仁记载唐代扬州管理市场的官吏中，有"市头"的名称："砂金大二两于市头，令交易。市头秤定一大两七钱，七钱准当大二分半。""市头"在交易双方之间代表着权威与公正，通过他才能确定砂金的成分与价值。看来"市头"就是行业的头领，可以协助官衙管理市场。

唐代的扬州是南北交通枢纽，既是国内漕米、海盐、生铁、茶叶等货物的集散转运基地，又是外贸的重要港口。据圆仁记载，天宝年间，扬州连同所属的县有 7 万多户，人口达 46 万多人。城区规模"南北十一里，东西七里，周四十里"，经济的繁荣由此可见。

圆仁看到唐代扬州的农民已经开始从事工商业，进入商品市场。圆仁刚到扬州时，"觅人难得，傥逢卖芦人，即问国乡，答云：'此是大唐扬州海陵县淮南镇大江口。'即召其商人两人上船，向淮南镇"。农民见到芦苇能卖钱，便从事这一行当，表明经济发达地区农民也具有商品意识。从扬州海陵县延海乡前往县城的途中，圆仁看到养殖业的繁盛情形"白鹅白鸭，往往多有"，"水路之侧，有人养水鸟，追集一处，不令外散，一处所养数，二千有余。如斯之类，江曲有之矣"。为我们描绘了一幅千年之前扬州农村养殖业的生动画卷。由此我们知道唐代扬州农民养殖的家禽品种有鹅、鸭与其他水鸟;养殖方式有散养、圈养,一户养殖的数量多达两千余只。在唐代养殖业史料中,像这样具体描述家禽品种和数量的极少。扬州农民饲养几千只家禽,显然不是为了自给自足,惟一出路是到市场出售。

圆仁还记录扬州出产大米,这些大米要上贡朝廷,故质量一定要得到保证,必须进行精加工。圆仁谈到扬州官府发动僧侣、军人、官员拣米的经过:“大官军中并寺里僧,并以今日,咸皆拣米,不限日数。从州运米,分付诸寺,随众多少,斛数不定,十斛廿斛耳。寺库领受,更与众僧,或一斗,或一斗五升。众僧得之,拣择好恶。破者为恶,不破为好。设得一斗之米者,分为二分,其好才得六升。而好恶异袋,还纳官里。诸寺也同此式,各拣择好恶,皆返纳官里。得二色米,好者进奉天子,以充御食;恶者留着,纳于官里。但分付入军人中并僧,不致百姓。抑州拣粟米更难择,扬州择米,米色极黑,择却稻粒并破损粒,唯取健好。”圆仁所见扬州贡米呈黑色,并非一般大米。按《新唐书·地理志》,扬州土贡中有“乌节米”,可能圆仁所见即是此米。

除大米外,圆仁还记载扬州盛产生粟,可能是一种辅助食粮。另外,扬州还产竹笋,“竹林无处不有,竹长四丈许为上”。又产桃子,圆仁等从水路前往海陵官府时,“开元寺僧元昱来,笔言通情,颇识文章,问知国风,兼赠土物,彼僧赠桃果等”。

圆仁在日本被称为“日本的玄奘”。这位中日交往的使者值得扬州人纪念。

新罗学子崔致远

崔致远(857—951),字孤云,新罗末期人,被称为韩国的儒学之宗、文学之祖、百世之师。他在唐朝的经历并不复杂,也就是求学长安、漫游洛阳、为尉溧水、入幕淮南四个阶段而已。因为他的传世诗文集《桂苑笔耕集》多作于淮南高骈幕中,所以无论如何,扬州对于崔致远来说都是一个特别重要的地方。事实上,在扬州的这段时间,是崔致远一生中文学创作最丰富的阶段。主要完成于扬州的《桂苑笔耕集》,即是他精心编辑的自选集。

崔致远与扬州的关系,人们已经做过一些讨论。但就扬州文化研究而言,《桂苑笔耕集》仍是一座需要深入开采的富矿。

崔致远像

扬州的金银器制作技艺，已被列入非物质文化遗产名录。关于唐代扬州的金银器，我们以前更多地是从出土文物中得到认识。但是崔致远的《进金银器物状》告诉我们，唐代扬州的金银器已是进献皇室的贡品。崔致远在《进金银器物状》里说明扬州进贡的是金器和银器，没有说明是何种金器和何种银器，也未说明金器和银器的件数，但这已证明当时扬州金银器制作质量之好。从扬州多年来出土的唐代民间金银饰物可以看出，由于经济的富庶，官家垄断的金银器饰物已从官宦走向市井。出土的金钗、银簪、耳挖、眉镊等，大抵是民间女性的用品，造型简约，但制作精细。据此可以推定，唐代扬州有发达的民间金银器作坊，满足各种人群的需求。

扬州的漆器制作技艺，也被列入了非物质文化遗产名录。据崔致远《进漆器状》载："当道造成乾符六年(879)供进漆器一万五千九百三十五事。"这背后的史实是，唐代扬州漆器已是进贡和出口的抢手货。当时扬州经济繁荣，巧匠云集，漆器制作技艺高度发达，彩绘、剔红、夹纻脱胎和金银脱等漆器制作技艺分工细密，螺钿镶嵌工艺也具有很高水平。漆器被列为扬州二十四种贡品之一。唐天宝十二载(753)，扬州高僧鉴真东渡日本，携带的物品中有漆盒、漆盘等漆器几十件。1980 年回国巡展的鉴真大师宝像，就是用唐代扬州漆器工艺制作的夹纻胎塑像，现供奉于日本奈良唐招提寺。此像以真人为模型制作，故造型逼真，线条圆熟，神情静穆。这应是扬州漆艺对日本等东方国家髹漆艺术产生影响的例证。

唐代扬州生产绫绢锦绮之类高级衣料，这在崔致远的《进御衣段状》中也有记载："当道先兼盐铁使织造中和四年(884)已前御衣罗折造布并绫锦等，除先进纳外，续织造九千六百七十八段，谨具如后物色。”又在《进绫绢锦绮等状》中记载：“进奉绫绢锦银绮等一十万匹段两，谨具色目如后物色。”崔致远关于唐代扬州向皇室进贡御衣的记载，表明扬州的纺织业有悠久的历史传统。

扬州出产新茶的信息，见于崔致远的《谢新茶状》。高骈部将俞公楚赠给崔致远新茶，崔致远作《谢新茶状》云：“右某今日中军使俞公楚奉传处分，送前件茶芽者。伏以蜀冈养秀，隋苑腾芳，始兴采撷之功，方就精华之味。所宜烹绿乳于金鼎，泛香膏于玉瓯。若非静揖禅翁，即是闲邀羽客。”明确记载新茶出自扬州蜀冈。扬州是中国古代茶叶产地之一。《中国茶经》在谈到唐代名茶时，将扬州蜀冈茶赫然名列其中。五代时人毛文锡《茶谱》说：“扬州禅智寺，隋之故宫，寺枕蜀冈，有茶园，其茶甘香，味如蒙顶焉。”清代乾隆《甘泉县志》说：“宋时贡茶，皆出蜀冈，香甘如蒙顶。”蒙顶是四川名茶产地，以蒙顶茶比之蜀冈茶，可见蜀冈茶之优良。

在古代流传的扬州谚语中，没有比“扬一益二”更为世人熟知的了，唐人虽然没有完整地记下“扬一益二”之语，但表达过同样的意思。晚唐诗人杜荀鹤在《送蜀客游维扬》中说：“见说西川景物繁，维扬景物胜西川。”就是“扬一益二”的意思。另一位唐代人卢求在《益州记序》中说：“大凡今之推名镇为天下第一者，曰‘扬益’，以扬为首，盖声势也。”他差一点就要说出“扬一益二”这句话了。有意思的是，崔致远的《桂苑笔耕集》一再比较淮南与西川的长短，结论却是扬州胜于成都。他在《请巡幸江淮表》中分析成都的弱势说：“旧谓西川富强，只因北路商旅，托其茶利，赡彼军储。今则诸道发表章则半载始回，征贡献则经年未达。实缘道路辽敻，兼值干戈阻艰，值剽掠者斯多，至行朝者甚少。加以僦雇所费，耗蠹不轻，每当水运陆船，只可率钟致石。以此征税则渐成抗弊，军兵则未遂饫饶。”分析扬州的优势说：“况江淮为富庶之乡，吴楚乃繁华之地。”“扬都奥壤，桂苑名区；四夷之宾易朝天，九牧之贡无虚月。”在《请巡幸第二表》里，崔致远进一步比较扬州和成都说：“臣近者俯察时情，仰瞻乾象，荆州道路，群寇将侵；蜀国封疆，微灾似起。傥或未收凤阙，尚驻銮舆，忽有妖氛潜兴，近境必恐。乌合蚕食之徒，占据江陵，把断峡路，则列镇贡赋，无计流通；行在诏书，亦难传降。若见东西阻绝，固当遐迩动摇。伏惟陛下断自宸衷，斥其横议，念江淮之进献，远涉多虞；察蛮蜑之奸凶，乘虚可惧。早移仙跸，直幸扬都。”这些滔滔雄辩都为人们理解“扬一益二”的历史内涵提供了依据。

崔致远有《酬杨赡秀才送别》诗云：“好把壮心谋后会，广陵风月待衔杯。”从唐代到清代，扬州在中韩交往史上一直具有重要的地位。先贤们浇灌的友谊之花，可谓历久而弥香。

伊斯兰使者普哈丁

扬州古运河的东岸，有一座异域先贤的陵墓。墓的主人叫普哈丁(? —1275)，亦称补好丁。有人说，普哈丁就是文献中的穆罕默德，或者不儿哈纳丁。

相传长眠在扬州运河东岸的普哈丁，是伊斯兰教创始人穆罕默德的16世裔孙。他大约在宋代咸淳年间，从西域来中国扬州传教，在扬州生活了10年之久。普哈丁在扬州修建过一座清真寺，也即今天的仙鹤寺，位于汶河南路。仙鹤寺融合了伊斯兰建筑和中国古代建筑的风格特点，与杭州凤凰寺、广州狮子寺、泉州麒麟寺齐名，并称为南方四大清真寺。

关于普哈丁的死，有一些传奇色彩。据说他离开扬州之后，曾往天津、山东各地游历传教，然后沿运河乘舟南下。在途中，他已经病重，并且自觉可能不久于人世，他便嘱咐同行的人，说他一旦去见真主，务必将他葬在扬州官河东岸的高岗上。果然，他在从济南返回扬州的途中，病逝在运河的船上。人们按照他的遗言，将他的遗体葬在现在的墓地。普哈丁为什么要选择扬州作为终老之所，史料中没有记载。但是，唐人早有诗云“人生只合扬州死”。

普哈丁是700年前从遥远的阿拉伯世界来华的布道者。他的具体经历，已经不得而知，然而其间吃遍了人间辛苦是可以想象的。他为什么要到中国来？伊斯兰先贤穆罕默德说过：“学问虽远在中国，亦当前往求之。”也许普哈丁就是遵从此训，不远万里，来到扬州，并献身于此，因此穆斯林尊其为先贤。

普哈丁墓园让人最百看不厌的地方，是它的建筑融合了中国庭院风格与波斯建筑风格，体现了不同文化之间的包容与和谐。普哈丁墓的墓亭，是中外建筑风格交融的典型实例。

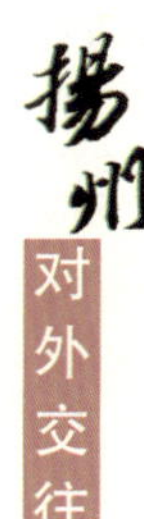

普哈丁墓

意大利旅行家马可·波罗

东关街的东头有一座马可·波罗纪念馆，是纪念700年前到过中国并在扬州做过官的意大利威尼斯人——马可·波罗的。马可·波罗曾经写过一本书，叫做《马可·波罗游记》。这本书在700年前问世之后，就轰动了整个欧洲。哥伦布就是读了他的游记，才想到来东方探险，却意外地发现了美洲大陆的。

马可·波罗(1254—1324)有着各种各样的身份：商人、官员、旅行家、冒险家、友好使者、马可百万……那么，他究竟是一个什么样的人呢？

马可·波罗像

马可·波罗一家是个商人之家，马可·波罗的父亲和叔父曾经到过中国。1271年，他们开始第二次东方之旅，这次同行的还对世界充满好奇的、年仅17岁的马可·波罗。他们一行三人先到以色列，再穿过叙利亚、伊朗、阿富汗，翻过帕米尔高原，走过塔克拉玛干沙漠进入新疆，然后到甘肃，经过了敦煌和酒泉。直到1275年，才来到距离北京不远的行宫上都，见到当时很渴望了解欧洲的元顺帝忽必烈。在旅途中，马可·波罗因为高原缺氧而病了一年多。他们还经历了许多其他必须克服的凶险，包括沙暴、雪崩、干旱、土匪、饥饿、瘟疫等等，还有十字军和伊斯兰教徒的战火。忽必烈很钦佩他们的毅力，对聪明好学并懂得东方风俗和语言的马可·波罗更是器重。在元帝国生活的17年里，马可·波罗据称最高做到扬州总督，还出使过越南、爪哇、苏门答腊。1292年夏天，马可·波罗一家利用护送蒙古公主到波斯的机会，从泉州出发，花了三年多时间，才奇迹般地回到故乡威尼斯。

扬州人在谈到马可·波罗的时候，最引以为豪的一件事，是这位外国人曾经做过三年扬州总管。那么，在《马可·波罗行记》里，究竟是怎样谈到扬州的呢？打开这本

书的第143章《扬州城》,原文是这样写的:

> 从泰州出发,向东南方向骑马走一天,就到达扬州。扬州城很大,它所属的二十七座城市,都是美好的地方。扬州很强盛,大汗的十二男爵之一驻扎在此地,因为这里曾经被作为十二行省之一。我要向诸位说明的,是本书主人公马可·波罗先生,曾奉大汗之命,在扬州城治理达三年之久。扬州的居民是偶像教徒,使用纸币,倚靠工商业为生。这里制造骑兵装备的工匠与作坊很多,因为在城里和附近驻扎着大量皇帝的士兵。此外就没有什么可说的了。下面请允许我谈谈西面的两个大州,这两个大州也在南方蛮子境内,先说南京城。

上面一段话显然包含着一点错误的信息,也即说从泰州出发向东南方向骑马走一天到达扬州,这显然不对,因为扬州在泰州西南而不是东南。但是,其他内容基本正确。如说扬州管理27座城市,是元代12行省之一,都是对的。尤其说扬州很强盛,工商业发达,有很多佛教寺庙和皮货市场,这都符合扬州的历史。问题在于,马可·波罗还说他曾奉大汗忽必烈之命治理扬州三年,这件事在学术界引起了许多争议,学者们对此提出不同的见解,有的见解甚或完全相反。

无论马可·波罗在扬州任官情况如何,他在扬州住过三年是没有问题的。可是,究竟是哪三年,说法不一。有学者论证:第一,当时扬州有27个城市附属于它,它又是12省城之一,那应在1282年至1284年之间;第二,马可·波罗说他治理扬州三年,那应在1282年元世祖颁定"内外官以三年为考"之后;第三,当时扬州使用纸币,那应在1280年江淮行省颁发元钞规定以后;第四,马可·波罗说从瓜洲由河湖运粮食到大都,应是1285年海运以前。结论是,马可·波罗在扬州的时间当在1282年至1285年期间。

据韦明铧的研究,扬州与马可·波罗有关的历史遗迹和民间传说,至少有三项——

第一,据民间传说,扬州紫藤园的紫藤系马可·波罗手植。《扬州紫藤园饭店介绍》说:"扬州紫藤园饭店(又名扬州市人民政府第二招待所)坐落在扬州市中心文昌阁西南侧,……店内庭院深深、古木参天、万绿深锁、山环水绕、环境宜人,故而是闹中取静的佳处。因店内有一株元代时意大利旅行家马可·波罗种植的紫藤,饭店故名焉。”

第二,上世纪二三十年代,扬州有过马可·波罗石像。1929 年,美国记者埃德加·斯诺旅行至扬州亲眼看到石像,后来他在《我在旧中国十三年》一书中回忆了“扬州的优美渡桥和马可·波罗像”。

第三,同样在上世纪上半叶,扬州出现过一方雕刻着马可·波罗像的砚台,这是充满了传奇意味的一件文物。扬州教场一家古玩店收购过一方古砚,背面刻着马可·波罗像;砚台后为当时扬州美汉中学校长、美国人韩忭明购去;韩忭明其人后来回到美国,砚台即不知下落,很有可能流落到美国。

朝鲜使者郑梦周

郑梦周(1337—1392),名梦兰,后改名梦龙,字达可,号圃隐,谥号文忠,朝鲜高丽王朝末期时政治家、外交家、哲学家、文学家,被誉为朝鲜理学之祖。据说郑梦周出生的时候,他父亲郑云瓘梦见了中国的周公,所以为他取名“梦周”。郑梦周是庆尚北道永川人,先人都是武官,唯有他幼年从文,自学成才。郑梦周成人后,在三场科举考试中连中三元,名声大振。其后他投到当时著名学者李穑门下学习。1362 年踏入官场,官职为正九品。1367 年,任成均馆博士。1375 年升大司成,开始大力振兴儒学,朝鲜人称他为高丽理学的创始人。郑梦周守任大司成时,也承担了同明朝重建朝贡关系的使命。郑梦周生活的时代,正当明太祖朱元璋当皇的时候。此时中朝关系忽好忽坏,变化多端,而郑梦周始终坚持与中国友好,多次出使明朝。

1374 年,朝鲜恭愍王被杀,权臣李仁任立其养子辛禑为王,杀害明朝使臣,重新投靠北元。郑梦周反对不成,被放逐出京。辛禑九年(1383),明朝大军压境,高丽被迫派郑梦周前往南京,朝见明太祖朱元璋。郑梦周圆满完成任务,再次重建了高丽和明朝的关系。1392 年,郑梦周在朝鲜政权变动中被杀。后来被追封为“大匡辅国崇禄大夫领议政府事、修文殿大提学兼艺文春秋馆事、益阳府院君”,入祀孔庙。郑梦周具有儒家尊师重道、凛然大义之气,曾不顾自身安危,为老师鸣不平,为老师收尸安葬。他最出名的是对高丽王朝的忠烈节义，也为此付出了生命代价。

郑梦周是中韩交往的友好使者，他的铜像安置在扬州唐城遗址博物馆。2012 年 10 月，扬州唐城遗址博物馆接受了郑梦周第 24 世宗孙郑来晶捐赠的郑梦周半身铜像。后来，韩国龙仁市政府再度向扬州唐城遗址博物馆捐赠郑梦周全身铜像。

郑梦周先后六次出使中国，在中国沿海一带游历并留有大量诗篇。他来华的路线，一般是从高丽都城开京出发，抵达明朝旅顺，过海到登州、莱州、胶州，经高密、诸城，到日照、赣榆、淮安路，达高邮、扬州、真州，停宿龙潭驿，最终抵达明朝都城南京。

郑梦周数次经过扬州，写下许多诗篇，记录了扬州及所辖宝应、高邮、真州等地的繁华景象和风土人情。这些诗有《舟发淮阴向宝应县》《汜光湖小景》《高邮湖》《高邮城》《高邮湖舟中》《扬州》《扬州竹西亭怀松京诸友》《真州》《扬子江》《扬子江上舟》及《扬州食枇杷》等。

《扬州》云："经过楚地山川，想象隋家宫阙。往时兴废谁嗟，此日繁华可悦。仙花杳杳难寻，官柳依依可折。晚来偶泊兰舟，二十四桥明月。"诗中用了隋家宫阙、二十四桥等典故，说明他对扬州的了解。

《高邮湖》云："南归日日是遨游，湖上清风送叶舟。两岸菰蒲行不尽，又随明月宿芳洲。"高邮湖的野趣，给诗人留下了深刻的印象。

《扬子江》云："贯楚吞吴气象雄，如今四海此朝宗。溯流若问江源去，直到峨眉第一峰。"扬子江的上游在四川，故云"直到峨眉第一峰"。

郑梦周甚至也了解唐人杜牧在扬州的风流轶事，他有《戏赠偕行年少》云："曾闻杜牧最风流，每向扬州好冶游。今日周南王化近，行人且莫错回头。"

郑梦周的名字，到清代仍为中朝人士谈及。乾隆三十年(1765)，朝鲜李朝汉城人洪大容随其叔叔洪檍所在的朝鲜使团来中国。他到中国的目的之一，是想找几个中国才俊畅谈，果然在北京结识了几位从杭州进京赶考的读书人。他们之间虽然语言不通，但都会用汉字，所以每次见面都尽情笔谈。《乾净衕笔谈》就是他们的笔谈记录。乾净衕即乾(干)净胡衕(同)，是他们在北京聚会的地点。《乾净衕笔谈》忠实记录了乾隆年间一个朝鲜青年和三个中国青年在北京胡同一座小旅馆里的交谈和赠诗。洪大容把自己写的《东国记略》送给中国朋友，此书系统介绍了朝鲜的历史、文化、风俗、山川，并论及朝鲜古代作家崔致远、郑梦周。中国朋友送给洪大容的书则有《感旧集》等。《乾净衕笔谈》记道："顷赐《感旧集》，扬州有之，不多印。"《感旧集》即《渔洋山人感旧集》，王士禛撰，乾隆十七年(1752)刻于扬州。

日本遣明使策彦周良

古运河的历史价值、科学价值和文化艺术价值，越来越受到人们的重视。扬州古运河在中外交流史上也起着重要作用，460 多年前，有一个日本人曾经多次沿着运河航行，其间自然也经过了扬州运河段。难能可贵的是，这位遣明使把他的运河之旅用日记形式详细记录了下来，使人们今天对当年扬州的运河航运、沿岸风光、中外关系以及其他种种，都有了无比真切的了解。

策彦周良像

策彦周良(1501—1579)，号怡斋，更号谦斋，日本京都天龙寺妙智院高僧。他博学多才，通晓汉文，于明嘉靖十八年(1539)、嘉靖二十六年(1547)先后两次作为日本遣明使副使与正使奉派入明。他在中国逗留五年余，多次经过运河北上与南下。策彦周良把两次来华的经历，写成记事性的诗文集《初渡集》、《再渡集》，在中日关系史上具有重要的意义。明嘉靖状元、翰林院侍读学士、国史馆总裁姚涞曾经评论策彦周良说："读其文，有班马之余风也；诵其诗，有二唐之遗响也。"

根据《初渡集》记载，策彦周良第一次经过扬州运河的日程是这样的：

嘉靖十八年(1539)十二月四日，策彦周良等人早上在镇江游玩了甘露寺。中午之前开船过江，到瓜洲靠岸。一直到夜里亥时，才越过瓜洲船坝。

十二月五日，中午时分，领取到了官方颁发的粮食——“廪给”，这是从京口驿领取的。“入夜下雨”。

十二月六日，傍晚时分，“进舟者里许而止”。停船的原因，是所乘的船漏水，“故换别船开船，亦为之迟了”。

十二月七日，一大早就起航，“辰刻拨船，未刻到扬州府广陵驿而泊矣。舟行四十里”。广陵驿，在今扬州南门外馆驿前附近。

十二月八日，因为没有及时领到官方的“廪给”，因此滞留于扬州。

十二月九日，仍然停泊于扬州驿河边。这天一早，扬州知府就来到广陵驿码头，探望日本使节，“正使及余两居座以下上岸，伸礼谢于礼宾轩下。相揖者于再、于三，无拜”。策彦周良写道，他看到广陵驿礼宾轩的门檐上，悬挂着“淮海奇观”四字匾额。其时，“知府又赠美酿佳肴”，表示了扬州主人的友好。而策彦周良也“将黄丽扇一柄、方纸五十枚，赠知府刘宗仁。正使亦如此”。中日双方互赠礼品之后，到中午时分，有人送来了“廪给”。

十二月十日，这一天暖日如春，依然泊船扬州运河边。早饭之后，扬州知府刘宗仁和周通事派人来，赠送给策彦周良《张文潜集》四册、手帕二方。“巳刻，进船少许而止”。

十二月十一日，这一日因为“阻雪，不拨船”。“晚，景钧云来访，手谈至夜”，所谓“手谈”，即下棋。

十二月十二日，船离扬州，继续北上。天气“半雨半雪，午刻开船。戌刻，着邵伯驿。舟行六十里”。

十二月十三日，该日停泊在邵伯运河边，“冻雨霏霏，午后打廪给口粮”。因为风雨终日，无事可做，船上人或者调豆汁，或者下围棋。策彦周良曾上岸小游，访问召公庙，也即祭祀召伯(邵伯)的庙宇。他在日记中写道：“此驿号‘邵伯’，邵伯之所发也。予俾宗桂问其庙，庙在驿外。庙中央按邵公像，题左右柱云：‘隐隐雷神居此地；轰轰圣像镇甘棠。’庙额横揭‘列仙道院’四大字。又题柱有‘龙吞苍海月，鹤伴华山云；名刹红尘远，玄门白昼长’之句，又或揭‘洞府烟霞’四字。由是思之，则‘列仙道院’之额决非故额，今作道院者明矣，道士杂处于其侧云云。庙门之外有人家，横额‘邵伯镇处检司第九铺'九字云云。予偶作《邵伯庙》诗:'邵公所憩有祖堂,古往今来慕德香。意足不求遗像肖,居民千载拜甘棠。'"

十二月十四日,离开邵伯,继续北上。"辰刻开船,二里许而泊中流,盖以风雪相加也"。

十二月十五日,抵达高邮。"辰刻拨船。酉刻,着盂城驿。舟行六十二里"。

十二月十六日,泊舟高邮。"天气快晴,暖日如春,打廪给口粮。过正使和上船,炉话移刻,举酒者三行"。

十二月十七日,开船到界首。"午刻开船。午刻,着界首驿"。

十二月十八日,在界首。"暖日可爱。巳刻,打廪给口粮"。

十二月十九日,行船途中,因为河水冰冻,不得已只好停船。"巳刻开船。前进者三十里,而泊于中流,盖以前程冻合也"。

十二月廿日,开船到宝应。"天气如春。巳刻拨船,酉刻着安平驿。舟行三十里"。

十二月廿一日,这一天在宝应停船一日。船上使者多日不下船,人人疲倦不堪,于是在此上岸洗澡、买酒、逛街。策彦周良对宝应见闻叙述甚详:"斋前入混堂,盖以大光催也。人里卖酒家多多,帘铭或以'异常酒肆',或以'闻香下马'四字,或以'过客停骖'四字,或以'四时佳酿'四字。又有门横揭'科第名家'四大字,又揭'金榜题名'四大字。知县门楣竖额'宝应县',左胁插小木牌,牌上书'立春'二字。又驿门横揭'安平驿腰站'五字,其额上又有额,竖贴'传命'二大字,金字也。巳刻,打廪给口粮。午时,开船。亥刻,着淮阴驿。舟行九十里"。

前几年,日本友人曾按照策彦周良日记所记载的路线,沿着古运河重访其当年的栖息地。

儒商安岐

安麓村(1683—?),名岐,字仪周,亦号绿村,别号松泉老人。高丽人,生活于清朝康乾年间,据说因随高丽贡使入京而常住中国。他和他的父亲安尚义曾经是清代权相明珠的家臣,后在天津、扬州两地业盐,遂成为最富有的盐商。安氏与同在扬州经

安岐像

营盐业的山西巨富亢氏齐名，并称为“北安西亢”。

关于安麓村的生平，美国学者A.W. 恒慕义在他主编的《清代名人传略》里撰有《安岐》专条，叙述甚详。据书中说，安岐的父亲安尚义，或称安尚仁、安三，字易之，曾为大学士明珠以“金义”、“钱仁”的名义在天津长芦贩盐，后来又将经营地盘扩大到河南。安麓村是在天津开始帮助其父亲经营盐业的。据说，安家因企图将经营地盘扩大至京城西南一事引发官司，受到惩处，此后安家父子便仍在天津业盐，并为天津筑城出过巨资。

关于安麓村在扬州经营盐业的经历，刘声木《苌楚斋随笔》卷八写道：

> 仪周在扬州置巨宅，豪侈不可言，事阅百余年，扬州人尚知有“安二达子”者。有地名“芦刮刮巷”，原系安家巷，因俗呼而讹。虽屡经兵燹，仍未易称，可见安氏在当日，赫赫在人耳目矣。

今安家巷与芦刮刮巷俱存，一在东关街北，一在皮市街东。《苌楚斋随笔》以为“俗呼有讹”，可能是因为作者记载有误，或者是由于两处都是安家住宅的缘故。但无论怎么说，安麓村在扬州家大业大是没有问题的。《苌楚斋随笔》的记载，恰好补充了《清代名人传略》关于安麓村生平事迹叙述之不足。

安麓村在扬州的事迹，主要见于《扬州画舫录》等书。通过书中若干具体的记述，人们可以对这位富有鲜明个性的高丽商人产生感性的认识。《扬州画舫录》中关于安麓村的记载共有六处。其一，记安麓村镌刻孙过庭《书谱》石碑事："鹾商安氏，业盐扬州，刻孙过庭《书谱》数石，今陷康山草堂壁上。"(卷一)其二，记安麓村强邀汪肤敏写字、观剧事："汪肤敏字公硕，号春泉，江都人。书法欧、褚，性廉介。安麓村延之不就，就之弗见。使人要于路，掖之入，见则命书戏目数出。公硕为其所迫，书而进之。命掖入密室中，良久，数仆延至一堂，麓村迓于阶下，曰：'先生古君子，前特相戏耳。'乃款留堂上，水陆竞献，笙歌错陈。所奏戏文，即为所书戏目也。尽欢而罢，归为麓村母书寿序一通。时程亶字实夫号秋槎，汪柯字可舟，书法与公硕齐名，皆居扬州。"(卷二)其三，记安麓村赏识朱九枪法事："朱斗南，字星堂，扬州武生员，工书。其父行九，以枪法为安麓村所知。"(卷二)其四，记安麓村生活奢华事："初，扬州盐务，竞尚奢丽，一婚嫁丧葬，堂室饮食，衣服舆马，动辄费数十万。有某姓者，每食，庖人备席十数类，临食时夫妇并坐堂上，侍者抬席置于前，自茶、面、荤、素等色，凡不食者摇其颐，侍者审色则更易其他类。或好马，蓄马数百，每马日费数十金，朝自内出城，暮自城外入，五花灿著，观者目炫。或好兰，自门以至于内室，置兰殆遍。或以木作裸体妇人，动以机关，置诸斋阁，往往座客为之惊避。其先，以安麓村为最盛，其后起之家，更有足异者。"(卷六)其五，记安麓村买八哥事："米景泉住河东岸，于天宁门街开糕铺，工诗，好笼养。是时，盐务商总以安绿村为最，一日过其铺，闻笼中八哥曰：'安公买我！'绿村喜，重值购之。盖止教此一语，亦善于取利矣。"(卷九)其六，记安麓村资助朱彝尊事："朱彝尊，字锡鬯，号竹垞，浙江秀水人。举博学鸿词，授检讨。归过扬州，安麓村赠以万金。"(卷十)另外，在袁枚《续子不语》卷六《张赵斗富》中，还曾记述河道总督赵世显在安家喝酒的故事："盐商安麓村，请赵饮酒，十里之外，彩灯如云。至其家，东厢西舍，珍奇古玩，罗列无算。赵顾之，如无有也。直至酒酣席撤，入燕室小坐，美女二人捧双锦盒呈上，号'小玩意'。赵启之，则关东活貂鼠二尾，跃然而出，拱手向赵。赵始哑然一笑，曰：'今日费你心了。'"

一般认为，安麓村生于康熙二十二年(1683)，约卒于乾隆十至十一年(1745—1746)。安麓村以其精明的经商才干，深厚的文化修养，以及奢华的生活方式，典型地代表了扬州盐商的作风。实际上，安麓村本人很可能就是两淮盐商的总商之一。

英国传教士戴德生

戴德生(1832—1905)出生在英国约克郡,1854 年加入伦敦的中国布道会,是中国内地会的创始人。为了到中国去,戴德生不惜放弃了不愿和他同来中国的未婚妻。

戴德生

1853 年 9 月 19 日,21 岁的戴德生受中国传教会派遣,登船前往中国。1854 年 3 月 1 日,戴德生抵达上海。没有人接船,没有人领路,他孤单一人开始了在中国的传教工作,数十年如一日。戴德生在中国工作到 73 岁(1905)高龄时,才安息归主。那一年,从上海至伦敦,都为他举行了大规模的追思会,可见他深受众人的尊重。

戴德生在华总共 51 年。他创立的组织吸引了 800 名同道,建立了 125 所学校。他以他对中国的友爱,对传教的热忱而闻名。他在很少有传教士穿唐装的时代已穿中国服装。在他的领导下,内地会成为一个没有宗派的团体,各种教派、阶层、性别、国籍的人,都愿意和内地会合作。而且,内地会反对鸦片贸易,戴德生因而被西方视为 19 世纪以来最引人瞩目的欧洲传教士。历史学者祸嘉路得是这样总结戴德生的一生的:“自使徒保罗以后,能够心怀广大异象,而按部就班将福音传播到如此广袤疆域的人,19 世纪来戴德生为第一人。”

1868 年 6 月 1 日,对戴德生来说,是一个重要的日子。这一天,一艘大船从杭州沿着运河北上,来到江北名城扬州。船上载着戴德生夫妇和他们的孩子,还有戴氏的秘书白安美、孩子的看护路惠理太太,以及四个来自杭州的中国基督徒。

在来扬州之前,戴德生就知道扬州是马可・波罗做过官的地方。他还知道,扬州的运河上有许多美丽的拱桥。此外,扬州的市廛、美女、园林,也给戴德生带来无尽的遐思。同时，戴德生居然也知道，扬州市井间不乏皮五辣子那样的人物。因而，戴德生在初来扬州时特别小心。他和他的家人、门徒一直留在船上，避免引起人们的注意。他只吩咐同来的中国人到城里去找房子。几天后下起了大雨，船篷不停漏水，船上再也无法久住，他们才不得不进入扬州城。

7 月 20 日，他们搬进皮市街一间破落不堪的房子里，这就是他们以后在扬州的家。这间房子和几家邻舍共用一个通道，周边有一些天井、花园、假山等。戴德生叫来木匠，为新屋装修，改造成适合大家居住的样子，忙了整整一个月。

当戴德生进入外国人极少露面的晚清扬州城时，似乎注定会遇到麻烦。这些言必称上帝的人，被崇拜儒家的扬州人视为异端。两种文明冲突的结果，是从士绅到市民都希望把这些隆鼻蓝睛的洋人逐出扬州。常有人用石子投掷戴德生的窗户，还有人在街上张贴海报，指控他们借行医为名，挖眼取心、剖腹炼丹。不久后，一大群愤怒的扬州民众结集在皮市街戴德生居处外面。传教士们和他们理论终日，企图否认那些硬加在他们身上的罪名。然而，语言的隔阂和观念的差异，并没有消除双方的矛盾。相反，广大市民将国运日弱的满腔愤懑一起归咎于戴德生这样的洋人头上。

1868 年 8 月 22 日，皮市街的基督教堂被上万人包围。民众挥舞刀棒，投掷砖块。戴德生和他的一个伙伴不顾追打，逃往知府衙门要求保护。而皮市街上愤怒的人群已经闯进屋内，恣意泄愤，甚至有人放火烧屋。留在屋内的传教士及眷属被迫跳楼逃生，幸亏邻居及时把火扑灭，屋子才没有被烧毁。

事发之时，戴德生并未求助于英国领事，而是求助于扬州官府。据说戴德生冒着砖头和石块逃到知府衙门时，门丁正要把大门关上。这时尾随在后的民众已经追上戴德生们，把他们推进衙门大堂。他们被推倒在地，但赶忙爬起，在大堂上高呼救命。戴德生明白，不论什么时候，“救命”两个字总可以引起中国官员的注意。结果他们被带进去，在那里等候。等了 45 分钟，扬州知府才召见他们，问他：“你究竟把那些婴孩拿去干什么？”而戴德生却大声说：“现在我请你立刻镇压这些暴徒，尽速拯救我们的家人和朋友，目前他们可能还活着。”后来知府去了现场，戴德生留在衙门等了两个小时，知府才回来。结果是戴德生一行被送到了镇江。在镇江他们受到了热情的接待。1868 年 8 月 23 日星期日，扬州知府和江都知县联名发布公告，告诫民众对于外国传教士不得过于无礼。

扬州教案发生后，许多人误会戴德生，认为他寻找英国领事帮助，促成利用坚船利炮来对抗中国官府。事实上，事发之初戴德生是向中国官吏求助的，英国领事的行动完全出于自发。戴德生是一个对中国充满友好感情的英国人。

1868年11月18日，戴德生一行又回到了扬州。皮市街的房子经官方重修，完好如初。在这所屋子里，戴德生的妻子玛莉亚在1868年11月29日生下一名男孩，取名戴查理。1905年春天来临时，戴德生第11次来到中国。他和儿媳途经美国，于4月17日在上海泊岸，然后在扬州过了最后的复活节。37年前，戴德生在这里经历了生死大劫。这一次是他最后来到中国。就在1905年6月3日，这位热爱中国的基督徒像小孩子般在中国安详地睡着了。他被安葬在扬州的江对面——镇江。如今镇江英国领事馆遗址有纪念戴德生的碑石，上面写道："恭敬纪念令人尊敬的中国内地会创办人戴德生牧师。他一生常在基督里。"

戴德生(1832—1905)留下一句名言："我若有一千英镑，中国可以全部支取；我若有千条生命，绝不留下一条不给中国！"

附录：同治七年"扬州教案"

清同治七年、公元1868年8月22日，一个星期六的傍晚，位居扬州市今文昌中路南侧，一条名曰皮市街的巷道里但见人声鼎沸，有的还手执刀棒，将巷内西侧被称为"扬州内地会"的一所洋教租住地包围。人群呼喊着杂乱的口号，向院内投掷砖块，要求屋内租住的传教士们离开。然而遭到屋内传教士的拒绝，这益发燃起人们的怒火，于是人群撞开大门，径直闯进屋内捣毁家具，一些愤激的小青年甚至放火烧屋，致使墙壁倒塌。当然内中也有一些街头混混乘机抢劫财物，场面一片混乱。传教士负责人戴德生等一看局面已难控制，只好逃跑。住在楼上的传教士及其眷属看到楼梯已被堵住，不得不跳楼，内中已怀孕六个月的戴德生妻子玛莉亚·黛尔跳楼时将腿摔伤，另一个传教士的眷属白安美多处骨折。所幸邻居们及时把火扑灭，楼屋未曾烧毁。戴德生跑到扬州官府所在地要求保护，并连夜派人送信到英国驻上海领事馆请求帮助。8月23日下午，扬州县官雇来轿子，把传教士护送出扬州城南门，将他们暂时先撤到已经立足的镇江传教站去。

一场被称为“扬州教案”的事件就此发生，并且立即在国内外引起很大反响。

“扬州教案”发生绝不是孤立的，在此之前，在中国北方多地已发生若干起教案。在扬州这起教案发生之前，先是扬州教会里的医生将死胎儿浸泡在酒精玻璃瓶中，被扬州百姓看到，他们不知道这是标本和医学教材，于是就传言教堂有剖孕妇之腹，取胎儿作为药材之事。加之在“扬州教案”发生之前数月，三义阁巷内已发生有法国天主教教士金缄三在巷内设育婴堂，因条件不善，管理混乱，致有教堂残害婴儿的消息传出，后又听说被残害致死的婴儿多达40余口。虽然这些传言未必完全属实，或可能有夸大之处，因为送往育婴堂的孩子一般多是弃婴，或有病、残缺的孩子，时有死亡定然难免。但由此引发民众的愤怒，街巷中已有人张贴揭帖揭露其罪行，群情如蓄集的火药桶，一粒火星即会爆燃。

时至当年8月初，一位名叫戴德生的英国传教士来到了扬州。他敏锐地感觉到扬州地当长江和京杭大运河交汇处，是难得的交通要道，如果以此处为基地，可将福音扩展到华中和华北。为此他深入扬州街巷，相中了扬州新城皮市街内相通连的两幢房屋，并立即租赁，想在此设堂布道。此时正值扬州府试之期，所属各县的考生正云集扬州，这是一群有文化的知识阶层，目睹清政府的丧权辱国，洋人颐指气使的骄态，加之三义阁育婴堂“虐婴事件”的传闻，士子们早已怒火中烧。8月8日，扬州应考的文武生员在教场集会，声讨洋教罪恶，决定驱逐在扬的洋教，随后便开始行动。于是市内和皮市街新辟的教堂陆续受到砖块的袭击，屋瓦和门窗时有损坏，人们想用此种方法逼使传教人员自动离开。然而戴德生一行却无意撤离，并且写信给扬州官府要求保护教会，惩办闹事人员，这无疑火中浇油，更加激怒了扬州人。实际上扬州官府也不欢迎洋教来扬滋事添乱，故采取虚与周旋的态度以示暗中对驱教人员的支持。于是在8月22日傍晚便发生了本文开头所叙的一幕。据传有将近两万扬州民众冲击了扬州皮市街“中国内地会”教堂，有近万人在此呼喊、冲砸，现场已经失控。“扬州教案”终于震惊了全国。

自从《南京条约》签订，教案问题就一直陪伴着中国近代史的始末，两种文化、两种信仰、两种文明的冲突碰撞始终没有间断过。从1860年到1899年教案即发生841

起，数量最多年份的1900年多达411起。这些教案大多因为传教士对国人的侵犯，如占用土地、干涉内政、包庇教民等激起国人的愤慨与反抗，而传教士则向本国使馆告状，公使向清政府施压，清政府则加强对人民的镇压，因而导致双方的矛盾日积月累，恶性循环，最终爆发教案之争。

英国驻沪领事麦华陀得知情况后，随即赶到镇江，并随带卫兵70名来到扬州，要求扬州知府“查办”肇事者，赔偿教会房屋、赔偿损失，贴出告示保障外国传教士人身安全和自由传教的各种权利等。但知府只答应其部分条件，其余称须请示两江总督曾国藩方可定夺。麦华陀乃强逼知府同赴南京，谁知这个知府半途中找借口折回。麦华陀即单独在南京与曾国藩谈判，但未获结果。在此期间，英国驻华公使阿礼国出面向清廷交涉，恭亲王奕䜣亦感事关重大，处理不易，答应慢慢查办。麦华陀见清廷有意拖延，便立即以武力为后盾，带领数百士兵，4艘军舰，直航两江总督府衙门所在地，并擅自扣留了曾国藩出资建造的名曰“恬吉”号的汽轮作为担保，向曾国藩发出最后通牒。

最后在清廷上谕和洋人炮舰的威胁下，曾国藩只得接受条件，签署命令：将扬州知府和甘泉知县革职，赔偿教堂财产损失，并在教堂前立一碑石晓谕扬州市民：

> 钦差大臣、前署办理通商事务、武英殿大学士、调补直隶总督、一等毅勇侯曾（国藩），钦命兵部侍郎、江苏巡部院丁（日昌），为出示晓谕事。
>
> 查传教系条约所载，至入教与否，仍听各人之便，两不相强。合行出示晓谕，为此示仰军民人等知悉。自示之后，务须恪守钦定条约，毋得滋扰教堂，借端生事。遇有来往洋人，亦不得肆行无礼。倘敢故违，定行重究，决不姑宽。凛之，特示。
>
> 同治七年九月二十七日，右谕

11月14日，麦华陀将扬州教案中逃跑至外地的洋教士们由武装卫队隆重护送回扬州，并由扬州大小官员迎接，簇拥着送进已装修一新的教堂和住处。麦华陀还将两江总督表示赔礼的告示副本交给三义阁的法籍神甫金缄三，让他张贴在育婴堂的大门上，向扬州公众告示。新任的扬州知府英杰同时贴出告示，承认教士有权在扬州收养孤儿，又亲自登门慰问受伤的教士，许诺“援引欧律，监禁首犯”。

于是，轰动一时的长江流域的第一次“扬州教案”就这样了结了。

唐城研究先行者安藤更生

在近现代日本学者中，对扬州最情有独钟并且卓有建树的要数安藤更生。

安藤更生(1900—1970)，文学博士，早稻田大学教授，从事中国美术史和考古学研究，著有《唐宋扬州城的研究》《鉴真大和上之研究》等有关扬州的专著，还全译过中国小说《西游记》。

安藤更生是最早对扬州唐城遗址进行研究的人。1941年年底前后①，安藤更生曾亲临扬州，在唐代扬州城的废墟上进行了实地踏访。他根据在扬州采集到的古代瓦片和陶瓷标本，绘制了《扬州城附近要图》，并撰写了《唐宋扬州城的研究》。简单地说，唐代扬州城分为两个部分：子城和罗城。子城在蜀冈上，是衙门所在地。子城的南面就是蜀冈南缘，西面到观音山，东面到铁佛寺，北面在江家山坎至西河湾一线。罗城在蜀冈下，是居民生活区和商业贸易区。罗城的北面即子城南缘，南面到城南运河。东西两面的情况比较复杂，有的已经探明，有的尚未知晓。尽管在抗日战争前，刘师培、罗振玉等人就曾收集和考证过扬州出土的唐人墓志，但在唐代扬州城遗址上进行实地踏访的学者，安藤更生却是第一人。

安藤更生又是一位国际公认的鉴真研究专家。他对中国的美学史、书法史、考古学、佛教史均有精到的研究，尤其对鉴真研究用力最勤，成果斐然。他的代表作有《鉴真》(美术出版社1958年发行，后吉川弘文馆2001年二次发行)、《鉴真大和尚传之研究》(平凡社1960年发行)，还有与龟井胜一郎合编的《鉴真和尚——圆寂一二〇〇年纪念》(春秋社1963年发行)。

1963年，为纪念鉴真逝世1200周年，中日两国在北京、扬州、奈良各举行了盛大的纪念集会。以金刚秀一法师为首的日本佛教代表团和以安藤更生博士为首的日本文化界代表团，专程来华参加纪念活动。安藤更生终于又来到了他阔别多年的扬州。作为日本文化界访华代表团团长的安藤更生，在当年10月15号于扬州大明寺举行的鉴真纪念堂奠基典礼上发表了如下热情洋溢的讲话：

① 安藤更生曾在《中和月刊》1942年第1期上发表了《扬州大明寺与栖灵寺之关系》，据此推断，安藤更生应于1942年年初之前来过扬州。

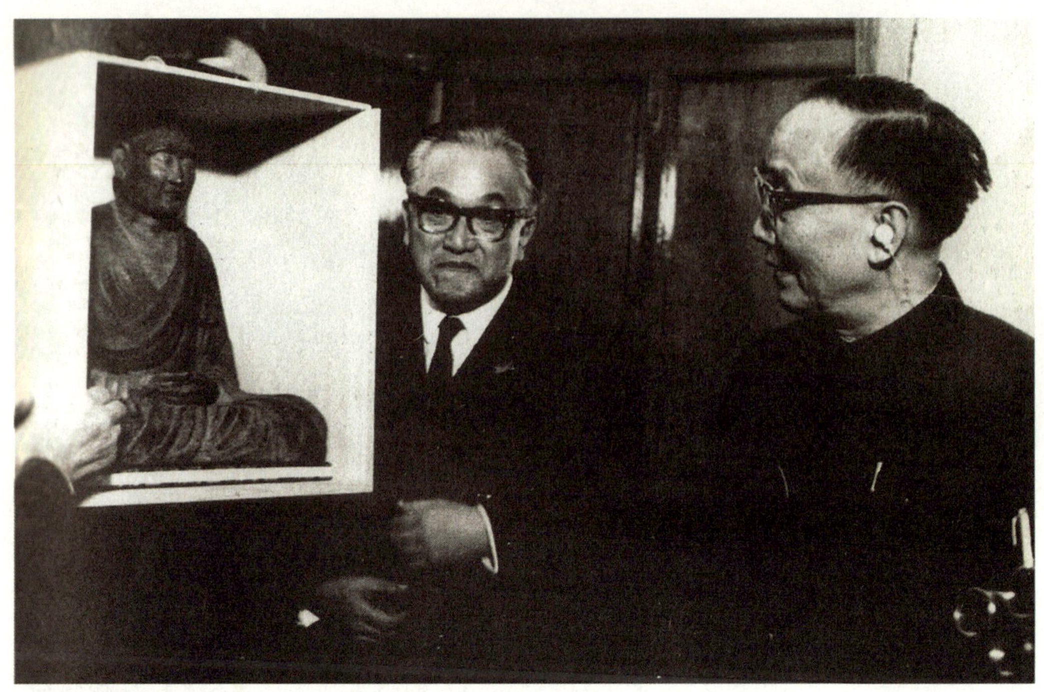
安藤更生与郭沫若

日本的人民是不会忘记鉴真的恩惠的。在日本的奈良时代，许多的大寺是屋脊并列的；但是今天，在那些古寺之中，保留着创建时期的金堂原状的，只有鉴真所建的唐招提寺。在奈良时代，曾有许多的僧侣；但是今天，能够使人相信真正传下了其人的风貌的，只有安置在唐招提寺的鉴真和尚的肖像而已。和尚的像，是作为日本的国宝而珍重保存和被人们礼拜着的。这件事实，表明了日本人在长期之间是如何地不忘鉴真和尚的恩惠和爱护他的。

俄罗斯汉学家李福清

2012 年 10 月 3 日，杰出的俄罗斯汉学家李福清（Борис Львович Рифтин）溘然去世，扬州评话失去了一个不可多得的外国朋友。

李福清（1932—2012）出生于列宁格勒，即今圣彼得堡。1950 年进列宁格勒大学东方系学习中文。1953 和 1954 年去中亚学习甘肃话、陕西话，并搜集中国民间文学

李福清

资料。1955 年到莫斯科苏联科学院(今俄罗斯联邦科学院)世界文学研究所工作,专事中国通俗文学研究。1965 至 1966 年在北京大学进修。1987 年当选为科学院通讯院士。1992 年应台湾清华大学中文系邀请,在台湾作《三国演义》研究和中国民间文学研究,同时主持研究台湾的少数民族民间文学。2000 年,李福清发表了长篇论文《〈聊斋志异〉在俄国——阿列克谢耶夫与〈聊斋志异〉的翻译和研究》,带着它出席了 2001 年在山东淄博举行的国际第二届聊斋学讨论会,引起与会者很大兴趣,会议出版的论文集以超长的篇幅刊载了这篇论文。

关于中国说书,欧洲人研究的历史并不长。20 世纪 60 年代,有一位捷克著名的汉学家普实克院士曾经研究过中国说书,认为中国说书人继承了宋元口头文学传统,他们的说书都出于师承而无文学底本,后来是文人根据说书人讲的故事整理成了小说。但他的学生另持一说,认为中国说书人是以章回小说作为底本,然后改编和敷衍成口头说书的。到底先有说书，还是先有小说，就成了“先有鸡还是先有蛋”那样的争论不休的问题。李福清注意到，说书人与文学之间的关系是复杂的。他举例说，扬州评话《西游记》的来历，是因为戴善章当掉母亲的一条裙子，得了四吊钱，买来一部《西游记》，然后根据这本书改变为书词，故他的评话称为“裙子西游记”。显然，扬州评话《西游记》来源于已经出版的章回小说。

对于先有说书还是先有小说的问题，李福清认为争论双方都未作具体的研究。他在《三国演义与民间文学传统》中文版自序中说，要解决究竟先有说书还是先有小说的问题，一定要找到当代中国说书人讲述的《三国》话本记录，再与《三国演义》比较，才能下结论。他说：“恰好那时老友陈毓罴先生寄来了《雨花》杂志发表的扬州著名说书家康重华先生讲的《三国 · 看病》（即诸葛亮探望周瑜的病）的记录。”这就促成了他对《三国》评话的研究，乃至后来成了他的博士论文。

李福清在《我的汉学生涯五十年》中，详细谈到欧洲汉学界的这场争论。他说他如果也参加这场争论的话，他将做一个具体的研究，就是“找到三个说书的，一个是扬州的，一个是苏州的，一个是上海的。他们三个人都讲一个故事——《三国演义》中的《看病》，也就是诸葛亮来看周瑜的病”。李福清说，这个情节在《三国演义》现代版本中不到一页，我把这个分解成动作，大概有 24 个动作。但是一看讲扬州评话的康重华，他的那个《看病》，同样的看病，用了 106 个动作。为什么呢？因为比如罗贯中只写诸葛亮来了入幕，“幕”就是帐幕，康重华描写这个可能就用了五分钟。譬如，诸葛亮来到周瑜的帐幕，他就想要不要进去，后来他就想要不要先跨出一只脚，先跨左脚还是先跨右脚，也就是把一个动作分成好多小的动作。“这不只是他的特点，这是说书的特点，其他的民族也是这样。说故事的人经常是把一个动作分成好多小的动作，所以我对这个进行研究。”李福清看到，尽管扬州说书人对原著有很多加工，但是基本情节还是按照《三国演义》来讲的。“我还可以证明，他们用的是什么版本，这个很有意思，因为《三国演义》有明朝的版本，也有清初的版本。17 世纪有一个姓毛的毛宗岗，把《三国演义》修改了。他修改的时候，在诸葛亮看病的末了加了一句话，写邀请医生，明代的版本里都没有这一句话。但是每个说书的都有，特别是康重华，他描写了邀请医生，差不多花了半个小时，这证明他用的毛宗岗的版本。现在世界上卖的

《三国演义》都是毛宗岗的，所以这个问题解决了。”

当然，就中国的评话而言，内容也实在丰富。李福清说，他本来打算研究以《三国》为题材的各种民间作品，但因为各种《三国》题材的作品太多，一个人穷其一生精力也研究不完，所以他才决定“只限于研究书面上的民间作品，如《三国志平话》及现代的说书，包括北京的评书，扬州的评话，还有苏州的评弹及民间传说”。

扬州评话在长期的艺术实践中，形成了王派《水浒》和康派《三国》两个重要流派，如双峰并峙，比翼齐飞。李福清对《水浒》的研究，虽然不如对《三国》的研究花的精力多，但同样很感兴趣。他在《三国演义与民间文学传统》中文版自序中说到，他与研究扬州评话的易德波女士有共同的爱好：“1996 年挪威奥斯陆大学易德波教授出版了英文写的《扬州评话探讨》一书。她以扬州评话《水浒》为例，研究许多与我同类的问题，同时分析许多我没有注意的评话特点。易德波教授的书与拙著评话研究部分，可以说是大体一致的。”

第三章

扬州对外交往的重要文物和遗迹

第一节 文 物

任何国家和民族的文化，都不是孤立发展的，都是吸收了邻近国家和民族的文化，作为自己文化发展借鉴的。中华文化也是如此。中国特别和东西方几个文明发达最早的民族和国家直接、间接的长期往还，彼此间的文化交流相互促进影响面之广泛，往往出乎人们的意料。考古资料不可能很全面，但把了解到的各个遗迹辑录起来，也可以看到中外文化交流从遥远的古代到中古时期日益向纵深发展的许多事例。下列文物，成为扬州对外交往史的重要证据。

饰有阿拉伯文的唐代扁瓷壶

1980年秋，扬州博物馆考古组在郊区城北乡东风砖瓦厂萧家山工地清理第九号汉墓时，发现一座叠压在该墓上的唐代木棺残墓。墓内有4件随葬遗物，其中有一件青釉绿彩背水瓷壶，造型十分别致。该壶呈扁体形，直颈，唇口，通高17厘米，口径6厘米，腹径正背面各为13厘米，侧面9厘米，底径9.7厘米。壶的上下两侧各置双系，便于穿绳背带，侧面中心有垂直线条。壶的正面是一组阿拉伯文，背面饰云气纹，两面皆施绿釉彩绘。经

唐长沙窑青釉绿彩阿拉伯文扁壶
（市文物局提供）

专家鉴定，壶正面阿拉伯文字乃是“真主最伟大”(旧译“大哉真主”)的意思。

专家从其胎质和纹饰认证，此壶为唐代长沙铜官窑产品，烧制年代当为中晚唐时期。其时伊斯兰教在中国已有较为广泛的传播，广州、泉州、洪州(今江西南昌)以及扬州诸地已有阿拉伯人在此活动和生活，阿拉伯文背水壶当是他们遗留的生活用具。此壶的出土为中国和阿拉伯半岛人民之间文化交往和扬州海外交通史提供了实物例证。此壶已被定为国家一级文物，现藏于扬州博物馆内。

唐西亚绿釉双耳陶壶(市文物局提供)

唐代西亚绿釉双耳陶壶

此物为唐时器物，系 1965 年在扬州渡江桥南扬州汽车修配厂工地出土，被定为一级文物，现藏于扬州博物馆。陶壶壶高 38 厘米，口径 9 厘米，底径 10 厘米。唇口，外形高颈宽肩，肩与颈部连接着对称双系。鼓腹，腹下渐收，饼形足，底心内凹。上部下方至肩置条形对称双耳。内外壁均施绿色釉。近底部有底釉，底足微露土黄色胎。通件饰弦纹和水波纹。此器造型硕大，具有鲜明的唐代伊斯兰地区异域风格，是研究中西交通史的重要实物资料。

唐代白瓷皮囊壶

1990 年至 1991 年期间，扬州城考古队配合扬州市总工会大楼基建，发掘了一座唐代建筑基址，从中出土了一件白瓷皮囊壶和许多绿釉、蓝釉波斯陶片。该皮囊壶器身上扁下圆，顶有弓形提梁，靠近提梁的一端开管状竖直口，下有圈足。在扁腹的两侧，横穿提梁模印有仿披于马背的“障泥”中的网络纹饰，并于器身两侧和管状口的底部模印有仿皮条缝合状的凸棱。壶为灰胎，外施牙白釉。从胎质和釉色看，与河南巩县窑的产品极为类似。

唐代瓷质皮囊壶发现甚少，且器形残缺。英国维多利亚·阿伯特博物馆收藏有一件白釉施褐彩的皮囊壶，与扬州出土的这一件器形相同。它们最明显的特征在于器身都饰有仿照原型皮囊缝合的皮条状凸棱或线脚。皮囊，是西方游牧民族用皮革剪裁缝合的一种容器，千里牧马，用皮囊装水或酒，随身携带，不易摔破或碎裂。当年玄奘去天竺取经求法时，就备有这种皮囊。在长安通往西亚的丝绸之路上，皮囊也是商队长途跋涉的必备之具。因此比照西方游牧民族使用的皮囊原形，由汉族工人烧制的瓷质皮囊壶，很可能是活跃在丝绸之路上的胡商所定烧，也可能是以胡商为销售对象的定向性产品。这件瓷质皮囊壶在扬州的出土，无疑为丝绸之路东渐的史实提供了实物佐征。

唐代白瓷皮囊壶（市文物局提供）

唐代跪姿骆驼俑

1977年5月，扬州考古工作人员于扬州郊区城东乡林庄发现一座唐代砖室墓葬。此墓虽早经盗掘，但仍然清理出土了一批彩绘陶人俑，还有动物俑如牛俑、马俑、骆驼俑等，经修复成形者达60余件。其中有一尊硕大的骆驼俑，造型准确生动，为人们所瞩目。该驼俑出土时，曾破碎成几大块，经扬州博物馆

唐代跪姿骆驼俑（市文物局提供）

修复组精心修理，依据“修旧如旧”原则恢复原样，现藏扬州博物馆。

该驼俑为灰陶质地、实心体陶俑，通高52厘米，身长72厘米，头小，颈长，躯体大，毛灰褐色，四肢较短。其四蹄跪卧于地，引颈昂首，张口露齿，双目圆睁，嘴巴上下颚交错，似在咀嚼食物。骆驼的头、颈项、驼峰和腿部肌肉等处塑有厚厚的驼毛，极富实感，看上去应是一头中亚细亚（泛指亚洲中部，今之新疆、内蒙古、蒙古以及土库曼斯坦、乌兹别克斯坦、吉尔吉斯斯坦、塔吉克斯坦和哈萨克斯坦等地的总称）的双峰驼。

这只骆驼的双峰上，背驮装满物品的皮囊，制作十分讲究，容量也大，内中所驮货物可能是肉食、泉水，或许还有壶罐、丝帛、钱币等物，不得不让人想起丝绸之路上，从汉唐两京（长安和洛阳）通过河西走廊而达中亚和西亚（波斯、阿拉伯）行走的驼队。它可能是刚刚西去的驼队中的一员，也可能向东而来运载着香料、药材和珠宝。虽然我们不得而知它是如何来到扬州的，但是这只负重欲起的驼俑以其体形硕大和不多见的跪姿形象，为扬州作为陆上丝绸之路和海上丝绸之路的连接点这一论断又增添了一件实物例证。

元代至元年间伊利翁尼家族墓碑

1951年，江苏扬州市在拆毁古城墙修筑道路时，在拆下来的墙砖里发现了两块元代拉丁文墓碑。消息一经传出，立即引起中外研究者的极大兴趣和高度重视。在古代中欧交流史方面，文献和实物资料都很匮乏，而这两块被古人当作建筑材料的墓碑的发现，从弥补古代中西关系史实证材料的空白点方面来说，是弥足珍贵的。

这两块墓碑中第一方较为完整，高59.7cm，宽37.5cm，四周雕刻花纹，图案为中国传统特色，但整体（特别是上端）体现出欧洲的穹顶风格。石碑主题上部刻画的是欧洲宗教体裁常见的“末日审判图”，下部阴刻拉丁文六行：“以主的名义，阿门。在这里长眠着安东尼，他是名叫多米尼克·德·伊利奥尼先生的儿子，他死于1344年11月。”第二方石碑有破损，残高58cm，宽48.8cm，四周雕刻花纹，图案为中国传统的兰花，二方连续。石碑主题上部刻画“圣凯瑟琳殉教图”，下部刻拉丁文五行:“以主的名义,阿门。在这里埋葬着凯瑟琳,她是名叫多米尼克·德·伊利奥尼先生的女儿,她死于 1342 年 6 月。”根据意大利方面的资料,伊利奥尼家族是热那亚的商人,多米尼克·德·伊利奥尼来到中国经商,全家定居扬州。伊利奥尼为圣法兰西斯派信徒,因此扬州的基督教堂(大约也属于法兰西斯派)成为远离故乡的热那亚商人一家唯一的精神寄托场所①。

元代伊利翁尼家族墓碑(市文物局提供)

元延祐四年也里世八墓碑

1981 年,在扬州扫垢山南端曾发现一方景教墓碑。这是扬州发现的唯一一件景教徒墓碑。该碑用古突厥语和汉文对照刻写,为农民挖土时发现。调查时未见墓穴迹象和其他遗物。该碑通高 29.8 厘米、宽 25.8 厘米、厚 4 厘米,系青石制成。该碑下段右侧存三行汉文:“岁次丁巳延祐四年三月初九日三十三岁身故五月十六日明吉大都忻都妻也里世八之墓。”现存于扬州博物馆②。据耿世民先生的研究,所谓的“元延

元代也里世八墓志(市文物局提供)

① 参见夏鼐:《扬州拉丁文墓碑和广西威尼斯银币》,《考古》1979 年第 6 期。

② 王勤金:《元延祐四年也里世八墓碑考释》,《考古》1989 年第 6 期。

祐四年也里世八墓碑”,实际上是元仁宗早期大都留守萨木沙之妻也里世八(伊丽萨白)夫人的墓碑[①]。这块墓碑在扬州的被发现,对于了解元代我国东南地区的中外文化交流、当地的民族和民族文化融合状况具有重大意义。

① 耿世民:《古代突厥语扬州景教碑研究》,《民族语文》2003 年第 3 期。

第二节　遗址遗迹

文化遗产是不可再生的珍贵资源。保护历史文化遗产,保持民族文化的传承,是连接民族情感纽带、增进民族团结和维护国家统一及社会稳定的重要文化基础,也是维护世界文化多样性和创造性,促进人类共同发展的前提。在回顾扬州的对外交往史的时候,以下遗迹显得弥足珍贵。

仙鹤寺

仙鹤寺位于今扬州汶河路东,文化宫广场南侧的南门街 111 号,是一座始建于南宋年间的古寺,又名礼拜寺。它是江苏省内历史最为悠久的伊斯兰教清真寺,迄今已有 740 多年。它与广州光塔寺(怀圣寺)、泉州麒麟寺、杭州凤凰寺同为名闻全国的沿海四大伊斯兰教名寺。

据明盛仪编纂的《嘉靖维扬志》记载:"礼拜寺,在府东太平桥北(扬州南门街)。宋德祐元年(1275),西域补好丁游方至此创建。"仙鹤寺建于南宋度宗咸淳年间(1265—1274),创建者为穆罕默德第 16 世裔孙阿拉伯圣人普哈丁(即补好丁)。他在宋咸淳年间来扬州传教,前后在扬州生活了 10 年,在此期间他创建了仙鹤寺。此时正是宋元战争最为激烈的时期,李庭芝和姜才的扬州保卫战刚刚开始,建造仙鹤寺的艰辛可想而知。但由此也可以得知,如果说唐代是伊斯兰教在中国的初传时期,中国扬州的穆斯林大都是客籍的阿拉伯人和伊朗人,然而随着扬州仙鹤寺的建造,足可以证明最迟在宋代,扬州已有一定数量的定居的穆斯林人了。此后仙鹤寺毁败,明洪武

仙鹤寺(陈建新摄)

二十三年(1390)哈三重建。嘉靖二年(1523),商人马宗道与寺住持哈铭重修。从此,仙鹤寺成为扬州穆斯林举行宗教活动的重要场所,受到历代政府的保护。1982 年扬州市政府又对整个寺院进行一次修建,气象随之一新。

仙鹤寺是一座融伊斯兰教文化和江南扬州地方建筑风格于一体的建筑物。这座清真寺的建筑造型,颇似中国明清时期的传统建筑风格。之所以得名,是因为仙鹤寺的布局很像一只吉祥的仙鹤。大门对面的照壁墙为鹤嘴,寺门为鹤头,南北对称的双井为双眼,寺门至大殿的甬道为鹤颈,寺内主要建筑为宽五间、进深三间能容 500 人礼拜的大殿,是为鹤身,南北两厅为鹤翅,院中两棵柏树为鹤腿,大殿后临河的一片竹林为鹤尾。仙鹤寺殿宇布局主次分明,对称协调,花木山石的点缀与古朴高大的一株宋代银杏相映衬,更使寺院显得静穆庄严。刻有阿拉伯经文的照壁和大殿西面正中(朝向圣地麦加)设立有圣龛,圣龛全部用木板浮雕阿拉伯文字的《古兰经》经文作图案,图案分层次排列,围绕中央凹进的拱形圣龛,木板施以红漆,阿拉伯文为涂金,使大殿充溢着浓郁的伊斯兰教的氛围。因此,扬州仙鹤寺不但是中国和阿拉伯友好交往的一个例证,也是中阿人民历史友谊的最好见证。

仙鹤寺于 1962 年被定为市级文物保护单位。1979 年仙鹤寺经省政府批准,成为重点开放场所,并多次接待过来自阿拉伯和东南亚伊斯兰教各国的外宾和政要。现为扬州市伊斯兰教徒主要的活动场所,除正常的礼拜外,每逢伊斯兰教的重要活动和节日,如盖德尔夜、圣纪、开斋节、宰牲节等,均有众多穆斯林前往寺中参加庆典活动。此处也是扬州市伊斯兰教协会的办公地点。

普哈丁墓园

普哈丁墓园位于今广陵区文昌中路 167 号,市区解放桥南侧、古运河东岸的土冈上,俗称“巴巴窑”(巴巴是对有德望的穆斯林的尊称),又称“回回堂”。占地面积 15600 平方米,由古清真寺、古墓园、古典园林三部分组成。始建于南宋德祐元年(1275),是当时的扬州穆斯林为纪念穆罕默德 16 世裔孙普哈丁所建。明永乐皇帝视墓园为国宝,下诏予以保护。清政府也对墓亭进行了多次修建,墓亭壁上还嵌有光绪三十四年(1908)重修墓园时建立的“先贤历史记略碑”,碑文用汉字镌刻,简要记叙了普哈丁在我国传教的情况。园内阿拉伯式和中国民族式建筑融为一体,为伊斯兰文化中国化研究提供了一个生动的实物例证。

普哈丁墓园面对古运河,西向依冈而筑,表示不忘西域故土。拱形门上有“西域先贤普哈丁之墓”石额。入门向右有一拱门,内有一座清真寺,建于清代。直对大门是石阶甬道,石阶两旁有老百姓喜闻乐见的浮雕石栏,雕着狮子戏球、鲤鱼跳龙门、三羊开泰等吉祥图案,渗透出浓厚的中国传统文化氛围。台阶到顶即达墓区门厅,门厅上方嵌有“天方矩矱”石额,意为来自阿拉伯的楷模。门厅面东有一阿文石额,意为“这一类人在真主面前是高贵的”。过门厅是一幽静院落,院中有一株近 700 年的古银杏树,虽已被雷劈成两半,仍然枝繁叶茂,浓荫覆盖。院内南北侧各有门亭,北门亭内东壁上嵌有清光绪三十四年(1908)“先贤历史纪略碑”,记有普哈丁生平事略。过北门厅即为墓地。首为法纳墓亭,再向北数步,即至普哈丁墓亭。墓亭平面呈正方

普哈丁墓园(陈建新摄)

形,四角攒尖式筒瓦顶,墓亭四面均有拱门可入内,墓室为伊斯兰构筑法式。普哈丁墓葬位于墓室中央地下,上有5层矩形层叠式青石墓塔,每层塔石上雕有牡丹、缠枝草和如意形花纹。在第三层塔石上,阳刻有阿拉伯文《古兰经》的一些章节。墓顶为砖砌穹窿顶,阿文称其为“拱拜尔”,正中悬一阿拉伯文书写的木质方匾,意为“万物非主,唯有真主;穆罕默德,主的钦差”。

普哈丁墓的东南侧,有南宋景炎三年(1278年)在我国归真的西域先贤撒敢达墓,西南侧有明朝时在我国归真的西域先贤马哈谟德、展马陆丁的墓亭,墓区西面的院落和南门亭以南的院落,散布着明清以来中国伊斯兰教的阿訇和虔诚穆斯林的墓葬,共29座,他们以靠近先贤墓为荣,其中有清代回族爱国将领、民族英雄左宝贵的衣冠墓。

新中国成立后,特别是改革开放以来,在扬州市委、市政府的支持下,扬州市伊斯兰教协会数次组织对普哈丁墓园进行整修。2002年6月,普哈丁墓园被批准为扬州市爱国主义教育基地,每年接待数万名游客和社会各界人士。国内来自陕西、甘肃、青海、宁夏等地的许多穆斯林群众常有自发组织前来扫墓敬贤,伊朗、伊拉克、科威特、沙特阿拉伯、巴林、卡塔尔、阿拉伯联合酋长国、阿曼、巴基斯坦、巴勒斯坦、约旦、也门、阿富汗、毛里塔尼亚、孟加拉、日本、美国等国的伊斯兰教人士和国际友人也常来瞻仰先贤。2005年,普哈丁墓园被国务院公布为全国重点文物保护单位。

马监巷清真寺

马监巷清真寺位于广陵区东关街南侧马监巷(曾名马家巷)34 号。始建于清康熙五十三年(1714),系由伊斯兰教二贤古都白丁第 24 世裔孙古元秉创建。原有门厅、牌坊、礼拜殿、照厅、水房、厢房、宿舍等寺房数十间。1912 至 1949 年间,寺内附设回民丧葬厅、北平《震宗报》扬州二分社、伊斯兰报室。1932 年,中国回教协会成员刘彬如和花汝舟曾在此成立中国回教经书编译所,翻译《古兰经》。1933 年,创办回民文化传习所。1947 年至 1949 年,回民青年会在寺内开办生生小学。1958 年以后,寺房先后被标牌厂、麻袋厂、制刷厂占用,拆改严重。现存门房、礼拜殿及宿舍等建筑,占地面积 713 平方米,建筑面积 310 平方米。传寺内原有怀清井,民间称七奶奶井,为明末清初七烈女入寺避难殉节处,井旁墙壁上嵌有记载七烈女事迹的石碑。井已被填。该寺现为市级文物保护单位,今由市伊斯兰教协会和居民使用。

马监巷清真寺旧址(陈建新摄)

“扬州教案”旧址

扬州教案旧址位于今文昌中路南侧皮市街 147—149 号大院，大门东向，占地约 800 平方米，建筑面积 476.86 平方米，为扬州本地建筑风格。南楼为礼拜堂，砖木结构、硬山顶，面阔 4 间 12.7 米，进深 7.16 米。前有走廊，廊深 2.16 米。朝东山墙上辟拱形大门，门上嵌“耶苏堂”匾。北楼原为传教讲练所和传教士住所，砖木结构，硬山顶，面阔 5 间 15 米，进深 8 米。面南有走廊，廊深 1.6 米。两楼间距 15 米，中为院落。院内曾建有一座小礼拜堂。南北两面各有侧门通南北楼。为英国传教士戴德生于清同治七年(1868)所创办的“中国内地会”布道教堂，亦是当年“扬州教案”的发生地。

1912 至 1949 年间，该处一直是内地会教堂。抗日战争期间，教堂被日本人占用，小礼拜堂因失火被焚毁。新中国成立后，1950 年该处被政府接管，成为扬州师范学校(后改为市五中)宿舍，分别租给 10 多户居民居住。1990 年落实宗教政策，产权转给市基督教三自爱国会，继续由房产局安排的 12 户居民居住。现存两幢南向二层楼

扬州教案旧址(陈建新摄)

房及水井一口，前楼面阔三间，后楼面阔五间，楼房基本保持原样，两楼间的教堂原址已改建为平房。原大门仍在，门前石碑已不存，另在两楼前东墙开了便门。现为扬州市文物保护单位，教会教产。皮市街于新世纪初经过拓宽，遗址围墙面临街面，由于房屋年久失修，屋顶多处倒塌，已成危房，亟待修缮。

基督教礼拜堂

基督教礼拜堂位于萃园路2号。旧称贤良街礼拜堂，属基督教浸礼会教派，1923年由美籍传教士毕尔士创建。砖木结构，十字形屋顶，鱼鳞瓦屋面，占地面积880平方米，建筑面积约1038平方米，是一座集主日学校与大礼拜聚会为一体的教堂。教堂坐北朝南，礼拜堂中间是基督教徒做礼拜用的无柱敞厅（即礼堂）。两侧是供主日圣经学校作教室用的20余间厢房，各有活动隔间。拉开隔间连通礼堂，共可容纳千余人。抗战期间被日军强占，改作电影院、咖啡馆。1946年由教会收回。整座教堂

基督教礼拜堂（陈建新摄）

保存完好，1981年批准开放。1982年、1985年又加以维修，使其整旧如新，今由市基督教会管理、使用，是扬州市基督教“两会”办公、培训所在地。为扬州市文物保护单位。

扬州圣母院

扬州圣母院位于广陵区南通东路152号。清光绪十四年(1888)，由法国天主教拯亡会设立，内附育婴堂。1935年，该会修女抵达扬州，选定此处为扬州圣母院。次年新筑院舍落成，内设女子中学和一座名为“博爱”的医疗诊所。当时，天主教上海教区主教惠济良曾来扬主持祝圣典礼。1951年为反对罗马教会干涉中国内政，开始“三自运动”，扬州民众收回教会主权，圣母院法籍院长戴德和匈牙利籍辅理修士戴文彬自动离境。该处现改为招待所和饭店。

扬州圣心堂

扬州天主教耶稣圣心堂位于北河下25号，为现在仅存的扬州天主教堂。因地处缺口城门附近，故俗称缺口天主堂。此堂1873年由负责上海徐家汇天文台工作的法国籍耶稣会神甫刘德跃购地动工建造，1875年初步竣工。1876年1月1日由郎怀仁主教祝圣，以后又多次继续修建，于1900年全部建成。这是一座有着中世纪哥特式建筑风格的教堂，但大门前有照壁，大门门楼为水磨砖刻门楼，门楼上方正中嵌“天主堂”三字石额，故又具有浓郁的扬州地方民居风格。

教堂坐西朝东，门三扇，门上方山墙上有三扇圆形彩色玻璃装配的窗户，中间直径为1.5米，两侧各为1米。教堂两侧共有10扇矢形窗，均用红、黄、蓝三色玻璃装配。教堂屋脊高10.05米，屋尖竖铜质十字架，重80公斤。两侧有钟楼二座，高16.65米。教堂面积357平方米。教堂西面山墙上部有一直径1.2米圆形窗，用彩色有机玻璃镶嵌成十字架图案，教堂内部祭台、雕花圣体栏杆、神功架和跪凳等木器一应俱全。教堂西端中央设大祭台一座，中间供奉耶稣圣心像一尊，左边是圣伯多禄像，右边是圣保禄像，南侧供奉圣若瑟像。教堂门内两侧钟楼下各设一神功架，外装撕开门，颇

圣心堂(陈建新摄)

具特色。墙上悬挂 14 幅苦路油画像。教堂内有 10 根红漆柱及哥特式建筑梁架,每根漆柱下以白矾为柱础。教堂南面有神甫楼一幢,现作扬州市天主教协会办公楼,另有宿舍、仓库等。天主堂现占地面积 2080 平方米,建筑面积 1302 平方米。

扬州天主教耶稣圣心堂过去一直是扬州以及苏北地区较为有名的教堂,在省内外和国内外都有一定的影响。1966 年,“文化大革命”开始,扬州耶稣圣心堂为工厂占用,钟楼及十字架被拆,内部祭台被毁。1985 年扬州市政府决定将此堂退还给天主堂教会,经重新修葺一新后对外开放,现为扬州市天主教协会唯一的活动场所。1995 年 4 月,被列为省级文物保护单位。

神在堂

神在堂位于广陵区盐阜路 1 号原扬州大学盐阜路校区内,门牌号码为大草巷 46

神在堂(陈建新摄)

号。整个建筑为尖顶、阳台、百叶窗，明显的西洋风格。小楼总共两层，正面朝东，有三个青砖方柱，四级水泥台阶。从正面看去，楼上下各为三间。

神在堂原为教堂，后来也是扬州近代教育史上著名的教会学校——美汉中学的所在地。

神在堂建于 1924 年，可容纳 600 人聚会礼拜，但因年久失修被列为危房。2010 年扬州市政府拨款进行抢救性修复，2011 年 8 月竣工，当年 11 月，神在堂被列为扬州市历史建筑。2012 年，又将其列入第五批文保单位推荐名单。

慕究理女子学堂

慕究理女学堂位于广陵区南通西路 58 号育才小学内。始创于清光绪十四年(1888)，由美国南方基督教浸礼会国外传道部(简称西差会)女传教士焦力·慕究理创立，为扬州较早创办的现代教会学校。初称真理女学堂，光绪三十三年改为慕究理女学堂。民国后改为慕究理女子学校，1918 年改称江都私立慕究理小学，抗战爆发次年又改为扬州浸会慕究理学校，一度成为扬州难民临时收容所。1941 年，校舍被日军占据而停办。抗战胜利后恢复办学，小学部定名为私立慕究理第一小学。1951 年 4 月，学校改为公办，定名为苏北育才小学。现存建筑两座，西侧为平房，东侧为二层楼房。楼房曾被命名为“慕究理楼”，现称仁爱楼。坐北朝南，工字形布局，青砖墙体，平瓦屋面，双坡顶，西式建筑风格。面阔 44.40 米，主体部分进深 14.10 米。楼四面开门，正门面北。一层窗为圆券顶，二层窗为平券顶。屋顶开老虎窗，室内置壁炉。平房面阔 26.70 米，进深 14.70 米。现为扬州市历史建筑，由育才小学使用。

慕究理女子学堂旧址（陈建新摄）

震旦中学礼堂

震旦中学礼堂位于广陵区广陵路 56 号。学校创办于 1920 年,由天主教法国耶苏会神甫山宗机创设,初称圣约翰伯尔各满公学,后称扬州震旦大学预科。1931 年改称私立震旦大学附属扬州震旦中学,1949 年 7 月停办。现存建筑为原学校礼堂,占地面积 1583 平方米,底层建筑面积 541 平方米。建筑为西方 19 世纪至 20 世纪上半叶流行的建筑风格,坐北朝南,平面呈长方形,砖混结构,面阔 8 间 46.8 米,进深 11 米,高三层,四坡顶,红瓦屋面。楼南侧置门廊。今由扬州军分区作办公用房,为市级文物保护单位。

美汉中学校长楼

美汉中学校长楼位于广陵区盐阜路 1 号原扬州大学盐阜路校区内。楼房建于 1912 至 1949 年间。美汉中学由美国圣公会传教士韩忭明创办于清光绪三十四年(1908),旧址在左卫街(今广陵路),后于宣统二年(1910)迁至现址。因美国海军大将美翰捐款建造,取名美翰书院,后易名美翰中学。1912 年,为体现中美友好,又改名美汉中学。美汉中学是上海圣约翰大学的附中,所以它的毕业生可以直升圣约翰大学。美汉中学设国文、英文两科,正式将现代英语教育引进古城。抗日战争期间,学校成为日军关押美平民的集中营。1949 年与信成中学合并为群力中学。校长楼分为美方校长楼和中方校长楼。

美方校长楼为美汉中学美方校长陆威廉办公楼。高二层,坐西朝东,西式风格,砖混结构,青砖墙体,红平瓦双坡屋面。面阔 3 间 12 米,进深 9.8 米,占地面积 127 平方米,建筑面积 250 平方米。大门东向,带门廊。窗户有平拱、圆拱和尖拱三种形式。室内设壁炉。

中方校长楼为美汉中学中方副校长张彭瑜的办公楼。楼高二层,坐北朝南,建筑风格趋向中式,砖混结构,青砖墙体,红平瓦四坡顶屋面。面阔 3 间 12.30 米,进深 8.6 米。占地面积 127 平方米。大门南向,带门廊。窗户为平拱形,内置百叶窗。该楼曾长期用作学校医务室。

美汉中学校长楼现为扬州市历史建筑,由扬州基督教三自爱国会管理、使用。

美汉中学美方校长楼（陈建新摄）

美汉中学中方校长楼（陈建新摄）

浸会医院旧址

浸会医院旧址位于广陵区南通西路 98 号苏北人民医院内。浸会医院创办于清光绪二十六年(1900),由美国南方基督教浸礼会国外传道部(简称西差会)委派伊文思医师来扬主持建设,既行医布道,亦作传教士疗养所。民国 2 年(1913)伊文思回国,由安德生医师来扬主持医院工作。次年安德生回国,郃尔医师来扬接管医院工作。1922 年,在今南通西路兴建新医院,郃尔医师主持拆除旧房、兴建新院舍。医院主建筑系采用美国约翰·霍普金斯医院的图纸建造,因外形酷似飞机故俗称“飞机楼”。其特点是每个病房在一天之中都有照到日光之时,尤其是两翼伸出的大病房,可全天照到阳光。后又建医师宿舍楼、护士楼各 1 幢,职工宿舍楼 2 幢。抗日战争爆发不久,扬州沦陷,医院被辟为临时难民收容所。1941 年,医院被日军强占,抗战胜利后,西差会派牧师施坦士牧师从日本人手中收回,恢复医院业务。1953 年改为苏北人民医院至今。

浸会医院的西式楼(陈建新摄)

苏北医院建院后,已将浸会医院部分楼房拆除,原有建筑尚存三幢二层西式楼,分别为院办公室、院总务处、基建处。一幢位于今医院西侧花园内,坐北朝南,主楼面阔三间,东西各接平房一间,通面阔 21.96 米,进深 9.70 米。另两幢位于今医院食堂西侧,坐北朝南,面阔三间 12.25 米,进深 8.26 米,前置砖柱门廊。保存基本良好。现为市级文物保护单位。

波斯庄

波斯庄原名榉树阁,在江都市大桥镇(原属江都县昌松乡,并入大桥镇)境内。早在唐代,扬州以其濒江通海、运河贯通的特殊地理位置,成为当时国际性商业贸易港埠,也是海上“丝绸之路”的重要城市。波斯人经内陆或沿海来这里经商者络绎不绝,留居经商者多达 5000 余人。相传有一位波斯商人在这里结识了一名姓郭的巨商,并与之结下了深厚的友谊。后来这位异国商人与郭结伴,来到郭的家乡榉树阁,住在郭家,从事以物易丝活动,有时他也给当地人医治疾病。由于波斯商人性格豪爽,待人真诚,当地人都非常乐意和他亲近。在朝夕的相处中,波斯商人与郭家一位姑娘结下了亲密的情谊,并与之成婚。

不久,榉树阁东面泰州一带兵匪起事,向扬州方向一路抢掠。大敌当前,沿途百姓纷纷组织乡勇军以自保。住在郭家的波斯商人,因其身体高大,面貌奇特,悍勇强直,被当地百姓拥戴为乡勇军首领。他带领民众,拿起武器,与匪兵进行殊死斗争,在一次激战中被匪兵杀害。为了永远纪念波斯商人的保民之恩,当地人就将榉树阁改名为波斯庄。日久天长,这位波斯商人逐渐成了当地人心目中驱除邪恶、保家安民之神。波斯庄也因此形成了“波斯龙骧祭”的祭祀风俗,一直延续到 20 世纪 60 年代。

多少年过去了,古老的波斯庄被盖上了厚厚的历史烟尘。有关波斯人在这里活动的准确时间目前尚难以考辨,波斯人留下的实物资料还有待发现,但与之相关的文化现象直到今天依然随处可觅。如“波斯龙骧祭”的祭祀形式,许多老人还记忆犹新。一些方言俚语,如“波斯献宝”(形容自我炫耀)等,在这里几乎妇孺皆知。据说波斯商人与郭家姑娘留有后裔。当地就有一位被人称为“波斯老人”的佴玉才,身材高大,两

波斯庄(邱振华摄)

颊胡须浓密,眼睛深凹,鼻梁挺直,1988 年才辞世,享年 99 岁。波斯人的几处墓葬,造型也十分奇特,呈钟鼎状,静卧在红花绿树丛中。富裕起来的波斯庄民众,每年清明都要扶老携幼,为那位可敬的异国商人扫墓,以表达他们对异国友人悠远绵长的情思。

在 20 世纪的 90 年代,当时的昌松乡政府专门拨款修建了"波斯亭",用中阿两种文字题写了亭名。波斯庄引起了中外学者研究的兴趣,英、美学者也来过此村调查研究。2002 年 5 月,中伊友好协会伊朗主席专程来波斯庄进行友好访问。2017 年 10 月,中国国际广播电台记者刘婷、茉莉(伊朗籍)到波斯庄采访,并在国际在线波斯文网和伊朗国内最大报纸发布相关报道,引起伊朗国内媒体及相关专家的极大关注。

2018 年是中伊建交 48 周年,1 月 6 日,中国国际广播电台携手伊朗驻华媒体走访了大桥镇和波斯庄。伊朗伊斯兰共和国大使馆新闻参赞、伊朗伊斯兰通讯社驻中国分社社长,以及伊朗声像组织驻中国总代表、中华网、中国亚非发展交流协会相关人员,实地探访了这里遗留的波斯文化。

第三节 纪念堂

文化需要传承，建筑是人类历史上最具持久性的文化聚敛与传承物之一。为纪念扬州历史上中外友好交往的著名人物，多年来扬州兴建了一些纪念建筑，以缅怀他们的事迹，传承他们的精神。

鉴真纪念堂

1963 年鉴真圆寂 1200 周年，中日双方商定，举行隆重的纪念仪式。中国佛教协会副会长赵朴初和日本佛教首领大谷莹润分别代表两国鉴真纪念委员会，商定于扬州市古大明寺内建造纪念堂。1973 年动工，1974 年竣工。

鉴真纪念堂位于大明寺大雄宝殿东侧。由我国著名建筑学家梁思成参照鉴真在日本的主要遗物唐招提寺金堂设计主体建筑。梁思成接受任务后曾专程赴日，参观奈良唐招提寺和日本其他一些古建筑，回国后，又对唐代庙宇建造风格进行研究，精心设计这座纪念堂。设计方案体现了 1963 年中日两国商定的精神，不仅从意义上，而且建筑物本身也要成为中日友好的象征。

纪念堂分为两组。一组为四松堂构成的清式四合院，南为纪念馆，北为门厅，由游廊周接，天井内有四棵古松，廊悬云板、木鱼，精舍巧建，清幽雅洁。另一组为仿唐式四合院，由纪念碑亭、纪念堂，再由抄手游廊将两建筑周接，园内植佳兰芳卉，其中樱花为 1980 年鉴真大师像回故里探亲时，日本奈良唐招提寺森本孝顺长老所赠。这两组纪念堂一为清式，一为唐式，分之为二，但同处一条中轴线上，又合二为一。

大明寺内鉴真纪念堂(陈建新摄)

纪念碑亦为梁思成设计。碑为汉白玉制成的横卧式碑,周围边框突出,中间阴文镌字。正面为郭沫若题“唐鉴真大和尚纪念碑”,背面刻赵朴初在纪念堂奠基典礼上所写颂词及序。碑形设计在传统基础上创新,具有时代感。底座的花饰采用莲花座作底,莲花座托碑,因莲花独具神圣,“出淤泥而不染,濯清涟而不妖”,中空外直,不枝不蔓,且莲的丝长(思长),象征佛教思想天下众生,所以莲花一直成为佛教的象征。莲花座上有卷叶草为主题的纹样花饰。原来梁思成在设计快完毕时感到“唐”这个字不好体现,陈从周立刻提议用卷叶草为纹饰,因卷叶草是唐朝特有的草,以象征鉴真生活的年代。

正堂完全仿照日本招提寺主体建筑金堂样式,只是型制由七楹变为五楹。金堂是鉴真当年亲自设计,保持了中国盛唐的建筑风格,又糅合了日本当时建筑的特点。现在纪念堂又仿照金堂修建,其用意旨在体现中日文化互相交融。

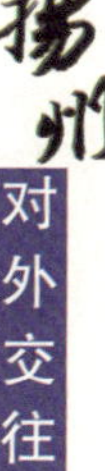

纪念堂坐北朝南，面阔五间，进深四间，四周高大的台基上粗可两人合抱的檐柱，柱为腰鼓状，柱头斗拱三重，线条浑圆飞动。正殿中央坐像为鉴真干漆夹纻像，系扬州市雕塑艺术家刘豫按照日本招提寺“模大和尚之影”的坐像而造。造像结跏趺坐，合闭双目，神态安详而坚毅。东西两侧壁上是鉴真东渡事迹的漆饰布画，分别是西安大雁塔、肇庆七星岩、日本九洲秋妻屋浦和奈良唐招提寺金堂，向人们展示了鉴真生活和经历过的地方。

2013 年，国家宗教局挂牌命名鉴真纪念堂为全国“宗教界爱国主义教育基地”。2016 年 9 月，鉴真纪念堂入选“首批中国 20 世纪建筑遗产”名录。

崔致远纪念馆

崔致远纪念馆位于蜀冈东峰，观音山东侧，扬州唐城遗址博物馆内东北角。该馆占地 18 亩，共 10678.5 平方米，总建筑面积 1955.9 平方米，建筑占地面积 1432.6 平方米。该馆于 2007 年 10 月建成并对外开放，是中国外交部批准在中国设立的第一所外国人纪念馆。

崔致远纪念馆主要由纪念堂、展厅和研究中心三部分组成。纪念堂内正中立有崔致远塑像，作唐代官员打扮，乃是出自扬州工艺大师之手。而“跨越千年的记忆——崔致远与扬州”展厅，则主要展示历史上崔致远在扬州的有关活动场景和他的著作《桂苑笔耕集》及唐代扬州城的模型等历史资料。研究中心主要用于征集、收藏、展示各国专家学者研究崔致远的成果、论著、史料和文物。

崔致远纪念馆是中韩之间、扬州与韩国之间友好往来的重要见证与载体。纪念馆建成后，曾先后接待过韩国前总统全斗焕，前总理姜英勋、李寿成、李洪久，以及韩国国会议员、前驻华大使、驻上海总领事等韩国政要，还有众多韩国经济、文化团体和著名人士。从 2007 年开始，以崔致远为纽带，每年 10 月 15 日在此定期举办“中韩文化交流节”和“韩国庆川崔氏宗亲会祭祀崔致远”活动，由此确立了扬州在中韩文化交流方面的重要地位。

崔致远纪念馆(陈建新摄)

马可·波罗纪念馆

作为意大利人民的友好使者,《马可·波罗行记》为中意人民架起了友好的桥梁。从 20 世纪 80 年代起,扬州即建立了马可·波罗纪念馆(陈列室),并且三易其地。从最初的瘦西湖桂花厅,移至天宁寺内,又于 2011 年移至古运河西岸扬州古城东门遗址。纪念馆位于扬州市泰州路 99 号之一,坐西朝东,面对扬州古运河,占地面积约 500 平方米。因为据专家们考证,马可·波罗当年从元大都南下,就是由东关城门进入扬州城内的,因此纪念馆建于此处最为适宜。该馆是经外交部同意由国家文物局批准的国内唯一的马可·波罗纪念馆。

马可·波罗纪念馆于 2011 年 4 月 18 日对外开放。该馆以“神奇的东方之旅”为主题,内设传奇人生、旷世奇书、游历中国、为官扬州和深远影响五个部分,不但将马可·波罗的一生作了较为详尽的介绍,还采用高科技的表现手法再现了马可·波罗

所到之处和元代扬州的市井风情。展馆门口南侧那匹身插双翅的意大利威尼斯广场的铜狮,狮身长 2.6 米,高 1.2 米,重 500 公斤,是 1987 年 10 月由威尼斯市威尼托区赠送给扬州市政府的礼物,它象征着力量与和平,也是中意人民友谊源远流长的重要见证。2013 年,“马可·波罗在扬州”的铜塑像在展馆以南的东门遗址广场上落成。马可·波罗身着元代官服,左手勒着马缰绳,右手持一书卷,似乎正策马从容进城,神态安详而平静。铜像高 3.2 米,连底座 4.2 米,重达 1 吨。

马可·波罗纪念馆(陈建新摄)

第四章

扬州对外交往的传承和启迪

第一节　探究对外交往的“扬州传承”

扬州在不断地了解世界，世界也在不断地了解扬州，一部扬州与世界的交往史就是这样构成的。通过对史实的梳理，我们发现扬州2500多年的历史长河中，大多数重要的人物与事件都被世界关注过。基本的规律是：早期记载扬州的外国人，在东方主要是日本人，在西方主要是意大利人；对扬州建城史上最早的夫差、邗沟等人与事发表评议的，以西方人为多；对隋代杨广、唐代鉴真的研究，以日本人为主；对明清之交的扬州记录较多的，是朝鲜人、葡萄牙人和西班牙人；英国人在清中叶就关注扬州，美国人直到晚清之后才注意扬州；在当代，西方人对扬州人的温和性格更感兴趣，东方人对扬州风光情有独钟。

一、稳定与发展是对外交往的前提

邗沟是中国历史上最重要的水利工程之一。《左传》载，“吴城邗，沟通江淮”，说的是吴王夫差开凿邗沟，沟通长江和淮河，开启了扬州水运便利、繁华富庶的城市发展史。关于扬州的邗沟，英国学者李约瑟的《中国科学技术史》第一卷第五章中说：“中国处于分裂动乱的状态共有330年，三国的60年，南北朝的270年。可以预料

到，再次统一中国的强大统治集团的首要工作，应当是采取措施来改善北方和南方之间的联系。隋朝的第一位皇帝作了一些成就，而他的继任者隋炀帝全面检查了长江、黄河之间从前零星断续的水道运输系统，并第一次以大运河的形式修筑了作为连接干线的重要水道。这条新的水道正好通过南北之间的传统战场，成为替后世开万代之利的宏伟工程，只是它将很多人的生命都耗费于其中。"李约瑟认为，公元前 5 世纪中国出现的一大批水利工程中，只有两项是属于"非常重要"的。其一是西门豹的引漳灌溉农田工程，其二是夫差的沟通江淮工程。李约瑟说："第二个就是邗沟，它连通了淮河和长江，后来邗沟成为大运河第二段最古老的部分。"虽然外国人亲见邗沟的不多，但是李约瑟的评价意义重大。

邗沟在刘濞时代得到延伸，从而促使扬州达到第一个繁盛高峰。澳大利亚学者安东篱(Antonia Finnane)在《说扬州：1550—1850 年的一座中国城市》中说："汉朝延续了四百多年。在此期间开凿了来往广陵的运河，筑起了堤防，栽上了桑树，并从大海中提取出海盐。大多数治水之举，包括江淮运河的改道，都发生在东汉期间(25—200)，这让我们想到生齿日盛，拓殖扩展，还有灌溉和运输需要的与日俱增。"汉代的扬州尽管谈不上有多少的对外交往，但这一时期的扬州运河引起了近代国际学术界的关注。

隋代是扬州城市史上承前启后的朝代，汉代的初兴，为隋代的国力强盛提供了丰厚的基础。人们往往过于关注唐代中日关系，忽视了隋朝。日本遣隋使共有四次，这在中日关系史上前所未有。日本学者藤家礼之助在《日中交流二千年》中认为，6 世纪的中日关系可称"空白"，直到隋文帝时才有第一个日本遣隋使到达大兴(今西安)。当第二次日本遣隋使来华的时候，已是炀帝当政。隋炀帝时代日本共派遣三次遣隋使到中国，即大业四年(608)小野妹子等赴隋；大业五年(609)小使吉士雄等赴隋；大业十年(614)犬上御田锹等赴隋。隋炀帝与日本遣隋使的关系应该与扬州有关。

扬州在海外交通方面的地位以唐代为最。海上丝绸之路在唐朝进入极盛时期，此时扬州处于长江出海口，有适宜于海运的条件，向南直达杭州，向西通向湘鄂，向北直抵洛阳和长安，水陆交通四通八达，是理想的财货集散地。扬州城不仅有大食国

2009 年 12 月 3 日，美国驻华大使洪博培一行访问扬州（市外办提供）

人，还有婆罗门人、昆仑人、占婆国人以及日本、新罗、高丽等国人。在扬州海运的鼎盛时期，设有“市舶使”，职能和现代海关相似，掌管外国船舶、征收货船关税。还有接待外国宾客的“招贤馆”，以及接待往返旅客和来宾的“宜陵馆”“广陵馆”“平桥馆”等。唐代扬州中外交往史的事实，古代文献中有许多例子。如《全唐文》里唐文宗太和八年(834)上谕说：“南海蕃舶，本以慕化而来，固在接以恩仁，使其感悦……其岭南、福建及扬州蕃客，宜委节度、观察使常。除舶脚、收市、进奉外，任其来往，自为交易，不得重加率税。”唐文宗上谕的意思是，外国商人到中国来贸易本是向往中国的文明(所谓“慕化”)，我们应当让他们感动和高兴才是，有些官吏对他们横征暴敛，致使外国商人怨声载道，严重影响了中国的声誉。因此文宗下旨，今后对于“岭南、福建及扬州蕃客”，一律不许当地官吏向他们随便征收税钱。这也证明扬州当时有大量的“蕃客”，即来自大食、波斯等国的商胡。

历史表明，国家和地区的稳定与发展，关乎对外交往的兴衰，也是对外交往的前提。稳定保障发展,发展带来繁荣,发展和繁荣则促进对外交往,保障其可持续和长盛不衰。

二、对外开放推动城市走向辉煌

古代扬州历经三次高峰,汉代的初兴、唐代的兴盛和明清的繁盛,究其缘由,是因为“海纳百川,有容乃大”。例如汉代的扬州,因为招纳四方流寓参加开发,才在即山铸钱、煮海为盐等方面取得经济重大发展,而雄伟的自然景观曲江观涛,也吸引来各地文人和游客的赞誉。

扬州在唐代之所以再次鼎盛,和城市的交通和开放分不开。美国人谢弗在其著作《撒马尔罕的金桃》中说,那些在1000多年前借助帆篷、桨棹来到中华的外国人,经由海上丝绸之路抵达他们心中的目的地,“一般来说,游人大多首先是前往繁华的扬州”。因为开放,所以“扬州是一座钱货流畅、熙熙攘攘的中产阶级城市。扬州还是一座工业城市,以精美的金属制品(尤其是铜镜)、毡帽、丝织物、刺绣、苎麻布织品、精制蔗糖、造船、精良的细木工家具等特产而著称于世。扬州的毡帽当时在长安的年轻人中曾盛行一时。著名的扬州蔗糖是在7世纪以后根据摩羯陀传入的工艺制作的”。扬州的富庶,得益于它的包容精神。谢弗说,在唐朝境内游历的外国人,或者在唐朝定居的外国人,都愿意集中在像广州、扬州那样的充满生气的南方商业城市里。

包容精神让唐代扬州产生重大的国际影响,表现在各个方面。如文学方面,日本江户时代最出名的畅销小说家曲亭马琴受唐代传奇《南柯太守传》的启发,创作过一部《三七全传南柯梦》。音乐方面,在唐代来华的日本留学生中,藤原贞敏师从扬州琵琶名师廉十郎进修琵琶,廉十郎甚至把自己的爱女嫁给他。佛教文化方面,扬州鉴真和尚东渡弘佛,将律法、医药、雕塑、绘画、书法、建筑等盛唐文化弘扬扶桑,成为中日两国友好的先驱。唐代中印文化交流,也与扬州有关。唐太宗派人去印度学习熬糖法，此后在扬州进行实验，如法用甘蔗制糖，一举获得成功。非但成功，而且扬州制造出来的糖比印度的糖好得多。汉唐是扬州经济的初兴和繁盛期，经济实力长足发展，不少国家先后来扬州学习先进的文化技术。

宋元时期扬州的对外交往逐步深入，关键词是通商、传教、普哈丁墓、马可·波罗等。宋代扬州是中国重要的海港。日本学者桑原骘藏在《蒲寿庚考》中说，9世纪阿拉伯地理学家伊本所记的中国四大贸易港之一的即是扬州，宋末元初蒲寿庚掌管泉州市舶和海防事务，其权力及于扬州。扬州在古代中外贸易中，有重要的地位。桑原骘藏说，8世纪之后阿拉伯人与中国的通商口岸第一要数广州："广州之外，岭南之交州、江南之扬州、福建之泉州，亦为自唐以来阿拉伯人通商之地。"如果蒲寿庚的管辖范围包括扬州，那么在元代扬州行使管理权力的外国人，就不只是来自意大利的马可·波罗一人了。

元代的扬州曾得到西方史学家的关注。法国学者谢和耐在《蒙古入侵前夜的中国日常生活》第一章开头就提到了扬州，因为扬州是宋室南逃过程中打算作为临时京城。谢和耐说，宋室的南迁曾"逃到长江中游的城镇，有时候再向东逃到扬州，大运河在那里与淮河相接"，最后选择了杭州。扬州作为宋高宗的战时首都，共一年零四个月。等到建炎三年(1129)正月，金兵五千铁骑突袭扬州，赵构慌忙逃窜到杭州，这才有了后来的临安。宋元扬州的对外交往很大程度上缘于扬州交通的优势，大运河的通畅连接了国内外的贸易。

南北宋时期扬州的对外交往，反映了当时扬州人在宗教方面的宽容。有一部中世纪阿拉伯人所著的《中国印度见闻录》，谈到中国和阿拉伯的交往。书中反映了这样一些基本事实：唐代东西海上交通日益发达，中国和阿拉伯之间的商业往来已经开始。阿拉伯穆斯林来华人数日益增多，他们与华人和睦相处，对中阿之间的经济文化交流起到了促进作用。中国官方对伊斯兰教持宽容态度，尊重穆斯林的宗教信仰和生活习惯，而且在他们比较集中的地区还给他们自治的方便。有个地区音译为"广府""杭府"或"江都"。江都就是扬州。扬州在隋代称为江都郡。唐末杨行密在扬州建吴国，以江都为国都，改扬州为江都府。穆罕默德是伊斯兰教的创始人，出身于麦加城一个没落的商人贵族家庭。他幼年丧亲，做过牧童，曾经广泛接触过各阶层的人物。年届不惑时，他决意到深山和沙漠中去修行，相传在山洞中受到真主的启示。他后来创造的新教，称为伊斯兰教，意为顺从、和平，也即顺从宇宙最高主宰安拉，以求得和平。据明人何乔远所著《闽书》卷七记载，伊斯兰教传入中国的过程产生过“四贤”：“一贤传教广州，二贤传教扬州，三贤、四贤传教泉州。”相传长眠在扬州运河东岸的普哈丁，就是伊斯兰教创始人穆罕默德的16世裔孙。他大约在宋代咸淳年间，从西域来中国扬州传教，在扬州生活了10年之久。普哈丁在扬州修建过一座清真寺，也即今天的仙鹤寺，位于汶河南路。仙鹤寺融合了伊斯兰建筑和中国古代建筑的风格特点，与杭州凤凰寺、广州狮子寺、泉州麒麟寺齐名，并称为南方四大清真寺。

普哈丁墓园位于古运河东岸的高岗上，大门距离运河只有数步之遥。普哈丁墓园最大的特色，是它的建筑融合了中国庭院风格与波斯建筑风格，体现了不同文化之间的包容与和谐。普哈丁墓的墓亭，是中外建筑风格交融的典型实例。整个墓园坐东朝西，墓门呈拱形，前置石鼓一对，分明是中国风格。在普哈丁之后，又有南宋的阿拉伯人撒敢达、明代的阿拉伯人马哈谟德等先贤，也葬在普哈丁墓园之内。

明清两代朝廷闭关锁国，对外交往乏善可陈。虽然盐业经济使得扬州达到又一次顶峰，但是城市的格局却因为封闭而显得活力缺乏。有一个例子具有象征意义，意大利耶稣会传教士利玛窦是个学问渊博的学者，明朝万历年间来到中国，成为经中国皇帝批准埋葬在中华的第一个外国人。当他从南京沿运河北上途中经过扬州时，看到运输的船只、河上的水闸、沿河的城镇、船上的生活、拉船的纤夫等，却没有涉足扬州城。还有一个例子，西班牙人门多萨于1585年著成的《中华大帝国史》是一部名著，这本书为当时的欧洲人打开了认识中国的窗口，使他们从神话的中国迈入现实的中国。然而，《中华大帝国史》只是在绪论里提到了马可·波罗和扬州。这也告诉我们扬州在当时缺少应有的国际地位。

日本遣明使策彦周良的《入明记》，把他的运河之旅用日记形式详细记录了下来，使人们对当年扬州的运河航运、沿岸风光、中外关系以及其他种种，都有了真切的了解。其中可看到明代扬州有广陵驿，可供外国人泊舟。也看到扬州官府没有及时发给外国船“廪给”，因此外国船舶滞留扬州。当然也看到扬州知府来到广陵驿码头，探望日本使节，说明一般扬州官民与外国人是友好的。明代扬州更被外国学者关注的

2014 年 4 月 20 日，荷兰学生代表团来扬州访问（市外办提供）

是文化，而不是经贸。荷兰学者高罗佩所著《秘戏图考》说："此外还有像苏州和扬州这样的艺术爱好者的中心，这种中心在从运河漕运和食盐专卖中获得巨利的大商豪贾的赞助下，各种精美而值钱的艺术品应有尽有，琳琅满目。16 世纪近末，南京，这整个地区的中枢，成为帝国无可争辩的文化之都。"就是说，当明王朝的京城被成祖朱棣迁往北京后，南方仍然存在一个以南京、苏州、扬州为标志的文化中心。

同样，康熙年间访华的罗马尼亚人米列斯库在他所写的《中国漫记》里表明了西方人对扬州认识的另一个方面。米列斯库用赞美的口吻歌颂扬州："这里自然景色优美，空气新鲜，土地肥沃。府城下辖十八个小城镇，离城不远挖掘了一条六十华里长的运河。运河两岸一律用白色大理石块铺砌而成，工艺精美，无与伦比。"

在明代，唯一能够证明扬州曾与世界文明走近的，是天启七年(1627)德国传教士邓玉函与扬州推官王徵合作编译的《奇器图说》一书，在扬州城首次刊刻问世。这部书以图说的超前方式，第一次向中国人介绍了西方的力学与机械知识，书中引用了多种欧洲文献，并将阿基米德传统力学理论与机械知识合编在一起，在全世界从无先例。王徵编译的这部《奇器图说》后来被称为中国机械工程学的开山之作，它的出版成为中德文化交流史上划时代事件。然而，让人们感到愧疚的是，王徵的名字几乎从未被当代扬州人提起过。只是在清人编撰的《重修扬州府志》里，有一行早被遗忘的小字："王徵，泾阳人，进士。"

关于明清之交的那段痛史，国内有大量公私记载，但是国外的记述甚少。而西班牙人帕莱福的《鞑靼征服中国史》，书中所写内容为清兵入关、明朝灭亡的过程，是不多见的西方视角下的明清史著作。《鞑靼征服中国史》说到清兵"受到中国人的顽强抵抗"，是指史可法和扬州城的顽强抵抗，但因缺乏详细资料，书中只好一笔带过。另一个意大利耶稣会教士卫匡国的《鞑靼战纪》，在记述他所了解的明清历史时，因为亲身经历了这场战乱，所以最有现场感和震撼力。卫匡国于明崇祯间来华，在浙江、福建、广东传教，清顺治间死于中国，葬在杭州。清兵征服南部中国的时候，特别是进攻江浙的时候，他正在江浙。这里以史可法和扬州城的抵抗为例，来说明作者对这段史实了解到何种程度："鞑靼人进行的战役中，应特别提到，在他们进入各省之前，已挑选和任命将攻占城市、地区的官员、守令及吏员，所以像闪电般很快在攻占后驻守和防卫。那里有个叫扬州的城，鞑靼屡次进攻都遭到激烈抵抗，损失了一个王爷之子。这座城由忠于明室的大臣史阁老防守，但他虽有一支强大的戍军，最后还是失败，全城被洗劫，百姓和士兵悉遭屠杀。鞑靼人为了不使尸体污染空气，发生瘟疫，把尸体置于屋顶，放火焚城及四郊，一切都化作灰烬，成为一片焦土。"这是正面描述史可法殉国与扬州城被屠的西方文献。

清代扬州的对外交往，值得一提的是朝鲜诗人柳得恭于乾隆年间出使中国，曾交结扬州人阮元和罗聘。安岐生活于清康乾年间，因随高丽贡使入京而常住中国。他和他的父亲安尚义曾经是清代权相明珠的家臣，后在天津、扬州两地业盐，遂成为最富有的盐商。安岐以其精明的经商才干，深厚的文化修养，以及奢华的生活方式，典型地代表了扬州盐商的作风。实际上，安麓村本人就是两淮盐商的总商之一。清代中叶有安岐这样的外国人来扬经商，实在是一个例外。

乾隆间来华的朝鲜哲学家、科学家洪大容，对扬州文化略有了解，甚至知道扬州人喜欢剃头和洗澡。同一时期的日本人，也熟知扬州人“早上皮包水，午后水包皮”的生活方式。日本的江户时代，正值明后期到清中期，当时的日本社会对中国文化十分仰慕，民间穿衣戴帽均悉心模仿中国，尤其是扬州。日本宽政十一年、清朝嘉庆四年(1799)，日本人述斋林衡在为介绍中国风俗的《清俗纪闻》一书所写的序言中说，现今日本的达官贵族子弟，“即一物之巧，寄赏吴舶，一事之奇，拟模清人，而自诧以为雅尚韵事，莫过此焉”。吴舶即航海到日本的中国商船，清人即中国人。序言作者对于“清俗”在日本的传播忧心忡忡，感叹说：“吁，亦可慨矣！窃恐是书一出，或致好奇之癖滋甚，轻佻之弊益长。”他担心那些介绍中国风俗的书，会对日本社会模仿中国生活方式起到推波助澜的作用，这恰好从侧面印证中国风俗对日本产生过影响。

明清时期扬州的对外交往，不在国家与城市的官方之间，而在民间；不在对外贸易的熙来攘往，而在文化的沟通交流。因为大背景下的固步自封，民间的文化交流也如潮起潮落。就对外交往而言，中国即使有如李鸿章这样的晚清重臣，他在四十年的外交生涯中，从最初的雄心勃勃发展洋务，到暮年经历甲午战败、八国联军攻陷后的屈辱议和，更加有力地告诉我们弱国无外交。

三、借鉴交流促进城市文明提升

1840 年至 1949 年的中国，经历了一个积贫积弱、外敌欺侮、民不聊生的痛苦百年，社会处于一个大交锋、大变革、大碰撞的断层和蛰伏期，国力在西方列强船坚炮利的摧毁下千疮百孔。但在旧的社会体制摇摇欲坠之时，欧风东渐的春风，催发了扬州城市经济、教育、文化等领域的萌芽。

闻名天下的扬州工艺，不仅限于和田玉的制作，更体现在近代国际上举办的历次博览会上。在某种意义上，扬州是以妙夺天工的精湛手艺和精致绝伦的生活方式，来体现自己的价值，并远征世界。

清人李斗在《扬州画舫录》中说，“天下香料，莫如扬州”。说的是扬州的香粉，扬州香粉因为1915年谢馥春鸭蛋粉获得巴拿马博览会银质奖章而声誉鹊起。其实扬州香料被大众认同，并不是从谢馥春才开始的。有一本清人小说写道：“惟扬州香料比别处的都好。”因为扬州香粉选料讲究，工艺上乘，所以在数百年间赢得了南北女性的特别青睐。有几件掌故，扬州人都应知道：一是明末扬州著名香铺戴春林的招牌，是当时第一流书法家董其昌亲笔题字的；二是京师妇女一听说扬州戴春林货色到了，无不欣喜若狂；三是上海开埠后，同时有十几家戴春林香铺开张，大抵集中于昼锦里一带，即今上海山西中路的中段，可见扬州化妆品是如何征服了上海人。在戴春林之后，陆续有张元书、薛天锡、谢馥春等香铺开张。

与扬州香料齐名的，是梁福盛漆器。梁福盛是创建于清同治七年(1868)的一家老字号。它的创始人梁友善，在万马齐喑的晚清，在百业萧条的扬州，却选择了一个充满怀旧和风雅的行当。他打着仿古和文玩的旗号，生产出各种精美的玩意，为他带来了滚滚财源。扬州梁福盛的漆器，曾经荣获南洋劝业会金奖、巴拿马世界博览会金奖和美国旧金山万国博览会一等奖。在扬州诸多工艺艺术中，漆器拥有令人眩目的光环。扬州漆器的历史，可以追溯到战国时代。在扬州西湖战国墓葬中出土的漆器圆盘，以木制卷坯作内胎，髹朱红漆，盘上彩绘云水飞禽图纹，色彩艳丽清晰，显示出早期扬州漆器的高超工艺水平。汉代的扬州漆器已融入人们的日常生活之中。在扬州郊外出土的无数漆器及其残片中，无论是食具还是用物，是文房还是兵器，还是棺、椁、面罩等丧葬用品，其中均不乏用漆器做成的。这时的漆器工艺，逐渐衍生出彩绘、针刻、贴金、金银嵌等工艺。唐代扬州经济的发达，促进了漆器工艺的突飞猛进。南北商品交流，东西文化碰撞，使得扬州的漆工眼界大开。彩绘、雕漆、夹纻脱胎和金银平脱等技法日益精细，而且漆器还被列为当时扬州二十四种贡品之一。扬州漆器的再次辉煌，是在明清时代。此时的扬州，经济和文化都达到了空前的繁盛，巨商云集和财富聚积引发了人们对于消费的更高追求，也为漆艺的精益求精创造了空前的发展天地。这个时期的扬州漆器，不但恢复了宋宣和以后一度失传的漆砂砚工艺，以彩贝镶嵌在漆面上的点螺工艺也异军突起。

在1903年举办的西湖博览会和1915年举办的巴拿马万国博览会上，有一件不太起眼的扬州产品连续获得了金奖，这就是三和四美的酱菜。扬州的酱菜，据说在汉代已是席上之珍。唐代高僧鉴真曾将扬州酱菜的制作方法传入日本，日本人依法制作，果觉香味不凡，因此奉鉴真为始祖。日人有诗云:“豆腐酱菜数奈良，来自贵国盲人乡。民俗风习千年久，此地无人不称唐。”扬州酱菜的代表，是酱乳瓜、酱生姜、酱萝卜头、酱宝塔菜、酱香菜心、酱什锦菜等。虽是百姓寻常物，却似仙品下人寰。

早在宣统二年(1910)举办的南洋劝业会上，曾专门设立过一个“扬州玉雕馆”，与“福建漆器馆”、“苏州刺绣馆”、“景德镇瓷器馆”等群雄并列。“和田玉，扬州工”的谚语，不仅表明扬州自古以来就是玉器的主要产地，而且强调了扬州工的细致入微。在高邮龙虬庄遗址出土的新石器时代的玉璜、玉玦、玉管，将扬州的琢玉史追溯至六千年前。汉代扬州墓葬中的玉器，品类更为丰富，而且造型优美，创意独特，工艺纯熟，雕琢精细。唐代扬州的玉器，既是人们随身佩带的装饰品，也是对外交往的友谊见证。宋代扬州的玉器，以镂空雕刻和链条制作最为引人入胜。到了明清，扬州很自然地成为全国大型玉器的雕琢中心。

如今，当人们回眸这些在历代世博风云中大显身手的“扬州工”时，不能不看到世事的巨大变迁。百余年来，世博会已从主要展示工业革命成就和各国先进工业品的博览会，演变为综合展示经济、文化、科技、社会发展成就的世界盛会。

洋务运动与西风东渐都已经成为教科书中的历史名词。但是，洋务运动留下的痕迹还在，西风东渐带来的建筑还在。

行走在古城扬州，在青砖黛瓦的明清建筑海洋里，偶尔会遇见一两座尖顶圆窗的西式建筑，那可能是天主教堂或基督教堂。在扬州，看到一座洋房也许并不介意，看到十座洋房会产生什么感觉？看到二十座洋房又会是什么感受？况且洋房并不都是教堂，它早已成了扬州的学校、机关、园林甚至民居的一部分。也就是说，早在一百年前，西方文明已经通过各种方式，包括建筑的方式悄悄进入扬州，并且消融在扬州人的生活之中。

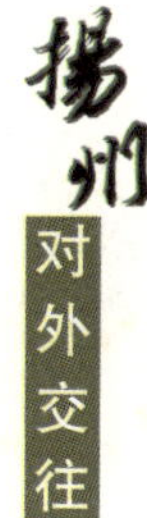

2015 年 12 月 2 日，“丝路青年行”一行参观琼花观（市外办提供）

扬州幸存至今的西洋风格的建筑，或是具有西洋元素的建筑，叠经政治风云，时空变换，这些洋房虽然苍老，但依然存在，向我们作无言的倾诉。在清晨，在黄昏，在夜晚，人们经常冷对那些无言的洋房。它们淹没在中式建筑的汪洋大海里，显得那么特别，那么孤独，又那么顽强。在那些耶稣堂、天主堂里面，到底有些什么故事？在诸如寄啸山庄、吴道台宅第这些中式庭园中，何以突兀着一座洋楼？在树人堂、绿杨旅社等国人活动的场所，为什么采用西洋色调的建法？走近这些洋房，通过它们可以管窥古城扬州在中外交通史、宗教史、建筑史、艺术史、文化史等领域中的地位与价值之一斑。

外国人在扬州建筑房屋的历史，或者中国人在扬州建造洋式房屋的历史，至今还是一团迷雾。不少人以为，是 1840 年的鸦片战争打开了中华帝国的沉重之门，欧风美雨伴随着洋枪火炮进入了古老的中国。但是，实际上扬州人接受西洋建筑的历史，远远早于鸦片战争。还在康乾盛世，广州人得欧洲文明风气之先，率先建造洋房，扬州人也从广州引进了许多新鲜的东西，譬如西洋建筑风格。

广州洋商的经济活动，给中国带来了一场建筑风格上的革命。中体西用的理念，造成了十三行中西合璧的新式建筑风格，与中原的秦砖汉瓦、飞檐翘角迥然相异，显得华丽而又时尚。在清中叶，广州洋商最有名的一座西式建筑叫作“碧堂”，以致千里之外的扬州盐商仿其风格，也在瘦西湖边仿造了一座“澄碧堂”。这是扬州历史上最早的有记录的西式建筑。澄碧堂在如今四桥烟雨景区内，遗迹已不可寻，但这是扬州有西洋建筑的早期实例。从一座澄碧堂之后，扬州先后有了北河下天主堂、泰州路神在堂、北柳巷真道堂、南柳巷福音堂、皮市街基督堂、萃园路礼拜堂、南通路仁爱楼、国庆路盐务稽核所、淮海路稽核所、大汪边树人堂、高桥路麦粉厂、新胜街绿杨旅社、新胜街大陆旅社、南通路浸会医院、甘泉路蒋氏盐号、广陵路周氏洋楼、淮海路王氏憩园、吴道台宅吴氏小洋楼、寄啸山庄何氏玉绣楼等众多的西洋建筑。它们或是西方传教士在扬州建立的教堂、创办的教会学校和医院，或是近代工业发展的见证，或是历经百年的旅社，或是盐商、政要、学者的故居。这些现存扬州、各具用途的洋楼，侧面地见证了扬州在西方影响下发展的历史。

仅以教育为例，育才小学和扬州中学依然是扬州家长心目中首选的学校，育才小学的仁爱楼激励着历任校长秉承“仁爱求真”的校训，不仅教育学生从小养成良好的行为习惯，教育学生爱自己、爱他人、爱社会、爱自然，还把“自主学习，差异发展”作为育人的目标。以树人堂为骄傲的扬州中学，用“十年树木，百年树人”的理念办学，已经成为培养出数十名两院院士、两任前联合国副秘书长的摇篮。可以说，扬州中学既是具有现代化萌芽的新教育体制的大胆尝试，也是古城扬州勇于吸纳西方文明的袖珍缩影。民国初年，扬州中学就有门类齐全的综合性中学的学制，并且英文、德文两课有外籍教师执教。国文教育讲究“自动重于教授，专书重于单篇，札记重于课作”，即自学、多读、勤记的学习方法。理化生物重视观察和实验，还有各科研究会和课外活动小组。同时，先进的教学仪器也为学生的成长提供了必不可少的条件。从扬州中学毕业的历届学生，几乎都是各行各业的佼佼者。他们以曾是“扬中人”而颇感自豪，扬州中学的学习经历也为他们在继续学习、事业奋斗中打下坚实的基础，提供广阔的发展空间。

回忆和总结过去,是为了更好地规划未来。扬州的对外交往史是经济发展、社会昌明的历史,是包容开放、兼收并蓄的历史,是和睦相处、相得益彰的历史。它告诉人们,交通便利是中外交往的物质基础,实力雄厚是中外贸易的基本前提,社会安定是中外交融的必要环境。纵览扬州历史上的对外交往,商业经济、文化交流占据主要地位,而对外开放程度高的时期,无一不是国力强盛、政治清明的时代。扬州对外交往的经验和实践证明,只有发展交通、打开国门、平等待人、互利双赢,才能推动对外交往,促进城市繁荣。

第二节　开创对外交往的“扬州模式”

回顾扬州对外交往的历史，可以发现，从扬州传播出去的盛唐文化曾经对日、朝(韩)以及越南等东南亚一些国家产生过巨大影响，而这些国家各具特色的文化对扬州文化的影响也不可轻视。当今的世界，已经是一个“地球村”，世界各种文化间的传播与交流迅速发展，已经成为促进各国现代化建设的巨大动力。我们应牢固树立服从、服务国家总体外交大局的全局观念，既着眼长远，树立全球意识和开放观念，继承发展中国传统的优秀文化，学习、吸收西方和世界其他地区的先进文化，又脚踏实地，根据扬州既有的传统优势，开创对外交往的“扬州模式”，切实以公共外交助推扬州的国际旅游文化名城建设，推动扬州地方公共外交的稳步、有序和可持续的发展，为21世纪扬州和世界各地之间的友好交往，为全世界的和平与发展作出贡献。

一、不断探索对外交往的“扬州模式”

扬州古城，从春秋邗邑先民发端，吴王夫差筑城开埠，其历史已逾2500年。在这漫长的岁月里，虽江海变迁，历经沧桑，但扬州一直是我国东南交通的襟喉，史称扬州“据江海之胜以为塞，又囊括绠引，总四方之利以为灌输，其于国家则所谓门户咽吭也”。从公元前2世纪开始到公元17世纪，扬州作为中国对外交往的重要窗口，一直在发挥着作用，但历史地位突出的时期是在唐代，特别是在公元八、九世纪的中晚唐时期。通过海上贸易往来和交流，扬州增进了与世界上不同国家和地区的相互了解，推动了文明的进步，对世界也产生了深远的影响，形成了古代中国对外交往中不可复制的“扬州模式”。

过去10年，扬州举全市之力，助推中国大运河成功列入世界文化遗产名录，实现了地方发展战略与国家外交、经济战略的有效协同与融合。在利用国际组织发展公共外交方面，扬州敢为人先，利用世界运河历史文化城市合作组织（WCCO）这一国际平台，以每年一度举办的世界运河名城博览会和世界运河城市论坛为基础，邀请包括联合国环境规划署、人类住区规划署（简称“联合国人居署”）、内河航道国际组织、国家文物局、大运河遗产保护管理办公室、中国—东盟中心、中国太平洋经济合作全国委员会、江苏省外办、扬州市人民政府等政府机构和国际组织的广泛参与，促进了扬州与世界各国其他运河城市之间在运河城市的可持续性发展、运河城市历史文化保护和传承、运河城市旅游业的发展、运河城市的生态保护及途径、运河城市在“一带一路”合作中的新机遇等多方面的交流与合作，促进了中国与世界运河城市相关各国之间的全方位合作，促进了世界尤其是世界运河城市相关各国对中国的了解，提升了扬州在世界运河城市相关各国间的国际形象，努力探索当今中国对外交往中的“扬州模式”。

所谓的当今对外交往的“扬州模式”，是在国家战略的指导下，以世界运河历史文化城市合作组织（WCCO）为核心平台，以世界运河城市相关各国的运河城市为主要合作对象，以世界运河名城博览会和世界运河城市论坛为基础，以烟花三月国际经贸旅游节、扬州鉴真国际半程马拉松赛等大型国际体育赛事、大型国际会议和高层次国际论坛为依托，主动设置议程，招引承接国际会展赛事；开展形式多样的公共外交活动，建立相应的社会组织（如扬州市公共外交协会、扬州市柳丝艺术团、扬州市旗袍协会）等，以期达到增信释疑、深度合作的公共外交目的，实现共同、协调发展。“扬州模式”之所以能获得成功，关键是对中央政策的全方位理解与精准发力。“扬州模式”之所以能够形成，关键是根据扬州既有的传统对外交往优势推陈出新，打造扬州对外交

2014 年 6 月 22 日，大运河申遗成功后中国代表团发言（WCCO 提供）

往的专属品牌，切实以公共外交助推扬州的国际旅游文化名城建设的结果。“扬州模式”可以概括为如下几个方面：

一是国家战略的地方化。正如赵启正先生所言，国家形象如果是一本相册，那么各地区的形象就是相册的各张册页。城市形象与国家形象存在密切的关系，城市形象的传播对于国家整体形象传播有着不可替代的作用。扬州早在 1200 年前，就依托其优越的地理位置和在大唐经济版图中所占的地位，成为海上丝路的重要起点城市和东方著名港口，是著名陆上丝绸之路和海上丝绸之路的连接点。随着“一带一路”重大战略的推进，扬州也迎来了与世界各国开展经贸合作和人文交流的新一轮合作共赢的历史机遇。10 多年来，扬州依托国家战略，借助世界运河城市论坛和世界运河名城博览会促进了对外交往的“扬州模式”的形成。在“一带一路”的背景下，扬州仍将继续服务于国家外交战略，利用扬州和“一带一路”沿线国家之间的传统交往优势，促进世界运河城市论坛和世界运河名城博览会进一步升级，加快扬州对外交往的建设步伐，以期成为推动实现“一带一路”宏伟蓝图的重要动力。

二是传统优势的创新化。扬州是伊斯兰教东传中国过程中的一个重要节点，普哈丁是伊斯兰教创始人穆罕默德的第 16 世裔孙，他在南宋末年来到扬州，在扬州生活了 10 年，致力于传播伊斯兰教，兴建了仙鹤寺。普哈丁归真后安葬于扬州古运河东岸的土冈上，后来有一部分身份较高的穆斯林葬在普哈丁墓的附近，就组成了现在的全国重点文物保护单位普哈丁墓园。扬州利用普哈丁的影响积极搭建通往阿拉伯世界的桥梁，于 2010 年成功举办了中国扬州——海湾阿拉伯国家石油化工产业合作论坛。从 2012 年起，解放军空军指挥学院连续四年都组织三四十个国家(主要是信奉伊斯兰教的非洲国家和阿拉伯国家)的外国高级军官团访问扬州高邮菱塘回族乡，并在该乡建立教育实践基地。中联部原副部长李进军称，扬州找准了一条通往海湾国家的特殊联系纽带。

三是公共外交产品的多元化。世界运河城市论坛是由扬州市人民政府联合全球运河城市共同举办的，旨在推动运河城市共享遗产保护、旅游开发、环境治理、城市建设等方面的发展经验，助推中国大运河保护，促进运河城市间的经济文化交流，密切运河城市间的联系和往来，深化运河城市共同的身份认同。目前，论坛已成为全球运河城市合作、分享、共赢的知名平台。以这一核心平台为出发点，扬州每年都积极提供多种公共外交产品，拓展扬州的对外交往。近 20 年来，扬州通过对外信息传播和人文交流；通过承办大型国际会议和体育赛事、举办“文化搭台、经济唱戏”的大型节庆活动；通过围绕“会展之都”建设，招引承接国际会展赛事；通过推动开展形式多样的城市外交活动，通过建立相应的社会组织(世界运河历史文化城市合作组织、扬州市公共外交协会)等，积极拓展了地方对外交往的空间。

四是沟通渠道的扬州化。盘点扬州文化遗产，大运河和扬州城遗址具有举足轻重的分量和特殊的价值。扬州城市与运河同生共长的历史和城河互动的发展关系堪称世界运河城市鲜活的杰出范例，同时也体现着扬州文化遗产的特殊价值。近年来，扬州积极打造“运河文化”名牌，积极推动与世界运河城市相关各国之间的全方位合作，充分发挥“扬州渠道”的作用，提升区域性国际化城市功能。通过世界运河名城博览会和世界运河城市论坛达成“扬州共识”“扬州宣言”“扬州倡议”，已经成为一种趋势。据不完全统计，目前，围绕文化、城市、古镇、运河保护与申遗、全民阅读、高校学生养成等方面达成的“扬州共识”“扬州宣言”“扬州倡议”已经超过 10 个，“扬州渠道”的作用日趋凸显。此外，扬州也以此为契机，积极参与各种国际组织，开展了富有成效的城市外交。比如，扬州加快了与国外城市缔结友好城市关系的步伐，目前扬州已与全球 15 个国家的 23 个城市结为友好城市关系，与 29 个国家和地区的 44 个城市建立了友好交往城市关系，与 180 多个国家及地区开展了贸易往来，对外交往覆盖全球五大洲。同时，扬州还加入了世界城市和地方政府联合组织（UCLG）。世界会议及大会协会（ICCA）也同意扬州以目的地营销者的身份入会，成为 ICCA 的第 189 个成员，中国区的第 33 个会员单位，扬州还与伦敦、雅典等 8 个海外著名旅游城市同期加入世界旅游城市联合会（WTCF），正式成为该组织的城市会员。

五是公共外交的市民化。公共外交、人文外交已成为提升新时期国家软实力和竞争力的重要课题。扬州积极举办、承办、协办各类大型涉外活动，并以涉外活动为基础打造立体多维的公共外交格局，带动信息、技术、资本、人才等要素的跨国合作和交流，促进经济社会发展，提高城市对外影响力与知名度。近年来，扬州从历史禀赋、现实条件、未来发展出发，将打造国际会议城市作为开展城市外交和名城建设的重要抓手，除连续多年举办世界运河名城博览会、世界运河城市论坛、扬州鉴真国际半程马拉松锦标赛和“烟花三月”国际经贸旅游节等，近几年又先后承办了世界运河大会、东北亚名人会、世界盆景大会、亚欧未来发展方向研讨会、联合国“可持续性城市”高级研讨会、亚信高官会、APEC 电信工作会、世界历史城市联盟大会、世界地理标志大会、国际盆景大会暨国际盆景协会成立 50 周年庆典等一批国际性会议。这些会议为扬州通过公共外交融入世界提供平台，在国内外产生了广泛影响。这些影响大、内容新、有特色的大型活动在扬州的成功举办，不仅为扬州开展引资、引技、引智、引才方面拓展了空间、创造了条件，而且向中外宾客展现了扬州历史和现实交汇的独特韵味，为进一步提高扬州的国际知名度，开辟对外发展新领域，实施全方位对外合作战略畅通了渠道，也通过动员全市上下积极参与基础设施建设和保障服务工作，扎实做好综合整治、场馆改造、环境保护、安全保障、会场服务、文艺演出、舆论宣传等各项工作，让每一个市民都能感受到公共外交与名城建设的相辅相成，感受到公共外交活动给自己带来的荣誉感、存在感和获得感，乐意在公共外交活动中发挥积极作用，自觉充当中国传统文化、民族价值理念传播的使者。

二、以大运河塑造对外交往的“扬州品牌”

“运河养育了沿河的城市。运河对于它身边的这些城市来说，不是生母便是乳娘，对于运河沿岸的城市市民来说，运河确实与他们密不可分。运河之水融入了市民的日常生活，也荡漾在他们的内心之中。”2007 年 9 月 27 日下午举行的世界运河名城市长论坛上，文化部部长孙家正作为首位发表主题演讲的嘉宾，围绕运河的文化意义、世界运河对沿岸城市所产生的作用进行了这样的阐述。如果把大运河看成一个城市品牌，那么孙家正的这段话就是对这一品牌核心价值的最精当的阐述。

众所周知，对于一个企业来说，品牌既是企业、产品、社会的文化形态的综合反映和体现，更是企业、产品与消费者之间关系的载体。品牌的底蕴是文化和情感，品牌的目标是关系。知名品牌既是企业的无形资产，又是企业形象的代表。那么对于一个城市而言，特别是对于扬州这样一个具有独特的城市与大运河同生共长的历史和城河互动的发展关系的城市来说，“大运河”理所当然的就是扬州极具特色而又已经成熟的城市品牌。大运河孕育了扬州的多元文化，大运河也成就了扬州两千多年的持续繁荣。扬州城市与运河同生共长的历史和城河互动的发展关系堪称世界运河城市鲜活的杰出范例，同时也体现着扬州文化遗产的特殊价值。大运河就是扬州的无形资产，就是扬州城市形象的代表，就是扬州城市社会形态的综合反映和体现。对外经济贸易大学国际关系学院的硕士研究生陆玮曾经在一篇文章中这样论述公共外交

世界运河名录首发仪式(WCCO 提供)

和国家品牌之间的关系:“公共外交是手段,国家品牌是标识,二者相辅相成,对象以国外公众为主,共同为国家软实力和国家利益服务。全面的深入的公共外交能够助益构建立体的具有吸引力的国家品牌。”“一个良好的国家品牌,能够‘最大限度地提升国家的公共外交’”,同样,一个良好的城市品牌,也应该能够最大限度地提升这个城市的公共外交。总而言之,对于扬州来说,大运河既是拥有“突出的普遍价值”的世界文化遗产,又是扬州独一无二的金字招牌,更是扬州开展对外交往、从事公共外交活动的宝贵资源。

作为世界文化遗产的大运河,在拥有“突出的普遍价值”的同时,也具备极高的公共外交价值,因而大运河本身就是一种公共外交的资源。大运河流经千年,在它身边，究竟发生过多少中外交往的事件，可能谁也说不清楚。看到大运河，韩国人或许会想到崔致远，日本人或许会想到鉴真，阿拉伯人或许会想到普哈丁，英国人或许会想到戴德生，克罗地亚人或许会想到马可·波罗……这就是大运河这一品牌之情感内涵的最好印证，而这样的情感恰恰又是和扬州的对外交往的历史紧密相连的。扬州完全可以围绕大运河这一公共外交的品牌富矿，开展形式多样的公共外交实践活动。

大运河的价值并不是因为申遗才显现的，其突出的普遍价值已存在千年，2009年成立的世界运河历史文化城市合作组织，为扬州的对外交往开辟了一条运河文化走向世界的快速通道——通过国际组织的影响力和传播力，让全世界发现大运河、走进大运河、了解大运河。而当国际社会了解大运河、了解运河文化的同时，理所当然地也会了解扬州、了解扬州文化、了解扬州大运河。品牌需要传播，世界运河历史文化城市合作组织成立10年来，致力于用运河品牌传播促进城市的发展，致力于切实以公共外交助推扬州的运河名城建设，致力于共同探讨运河遗产保护利用之道，致力于推动世界运河城市增进友谊、加强合作、共同进步，为构建和发展当今中国对外交往中的“扬州模式”作出了重要贡献。

一是抓住举办各类国际活动契机，在对外交往中宣传运河。重大国际活动是一个城市表达自己的大舞台，也是树立城市国际知名度、建设城市品牌的大舞台。利用重大国际活动作为公共外交的抓手，往往能够事半功倍。而在政府公共外交中能够整合企业营销概念中的品牌管理思想，则会更加高效。2007年9月，第一届运博会“中国·扬州世界运河名城博览会暨市长论坛”（简称“运博会”）在扬州开幕，运博会在弘扬运河文化的同时，广邀10个国家、14个国际著名运河城市及相关国际组织代表参会。运博会期间，中外嘉宾参观了扬州运河两岸的建筑、古迹，并提出了“到北京看长城，下扬州看运河”的运河文化品牌理念，在国际社会提升了大运河申遗的影响力。2009年世界运河历史文化城市合作组织成立以后，每年运博会的参会城市的数量和规模都持续扩大，主要体现在国外运河城市、国内大运河沿岸城市、扬州海外友好城市的参会数量的不断增加上，同时还有来自政府、国内外企业、社会组织和境内外媒体的广泛参与。扬州通过运博会请来中外宾客后，获得了一个展示向全国、向世

2017 年 1 月 10 日，首批江苏省中华文化海外交流基地授牌仪式(市侨办提供)

界展示扬州的平台。通过古城建筑、书画曲艺、工艺作品、民俗礼仪、衣食住行等，向宾客展示扬州的运河文化和扬州以运河为核心的社会形态。巴拿马前驻华首席代表莫夫杰 2009 和 2010 年连续两次来扬州参加运博会，对扬州和运博会留下了深刻的印象，回国后他将在扬州拍摄的照片制成精美画册，并在扉页上写着“I found China in Yangzhou”。俄罗斯莫斯科运河城市巴拉什赫市长在参加 2010 年运博会后说：“扬州是一座美丽的城市，是一座精致的城市，更是一座幸福的城市。”

二是开展名人外交，提升运河品牌的辐射力和影响力。社会名流在开展公共外交以及建设城市品牌的活动中发挥着不可忽视的重要推动作用。因此，塑造城市国际形象、推进城市品牌建设，必须最大限度地对这些资源进行开发和应用。在扬州的城市与运河同生共长的历史长河中，涌现过许多著名的历史人物，在现当代的对外交往中，扬州也走出过许多社会名流。多年来，特别是世界运河历史文化城市合作组织成立以来，扬州不断增强名人外交的意识，让他们发挥正确引导社会舆论的作用，提升在国内外的辐射力和影响力。在利用历史人物传播运河品牌方面，扬州选择了在日本有重要历史和现实影响的鉴真为突破点，建立鉴真纪念堂、鉴真学院、鉴真图书馆和“扬州讲坛”，在对外宣传中大力宣传鉴真精神和运河文化。这一突破点，与对韩国的崔致远、对阿拉伯地区的普哈丁、对地中海地区的马可·波罗等一起，形成了一副“运河外交”的组合牌，共同构建了扬州在国际上的历史文化名城、对外文化交流中心的城市形象。

三是注重文化多样性，建设“中国运河第一城”的文化品牌。作为与大运河同生共长的城市、大运河保护与申遗的牵头城市，扬州一直在持续推进大运河文化带建设，从2004年起，扬州市政协就开始对大运河文化遗产的传承与保护开始了密集的调研和文化传播，还先后出版了《扬州古运河》《运河名城扬州》《扬州运河世界遗产》《运河长子的担当——扬州牵头大运河申遗记忆》等一大批有关运河文化传播的书籍，凭借大运河这一世界公认的文化资源，在世界文化的舞台上讲好运河故事，传播运河品牌。2017年10月，扬州举办了第10届世界运河城市论坛。以“运河城市在‘一带一路’合作中的新机遇”为主题，举办了WCCO会员大会、市长对话会议、世界运河城市企业合作会议、世界运河古镇合作机制会议、合作签约、《世界运河名录》首发等活动，共有20多个国家的运河城市嘉宾和国际组织代表380余位嘉宾参会。20多家海内外媒体参会报道，新华网、中国网进行了现场直播，扬州发布视频直播点击量10万，扬帆视频直播点击量20万。新浪微博#世界运河城市论坛#话题阅读量达1200万，4万多评论。《世界运河古镇》视频宣传片在优酷、腾讯点击量达30万。2017年，扬州还积极邀请国内主流媒体、涉外媒体和国外知名媒体走进扬州，向世界传播扬州魅力。央视中文国际频道来扬采访拍摄《国宝档案》“大运河传奇”系列节目，聚焦扬州大运河遗产点的历史文化，于5月8日至12日连续播出5集，每天每集在亚洲版、欧洲版和国内版滚动播出9次。荷兰国际新闻电视台和荷兰《人民报》、台湾中视纪录片《大陆寻奇》、台湾中天电视系列片《魅力东方》、全球顶尖旅游杂志*CondéNast Traveler*（中文版《悦游》）、央视西班牙语频道《文化人物月历》、央广专题节目《探秘海上丝绸之路》、新华社国家形象片《中国名片》、央视中文国际频道大型纪录片《城市里的中国》、央视科教频道《我们的节日——月圆中秋》、央视中文国际频道《外国人在中国》、央视纪录片《观音之路》《一花一世界》《赵朴初》等国内外媒体节目纷纷来扬拍摄取景，展现名城和运河风采。

三、讲好让世界人民喜爱的“扬州故事”

公共外交，是领域广泛的多元外交，是不拘一格的民间外交，是消除成见的共赢外交，是交流互动的情感外交，是逐层深化的柔性外交，是沟通心灵的知性外交，是四两拨千斤的国家软实力外交。从本质上说，无论是公共外交，还是对外交往，目的都是为了创造有利于国家、城市自身的国际环境，实现国家、城市自身利益的最大化。就扬州而言，就是要服务于扬州经济和社会发展的大局，服务于“满足世界人民对扬州的向往，争创扬州发展的第四次辉煌”这个主旋律。

2014 年 5 月，习近平总书记在中国国际友好大会暨中国人民对外友好协会成立 60 周年纪念活动上，强调要推进民间外交、城市外交、公共外交，提出：民间外交应该发挥优势作用，开拓更多交流渠道、创建更多合作平台，引导国外机构和优秀人才以各种方式参与中国现代化建设。要大力开展中国国际友好城市工作，促进中外地方政府交流，推动实现资源共享、优势互补、合作共赢。要重视公共外交，广泛参加国际非政府组织的活动，传播好中国声音，讲好中国故事，向世界展现一个真实的中国、立体的中国、全面的中国。

2018 年 1 月 28 日，中共江苏省委书记娄勤俭在参加省十三届人大一次会议扬州代表团审议时说：“过去是‘烟花三月下扬州’，现在要通过我们的努力，让大家在春夏秋冬都想去看看，满足世界人民对扬州的向往。”对照“满足世界人民对扬州的向往”的发展新要求，扬州市委、市政府坚持把旅游业作为永久性基本产业，以“让大家在春夏秋冬都想去看看”为目标，大力发展现代旅游业态，加快建设宜游城市，全力打造国

际文化旅游名城。

2016 年 9 月,察哈尔学会曾经发布过一个调查报告,题目是《扬州:公共外交助推国际文化旅游名城建设》,报告指出,“建设‘国际文化旅游名城’要注重‘国际’‘文化’‘旅游’三类因素的叠加。这为扬州今后的公共外交行为指明了努力方向和主要任务:助推国际文化旅游名城建设,扬州公共外交要努力将‘国际’‘文化’‘旅游’这三个要素叠加。”回顾近几年来扬州开展对外交往的历程,之所以能取得如此丰硕的成果,就是因为扬州通过名流、媒体、留学生、旅游者、学者和企业家之间的来往交流以及城市交流等方式,增强了城市品牌的对外辐射力和吸引力,从而实现了在国际社会上的知名度与认同度的提升,在国际上塑造了一个美丽、精致、幸福和最中国的城市形象。

一是选准切入点,讲好扬州故事。扬州的公共外交资源十分丰富,改革开放 40 年来,从扬州的政府机关到扬州的普通民众,从扬州的社会组织到各类企业,都在深挖资源,广纳资源,联动资源,有效地利用好资源。当前扬州最热门的题材是大运河文化带的建设,这方面的例子已经是不胜枚举了,一句话,用外国人听得懂的语言讲好运河故事,扬州一直在努力,而且还要持续不断的努力。

二是挖掘独特资源,讲好扬州故事。讲故事,热门题材不难发现,不乏重视,需要挖掘,需要引起重视的是冷门资源。我们通常放在次要位置甚至忽视的事物,恰恰可能是非常好的故事题材,恰恰可能是公共外交的重要桥梁。在许多国家,宗教组织、慈善组织具有很高的公信力,其活动影响广泛。扬州在这方面得天独厚。佛教方面,扬州拥有六次东渡方得成功的过海大师鉴真和尚;伊斯兰教方面,南宋时期伊斯兰教的“圣人”普哈丁与扬州渊源很深;基督教、天主教方面,戴德生和“扬州教案”在国际上有一定影响。这些不可多得的资源,有的已经成为国家层面对外交往的一张名片,有的至今未得到足够重视,应当善加利用。把这些故事讲好了,对于传递正面信息,塑造扬州的国际形象,把扬州打造成“大家在春夏秋冬都想去看看”的国际旅游目的地,也能够起到事半功倍的效果。

三是善于活用资源,讲好扬州故事。扬州经过 2500 年的历史积淀和近年来的高速发展,形成了“材简技精、崇尚健康、开放包容、底蕴厚重”的美食文化。为了传承和推广扬州的美食文化,扬州相关部门采用了丰富多彩的对外交往的活动方式来向国

2017 年 7 月 26 日，2017 年海外华裔青少年中国寻根之旅夏令营扬州营（市侨办提供）

外民众介绍扬州的美食文化，以扩大影响，增强知名度和美誉度。举办美食节。早在 20 世纪 80 年代，扬州就已经通过在国内举办各种形式美食节的方式传播扬州美食文化。扬州厨师协会、扬州市外事办公室和扬子江集团等都分别主办或联合主办过美食节。每次美食节都有外国人参加，美食节向他们展示淮扬菜的技艺和文化。1999 年 9 月 24 日，“中国扬州首届国际友城美食节”开幕，这是扬州首次以“美食”的名义举办节庆活动并进行中外文化交流的有益尝试。首届美食节邀请了当时扬州市已正式结好的美国、日本、澳大利亚等 6 个国家 8 个友好城市代表团以及与扬州市有美食文化交流的韩国、法国、德国、比利时等其他国家友好交流代表团共 360 余名国际宾朋参加。外国友人对扬州美食大加赞赏，表示将向本国公众介绍扬州美食。到国外去展示扬州美食。除了在国内展示淮扬菜吸引外国人品尝，扬州还将展示的舞台放到了国外。2009 年 2 月中下旬，扬州“红楼宴”代表团在美国洛杉矶金都凯旋皇宫大酒店，举办了为期5天的演示，而这5天内所有宴席很早就被订完。此次展示，扬州厨师还在烹制技法上与当地饮食文化相互结合，如美国没有鲥鱼、青果等原材料，就用当地出产的东星斑、开心果等材料替代。此外，为与美国餐饮文化结合，美版的"红楼宴"还将传统红楼宴中的"香烤鹿肉"变换成"香烤鹿排"。在国外开展长时间的经营活动，可持续地传播扬州美食文化，是扬州探索出来的新方式，而扬州著名餐饮企业冶春则是这种实践的先锋。冶春新加坡店于2015年1月开业。饭店以传统淮扬菜为基础，结合一些当地菜肴为经营特色。目前经营情况良好，不仅在当地落了地，还生了根，已日益成为传播扬州美食文化的重要窗口。向外国政要介绍扬州的美食文化，也是宣传扬州的重要途径。自20世纪70年代起，来自各国的领导人在国家领导人的陪同下访问扬州，领略过扬州美食文化的魅力。法国前总统希拉克、柬埔寨西哈努克亲王、朝鲜民主主义人民共和国前主席金日成、日本前首相福田康夫等，都无不赞叹扬州美食技艺精湛、美味可口、文化深厚，并表示会向自己国家的人民推荐扬州美食。扬州厨师还在国宴中展现身手，向外国贵宾推广扬州美食。我国各驻外使馆都纷纷邀请扬州大厨到使馆烹制晚宴，招待驻在国贵宾，并借此机会宣扬扬州美食。除了交流和展示，扬州厨师在各种国际烹饪比赛中都取得了不俗的成绩。2002年，周晓燕等大厨参加在马来西亚举行的第四届世界中国烹饪大赛，获冷、热菜特金奖、团体奖。这些奖项奠定了扬州美食之都的地位，也传递了"扬州美食甲天下"的形象。又如，编辑出版有关介绍扬州美食文化的书籍。在扬州市政府的直接参与领导下，扬州市烹饪协会出版了《中国淮扬菜新风集》《吃在扬州》《玩在扬州》等书籍和大型画册《中国淮扬菜》，作为政府礼品书馈赠来扬的各位嘉宾，弘扬扬州美食文化。2013—2014年，扬州市烹饪协会接江苏省委宣传部委托函，编著《符号江苏淮扬菜口袋本》，作为《符号江苏口袋本》首批首册。该书有中、英文两种版本，于2014年在英国伦敦国际书展举行首发式。聂凤乔的《蔬食斋随笔》很早被译成日文，在日本《圆桌》杂志上连载，影响甚大。日本饮食文化研究者称聂凤乔为"中国烹饪原料第一人"。邱庞同《中国面点史》出版后，日本的中国饮食文化研究专家木村春子曾以此为依据，编写了《中国面点之文化》，在日本《专门料理》杂志上一月一篇，连续3年共发表36篇文章。还有，拍摄有关介绍扬州美食文化的电影、电视片。早在1987年5

月，新西兰“专题”制片有限公司艾伦・林赛先生和夫人，专程到扬州拍摄专题片《淮扬菜系》，作为反映中国饮食文化概貌的中国四大菜系专题片其中的一集，曾在新西兰播放。更为著名的是，2012 年，纪录片《舌尖上的中国》风靡海内外，这部纪录片五集《厨房的秘密》反映的是各菜系大厨的厨房风采、刀功火功、烹饪技法，它用 9 分 42 秒介绍了扬州传统菜式。《舌尖上的中国》的成功极大地推动了扬州美食文化向国际的传播，很多来扬州旅游并品尝美食的外国游客都会提到这部纪录片对他们的影响。此外，制作和参与制作与扬州美食文化有关的文化衍生品。2018 年 5 月 6 号，扬州首部文旅题材话剧《厨神传奇》首演。《厨神传奇》讲述了男孩杨卖逃荒途经扬州时，饿晕街头，被一家包子店老板救起后，各种机缘巧合学得一身厨艺，从而成就“一代厨神”的传奇故事。与传统话剧只能坐着看不同，这台话剧把扬州美食文化与舞蹈、音乐等流行文化元素以及本土的艺术表现形式结合，与观众零距离互动，打造了一场别开生面的“互动表演秀”。2015 年城庆 2500 年期间，扬州运用美食外交策应国家“一带一路”战略，成功举办“中外丝路城市美食文化交流——扬州活动周”。这些都表明，扬州基于美食文化的公共外交正在进入新的发展阶段，扬州的公共外交在助推国际旅游文化名城建设、满足世界人民对扬州的向往方面，已经取得了阶段性的成果。2015 年察哈尔学会出版的《察哈尔报告——舌尖上的公共外交——扬州美食文化的国际传播》中这样写道：近 20 年来，扬州美食文化之所以能风靡海内外，原因有三：首先，“政府支持，民间出面”方式起了关键作用；其次，扬州美食文化的自身特点推动了国际传播；第三，扬州根据自身资源和接受方特点选择不同的传播方式宣传自己的美食文化，效果突出。

第三节　再造对外交往的“扬州辉煌”

中国的发展离不开世界，只有放眼看世界，才能给自己准确定位，处理好同世界各国的关系。扬州的文化发展史实际上也是对外交往的历史，经济的发展、文化的繁荣、城市的国际化都离不开对外交往。建国后，扬州先后与分布于亚洲、欧洲、美洲、大洋洲的15个国家23个城市缔结友好城市。宗教、文艺、体育等民间交流与政府间全方位外交相辅相成，扬州不断走向世界，城市国际影响力日益增强。

一、从经济外交到人文外交

经济合作与人文交流是对外交往的两极，既要用好经济合作杠杆，充分吸引外资，推动扬州自身的经济建设；更要重视人文外交，摒弃只重项目引进，不重文化浸润的短视行为与急功近利。

国际政治的历史和现实反复证明，国家间关系的发展，既需要政治、经贸合作的“硬实力”，也需要人文交流的“软助力”。习近平主席于2016年3月出访俄罗斯时，提出“国之交在于民相亲，人民的深厚友谊是国家关系发展的力量源泉”，他对人文外交的表态令世界赞叹。简而言之，中国特色的人文外交是让人如沐春风的人情味儿，

2017 年 12 月 8 日，“一带一路”完美江苏营在扬州开营（市侨办提供）

推动文明互鉴的文艺范儿，闪耀人文光辉的中国理念。推介中国文化，也是对多元文明的开放包容、民心相通的推动，对中国矢志不渝建设世界和平、贡献全球发展、维护国际秩序的坚定信念的传递。

扬州城市发展史册上，经济发展与对外交往相得益彰。作为陆上丝绸之路和海上丝绸之路交汇点的扬州，枕江临河、百业兴旺、商贾云集，来扬州的外国人不可计数，扬州被誉为“东南都会”。改革开放以来，扬州利用外资成效显著，从 1984 年批准设立第一家外商投资企业——扬州冈本有限公司开始，到 2015 年，扬州开放型经济向纵深发展，新批外资和港澳台投资企业数、合同利用外资及港澳台资、实际利用外资及港澳台资成绩瞩目。外贸进出口商品结构逐步优化，机电产品和高新技术产品出口比重上升；进出口经营主体呈现外贸企业、外资及港澳台资、民营企业多元化的格局，并与 100 多个国家和地区建立贸易关系。“十二五”与“十一五”相比，外经营业额增长1.9倍,中方协议投资额增长8.5倍。近年来,"一带一路"的倡议和发展,给予扬州更多的机遇,在市外办、市侨办、市侨联、市商务局等部门的牵头推动下,扬州对外投资保持15%以上的增幅,并实施"计划5年之内,对外工程承包1亿美元以上项目20个、中方境外协议投资500万美元以上项目20个"为基本内容的"522"推动计划,扬州的企业活跃在亚洲、非洲、欧美特别是"一带一路"沿线国家和地区。但是,在江苏省内横向比较,扬州在外资、外贸、外经发展上,还需要加速追赶。

有着深厚文化积淀的扬州,改革开放以来,在对外交往中尽显传统工艺的魅力、学术涵养的厚重、旅游城市的引力、淮扬美食的诱惑力和健康宜居的影响力。

一是展示扬州巧夺天工的传统工艺。扬州的玉雕、漆器、剪纸等手工工艺品是馈赠外国贵宾的国礼。它们不仅是扬州的城市名片,也是沟通中外友谊的桥梁。1979年5月26日,扬州漆器厂生产的点螺漆器台屏《锦绣万年春》,作为全国人大常委会副委员长邓颖超赴朝鲜访问的礼品赠送给金日成主席;1983年11月25日,胡耀邦总书记在访日期间向日本天皇赠送扬州漆器厂生产的雕漆嵌玉三折屏风《松龄鹤寿》。这些礼品都是中外友谊的见证。

二是展示扬州精致可口的淮扬美食。"扬州珍馐闻名天下"。美食不但是食品,也是使者。1987年12月,特级厨师杨志明带领扬州名厨一行5人,到日本东京开办中国扬州富春茶社,让一衣带水的邻国品尝扬州的"皮包水"。1999年9月,中国扬州首届国际友城美食节在扬州举行。2015年9月,2015世界厨师联合会亚洲和太平洋地区主席峰会在扬州举办,这是世界厨师联合会首次在中国举办相关活动;同月,"中外丝路城市美食文化交流——扬州活动周"在扬州举办,世界中国烹饪联合会授予扬州市"国际美食之都"牌匾。

三是展示扬州绿杨城郭的秀美风光。"诗画瘦西湖,人文古扬州"。1981年5月,美国林德布雷德旅行社组织美、日、英、墨西哥等国旅行者,乘船来扬州游览古运河,这是扬州解放后首次接待游览古运河的外国旅行者;2000年4月,首届烟花三月旅游节在扬州举行,来自日本、美国、澳大利亚、韩国、马来西亚等30多个国家和地区的外宾参加了旅游节,明确每年4月举办国际经贸旅游节;2013年3月,世界旅游城市联合会(WTCF)发函,扬州与伦敦、雅典、爱丁堡等8个海外著名旅游城市被正式吸纳为该组织城市会员。

四是展示扬州底蕴深厚的学术文化。“红学”“鉴真研讨会”“崔致远研讨会”等文化交流为久负盛名的“扬州学”研究增添了国际化的视角。1992 年 10 月，1992 中国国际红楼梦研讨会在扬州举行；1998 年 4 月，1998 鉴真学术研讨会在扬州友好会馆举行，日本厚木市代表团、碧波会访华团、佐贺县鉴真显彰会代表团、奈良唐招提寺长老等 160 余人来扬参加了这一国际学术研讨活动；2001 年 10 月，中韩经济文化交流周在扬举行，中韩学术界 100 余人参加了“崔致远研讨会”；2004 年 10 月，由中国红楼梦学会与市政府联合主办的纪念曹雪芹逝世 240 周年暨中国扬州国际红楼梦学术研讨会在扬州举行；2016 年 11 月，大运河与海上丝绸之路国际学术研讨会在扬州举行。

五是展示扬州宜居宜业的城市理念。“腰缠十万贯，骑鹤上扬州”。这些年来，扬州市获联合国人类住区规划署颁发的 2006 年度联合国人居奖，成为当年国内唯一获此殊荣的城市。首届中国扬州鉴真国际马拉松（半程）赛在扬州举办，并明确每年在扬州举办，该赛事于 2012 年升格为金标赛事，这是中国马拉松界首个获得国际田联金标赛事称号的半程马拉松比赛。国际城市管理协会“绿色城镇化：机遇与挑战”主题峰会小城镇签约仪式在扬州举行，仪征市与美国奥斯汀市签订合作协议，杭集镇和公道镇分别与美国的格林维尔镇及密尔沃基市签约，缔结为“中美绿色合作伙伴”。2014 世界绿色设计论坛扬州峰会暨世界绿色设计博览会、第 14 届世界历史城市联盟大会、全球残疾青少年 IT 挑战赛等在扬州举行，证明了扬州举办国际活动的能力。

六是展示扬州国际化城市的深远影响。因为扬州的国际影响力，日本摄制组到扬州拍摄反映鉴真东渡的故事片《天平之甍》，并由唐招提寺住持森本孝顺长老一行护送鉴真大师像回乡。首届中国扬州世界运河名城博览会暨运河名城市长论坛举行，中外 38 座运河城市市长共同签署《世界运河城市可持续发展扬州宣言》，至今举办了 11 年世界运河名城城市论坛。上海世博会“扬州友谊日”在扬州举办，57 个国家和地区的近百名世博会参展国家及国际组织的官员、上海世博局有关领导和 30 多名海内外媒体记者，分别游览以“烟花三月下扬州”“寻找大运河的源头”“绿杨城郭宜居之城”和“精致的盐商生活”为主题的 4 个世博游扬州示范点。

一个有趣的事实是，2011 年，在距离中国万里之遥的欧洲，由西方学者组织召开一个以扬州文化为主题的研讨会。参与者分别来自美国、芬兰、德国、意大利、挪威、澳大利亚、英国、瑞士,以及香港和台湾。2011 年春天,瑞士的安如峦教授给扬州学者韦明铧发了一封电子信函,说他和挪威的易德波教授、美国的包美歌教授共同发起,将在苏黎世大学东亚研究所召开一次扬州文化研讨会,名为"传统中国文学中的区域性——扬州范例"。信的主要内容是这样的:"我是'扬州俱乐部'国际研究小组的领导人之一。2005 年我们曾经在扬州研讨会上逢过面。现在我跟易德波和包美歌一起筹办'扬州俱乐部'的一个新活动。我们已经着手编一本英文翻译选本《扬州在文学中——晚期帝国到现代的文学选集》(*Yangzhou—a Place in Literature: An Anthology of Texts from the Late Imperial through the Modern Era*)。翻译的文献都跟扬州有密切的关系,雅俗共赏,时间范围为从 16 到 20 世纪。从附件中的文献您可以参考作品的选择。经过安东篱(Antonia Finnane)的介绍我们也将采用您的大作。目前其他作品还在翻译过程中。每篇将有专门的绪论,同时探讨涉及扬州区域性在本作品中的表现。我们这个翻译项目的参与者范围特别具有国际性,参与者分别来自美国、芬兰、德国、意大利、挪威、澳大利亚、英国、瑞士,以及中国的台湾、香港。""为了全面,共同对每个参与者的译文、注释和绪论进行探讨、修改,我们准备从 8 月 31 至 9 月 3 日在瑞士苏黎世大学东亚研究所将召开一次研讨会。题目定为'传统中国文学中的区域性——扬州范例'(International Workshop:'Place and Locality in Traditional Chinese Literature: the Case of Yangzhou')。参与者现定为十六名学者。""扬州俱乐部"成立后,于 2005 年、2011 年在扬州、瑞士举行过两次会议,扬州学者韦明铧参加了这两次会议,并向会议提交了研究扬州的论文。

经济发展是"硬道理",人文外交体现的是"软实力"。通过文化、体育、旅游等领域的合作和民间交流,人文外交以公众喜闻乐见的形式,传播中华文化、讲述扬州故事。具体而言,一是借助园博会、运河城市论坛、烟花三月节、马拉松金标赛事等重要国际活动为载体,结新朋叙旧情,突出文化交流的魅力,体现"以人为本、和谐世界"的外交理念;二是发挥扬州国际友城和友好交往城市的辐射带动作用,以共同办会、办节、办论坛、互设文化中心等,在合作中体现扬州"崇文尚德、开明开放"的城市精神;三是引领扬剧、扬州清曲、扬州评话、扬州木偶戏、扬州雕版印刷、扬派盆景制作、扬州传统手工艺、扬州刺绣、扬州“三把刀”、民间音乐等非物质文化遗产走出去，通过在外国设立培训基地、海外学院等形式，促使世界了解扬州的历史、文化，了解扬州人民创新创造和仁爱爱人的时代特征，进而开展全方位外交。

二、从政府外交到公共外交

政府外交和公共外交组成国家的整体外交。只有政府层面的外交，国家之间的关系不可能坚实和牢固。只有发挥全社会的整体优势，实行各阶层人民广泛参与的公共外交，国际关系才可能扎实而持久。

建国后扬州政府外交得到发展，相继成立以政府为主导的中苏友好协会扬州支会筹委会、扬州外事领导小组、中共扬州地委办公室外事统战组、扬州地区行政公署外事办公室、扬州市人民政府外事办公室等，外事机构实现从无到有，外事工作从封闭到半开放再到全开放。扬州市人民政府外事办公室配合外国使馆、领事馆，承担了外国政要来访、经济文化交流等接待任务，并在交往中与部分国家和地区结成友好合作关系，促进扬州外资、外贸、外经等“三外”经济的发展和传统特色文化的交融互动。

公共外交是一种面对外国公众，以文化传播为主要方式，说明本国国情和本国政策为主要内容的国际活动。它对政府的外交工作有相辅相成的支持性意义，主体除政府外，更多的是民间团体、大学、研究机构、媒体、宗教组织等非政府组织以及国内外有影响的人士。

随着国际形势的发展，公共外交越来越成为政府外交必要和有益的补充。扬州通过纪念鉴真系列活动，引进第一个中外合资项目，国际《红楼梦》学术研讨系列活动，亚举赛、女篮邀请赛、男子世乒赛等体育系列赛事的成功举办，让更多的外国公众、媒体和非政府组织正确认识扬州，吸引外国资本来扬兴办企业、落户外资港资项目，并邀请旅外专家学者讲学，进行科技交流。

为扎实推进公共外交和人文交流，加强人大、政协、地方、民间团体的对外交流，扬州先后成立世界运河历史文化城市合作组织(WCCO)和公共外交协会，公共外交掀开了崭新的一页。2009年，扬州联合中国大运河沿线35座城市和国外25座运河城市，发起成立了WCCO，扬州也成为江苏省内唯一拥有国际性非政府组织的城市。2014年10月17日，经市委研究同意，由市政协牵头，联合扬州对外交流的相关部门成立扬州公共外交协会，它是江苏省内首个地市级公共外交协会。

运河名城扬州，有着具有突出的普遍价值的世界文化遗产——大运河。“2006年被列入第六批全国重点文物保护单位和世界文化遗产预备名单后，大运河进入申遗程序，扬州市至2014年申遗成功，形成了遗产保护、申遗活动与公共外交三位一体的城市外交模式”(柯银斌:《以运河文化扎实推进城市外交》)。在此模式下，公共外交主体为WCCO，它以关注运河面向全球为工作主线，在助推中国大运河申报世界遗产、建设国际文化平台发挥积极的作用，以“大运河文化带建设”为共同主题，贡献运河城市智慧，分享运河城市解决方案。“扬州通过运博会请来中外宾客后，获得一个向全国、向世界展示扬州的平台。通过古建筑、书画曲艺、工艺作品、民俗礼仪、衣食住行等，向宾客展示扬州的特色文化和深层次的文化形态。”(同前)运博会从2007年举办以来，已经打造为一个世界性的、以运河文化为主题的国际研讨会品牌。2018年10月12日，WCCO与CNCPEC(中国太平洋经济合作委员会)共同在扬州举办“2018年世界运河城市论坛”。会议以“世界运河城市文化保护、传承与利用”为主题，聚集中国大运河保护、传承、利用的中国行动·江苏实践，汇聚全球关注和支持运河事业的力量，并发表了“扬州倡议”。外国宾客评价道“I found China in Yangzhou”、“扬州是一座美丽的城市、一座精致的城市，更是一座幸福的城市”。扬州成为世界人民心目中向往的城市。

回溯扬州成功申遗的经历，就公共外交而言，首先是放大“大运河第一城”品牌效应，借申遗契机重现大运河的历史文化价值，吸引国际社会对中国文化的关注；其次是充分发挥大运河公共外交资源的价值，通过运博会这一载体，开展形式多样的公共外交活动；再次是摸索出一套围绕弘扬运河文化的城市外交之路，围绕“运河文化”，找到了国际化城市发展和前进的方向。在2018年运河城市论坛的主旨演讲中，扬州

世界运河城市市长对话会议(WCCO 提供)

在借鉴欧洲多瑙河、莱茵河等世界著名河流成为线性景观和旅游胜地经验的基础上，以建设江淮生态大走廊为先导，实施产业转型升级、湖泊湿地保护、生态廊道建设等重点工程建设大运河文化带，立足“做靓运河原点”，向世界讲述绿色环保的“扬州故事”，发展“运河经济”。未来，扬州将继续做好以运河为亮点的公共外交，发挥 WCCO 国际性社会组织的作用，积极为助推扬州建设成为世界运河文化之都、国际旅游文化名城、国际会议之都等贡献智慧和力量。

扬州公共外交协会成立 4 年来，取得了令人赞叹的成绩，创造了被中国公共外交协会誉为全国地方公共外交的“扬州模式”。利用名人牌，充分运用鉴真、崔致远、普哈丁、马可·波罗等历史名人的优势，开展了丰富多彩的对外交流活动，体现了扬州独有的地方公共外交特色；利用名城牌，通过友好城市和友好交往城市的友好往来，拓展了扬州公共外交的地域空间，树立了扬州世界友好城市的新形象；利用美食牌，运用扬州美食品牌，以食为媒，加强对外交往。在世界各地举办扬州美食品尝会；利用运河牌，通过大运河申遗中的世界运河组织与世界运河城市的联系，充分发挥世界运河历史文化城市合作组织(WCCO)的作用。扬州向世界讲述扬州的历史、现在和未来，并且通过与世界取长补短，实现与世界各城市进行文明对话，确立自己的权威。

近两年以来，扬州公共外交协会努力在构建人类命运共同体中发挥作用，既要为国家利益和外交大局服务，也为国际共同利益、为人类文明沟通互鉴，为别国人民发展和福祉服务。2017 年 11 月 12 日，协会应邀参加第七届公共外交“北京论坛”。此次论坛主题为“新时代中国特色社会主义的国际表达：行动与话语”。这是中共十九大以后，围绕十九大报告精神召开的公共外交主题论坛。来自外交部、中联部等国家部委，北京、上海、南京、郑州等各地外办和全国 40 余家高校、智库和社会组织的 100 余位代表受邀参会。扬州公共外交协会主要领导在当天下午的城市国际交往论坛中作“大力开展公共外交，积极传播中国声音”的主题发言，总结了扬州公共外交三点做法：助推中国大运河申遗；开展丰富多彩外交活动；承办国际会议，积极拓展地方公共外交的空间。在国际会议中发出扬州声音，受到与会者的好评。发言在北京外国语大学公共外交研究中心媒体订阅号上发表。

在推行扬州公共外交新实践上，协会配合市商务局、市工商联、市贸促会，实施海外精准招商计划，组织企业家赴海外商务考察；配合市科技局、市人社局，实施国际产业合作远征计划；配合市旅游局、苏北医院、市外办、市侨办，实施会议招引计划；配合市体育局，高标准做好各项竞赛组织，实施国际赛事计划，10 月成功地在生态科技新城举办国际排联沙滩排球巡回赛。

同时，扬州公共外交协会重视对地方经济社会发展以及对外交往史的研究与诠释，与市外办等相关部门联合编辑出版《世界发现扬州》。这本书研究的重点是世界对扬州的认识历程，不同时代、不同国家、不同角度的外国人眼中的扬州——这与公共外交的理念不谋而合。

扬州公共外交的开展，实现了世界发现扬州到重新认识扬州的飞跃。法国总统希拉克于 2000 年访问扬州，参观天山汉墓博物馆时，曾赞扬中国古代工匠的技艺，肯定扬州的文物保护，并认为扬州菜可以与法国菜媲美。回国后的希拉克总统，义务做扬州的宣传员，让法国重新认识中国，并为扬州带来一系列合作的机遇。未来的扬州，应抢抓 2021 年世界园博会等国际性盛会的机遇，以最细致的准备、最饱满的形象，让世界聚焦扬州，实现向世界的大展示、大交流、大合作、大发展。

三、从中国名城到国际名城

扬州从建城伊始，以"邗城""广陵""江都""维扬"等被世界熟知，并出现在历代外国学者的专著或记载中，是他们笔下"心中的目的地"、"钱货流畅、熙熙攘攘的中产阶级城市"和"艺术爱好者的中心城市"，并用赞美的口吻歌颂扬州"自然景色优美，空气新鲜，土地肥沃。……运河两岸一律用白色大理石块铺砌而成，工艺精美，无与伦比"。

现代作家的眼里，扬州依然是与南京、杭州、苏州并列的江南四大名城。扬州的名声，从汉代开始。隋唐时期的扬州，是闻名于世的国际化都市，与广州、宁波、泉州并称为四大海港。明清盐业的繁荣，扬州理所当然地成为世界最奢华和消费文化最发达的城市，成为全世界人口超过 50 万人口的城市之一。扬州的"名"，缘于运河的交通便捷，缘于"园林多是宅"，缘于"二十四桥明月夜"，缘于"烟花三月下扬州"，缘于"遍赏扬州百种花"，缘于"多少扬州诗兴在"，缘于"商胡离别下扬州"，缘于"东南重镇是扬州"，缘于"扬州胜地多丽人"，缘于"扬州自昔管弦纷"，缘于"身是扬州贩盐客"……扬州在晚清后期渐渐淡出国际舞台，主要原因是受中国封建保守制度的影响，中国因为夜郎自大而闭关自守，与世界的差距越来越大。

如今的世界，俨然是一个地球村，改革开放后的中国，外交舞台空前扩大、同世界的合作空前深入，在与世界分享成长。扬州的对外交往也进入一个黄金期，正在逐步向国际外交舞台的中央迈进。

一、宣传扬州优秀传统文化是对外交往的最好手段。扬州的城市国际化，首先是让世界重新认识扬州文化的价值。因为特殊的地理位置，扬州自古以来便是城市国际化的探索者与实践者。古代扬州通过大运河与外部世界紧密联系，是古代陆上丝绸之路和海上丝绸之路的连接点，是古代中国对外交往的重要窗口，唐代的鉴真、崔致远，以及南宋的普哈丁、元朝的马可·波罗等是古代扬州重要国际地位的见证人。希拉克总统赞誉中华文明对世界文明的贡献，作为文化之都的扬州，也在世界发展史上留下浓墨重彩的一笔。

二、准确定位当代扬州城市特质是对外交往的必由之路。改革开放以来，扬州坚持城市品位，坚守城市特色，树立科学发展理念，坚持古今交相辉映，城市人文、生态、精致、宜居的特色更加彰显，为"建设人们心目中的扬州，满足世界人民对扬州的向往"打下了坚实的基础。近年来，扬州积极发展外向型经济，开展对外交往，通过参与国际重要活动，承办国际重要会议，开展友城友好往来，提升对外开放度，融入国际社会，城市国际影响力进一步提升，城市国际化迈出了坚实的步伐。下一步，要研究扬州城市国际化的方向和路径，对城市国际化做出统一和长远的规划设计，明确总体要求和阶段目标，明确保障措施、重点项目和专项经费来源。同时，开明开放的扬州，要更多地与世界交流、文明对话，才会产生璀璨夺目的火花。

三、前瞻把握未来扬州城市发展路径是再创辉煌的前提条件。扬州地处"一带一路"交汇点，是长江经济带、长三角区域发展一体化、大运河文化带、扬子江城市群、江淮生态经济区、宁镇扬同城化等国家和省级重大战略叠加的城市。扬州在这些国家、地区战略的定位，为推动扬州高质量发展、开展创造性探索，走出城市国际化新路提供了独特的优势。晚唐诗人罗隐有两句诗："时来天地皆同力，运去英雄不自由。"扬州文化最旺盛的生命力在于兼收并蓄，它的包容性，它对外界好的东西的善于吸收，都是它的可持续存在、发展的根本原因。在前所未有的发展机遇前，扬州要认识机遇、抓住机遇、用好机遇。

迈向国际名城，和平、共赢是对外交往的重要原则。扬州需要更加积极主动地对外交往，随着扬州城市知名度的上升，国际社会对扬州的期望值也在上升，要求扬州

2018年世界城市运河论坛（WCCO提供）

在国际交往中发挥更积极的作用；扬州需要与时俱进的对外交往，在顺应国际潮流的背景下，扬州要传播自己的声音，争得自己的席位；扬州需要进一步发展与国外交往城市的合作友谊，运用扬州文化、贸易、城市、园林、饮食、民间音乐书画等资源优势，在经济、文化、教育、体育等方面取得长足发展。

扬州对外交往之路，必将越走越宽广！

对外交往诗词选辑

李　白

哭晁卿衡

日本晁卿辞帝都，征帆一片绕蓬壶。

明月不归沉碧海，白云愁色满苍梧。

[作者简介] 李白(701—762)，唐代大诗人。字太白，号青莲居士，自称祖籍陇西成纪(今甘肃秦安)人，隋末流寓碎叶(今吉尔吉斯斯坦托克马克附近)，出生于蜀中。开元十二年，辞亲远游。天宝元年，诏征入京，供奉翰林，因遭权贵谗毁，赐金还山。安史乱起，被永王璘召入幕府，璘败，被流放夜郎。后卒于当涂。有《李太白文集》三十卷。

晁衡生平，见晁衡条注。

晁　衡

衔命还国作

衔命将辞国，非才忝侍臣。

天中悬明主，海外忆慈亲。

伏奏违金阙，骓骖去玉津。

蓬莱乡路远，若木故园林。

西望怀恩日，东归感义辰。

平生一宝剑，留赠结交人。

［**作者简介**］晁衡（698—770），日名阿倍仲麻吕，16 岁随第九次日本遣唐使抵长安，考取唐朝进士，得唐玄宗赏识，赐名“晁衡”。历任唐朝司经局校书、左补阙、仪王友等职。公元 753 年东归，遭大风浪，晁衡等漂流到越南获救，复于 755 年回长安任职，官至秘书监、安南都护、镇南节度使、光禄大夫兼御使中丞，赐北海郡开国公。《全唐诗》存其诗一首。

阿倍仲麻吕 753 年东归路过扬州时，曾拜访鉴真，表示支持其东渡传教。

杜　甫

解闷十二首之二

商胡离别下扬州，忆上西陵故驿楼。

为问淮南米贵贱，老夫乘兴欲东游。

［**作者简介**］杜甫（712—777），唐代大诗人，字子美，自号少陵野老。河南巩县（今河南巩义县）人。开元二十三年（735），举进士不第。天宝十四载（755）始授河西尉，改右卫率府曹参军。安史乱起，至至德二年（757），被授为左拾遗，后居蜀，被严武表荐为节度参谋、检校工部员外郎。大历五年冬，卒于长沙至岳阳舟中。诗与李白齐名，称“李杜”。有《杜工部集》行世。

思　讬

五言伤大和上传灯逝日本

上德乘杯渡，金人道已东。

戒香馀散馥，慧矩复流风。

月隐归灵鹫，珠逃入梵宫。

神飞生死表，遗教法门中。

[作者简介] 思讬，玄宗时台州开元寺僧，鉴真弟子，天宝十二载随鉴真抵日本。鉴真圆寂后，作此诗以悼念。

石上宅嗣

五言伤大和上

上德从迁化，馀灯欲断风。

招提禅草划，戒院觉华空。

生死悲含恨，真如欢岂穷？

惟视常修者，无处不遗踪。

[作者简介] 石上宅嗣(729—781)，日本僧人，与唐东渡名僧鉴真同时人。鉴真圆寂，因作此诗以悼之。

藤原刷雄

五言伤大和上

万里传灯照，风云远国香。

禅光耀百忆，戒月皎千乡。

哀哉归净土，悲哉赴泉场。

寄语腾兰迹，洪慈万代光。

[作者简介] 藤原刷雄，日本国人，为唐东渡名僧鉴真同时人，曾官图书寮兼但马守。鉴真圆寂，因作此诗以悼之。

元　开

初谒大和上二首并序

闻夫佛法东流，摩腾入于伊洛；真教南被，僧会游于吴都。未丧斯文，必有命世。将弘兹道，实待明贤。我皇帝据此龙图，济苍生于八表；受彼佛记，导黔首于三乘。则有负鼎掷钓，虽比肩于绛阙；而乘杯听铎，未连影于玄门。爰有鉴真和上，张戒网而曾临；法进阇梨，照智炬而戾止。像化多士，于斯为盛。玄风不坠，实赖兹焉！弟子浪迹嚣尘，驰心真际，奉三归之有地，欣一觉之非遥，欲赞芳猷，奋弱管云尔。

摩腾游汉阙，僧会入吴宫。
岂若真和上，含章渡海东。
禅林戒网密，慧苑觉华丰。
欲识玄津路，缁门得妙工。

我是无明客，长迷有漏津。
今朝蒙善诱，怀抱绝埃尘。
道中将萌夏，空华更落春。
自归三宝德，谁畏六魔瞋！

［**作者简介**］元开，日本国人，为唐东渡名僧鉴真同时人。著有《唐大和上东征传》。《全唐诗外编》收其诗二首。

崔致远

酬杨赡秀才送别

海槎虽定隔年回，衣锦还乡愧不才。

暂别芜城当叶落，远寻蓬岛趁花开。

谷莺遥想高飞去(注)，辽豕宁惭再献来？

好把壮心谋后会，广陵风月待衔杯。

原注：时杨生有随行之计。

［作者简介］崔致远(857—928)，字海夫，号孤云，新罗国(今韩国)庆州沙梁部人。十二岁时渡海入唐，乾符元年进士。先任溧水县尉，后入淮南节度使高骈幕府，授巡官，升殿中侍御史。中和末，充国信使东返新罗。著有《桂苑笔耕集》等。

王文治

扬州逢琉球国谢恩使者马宣哲、郑秉哲，留饮舟中，述别话旧，慨然有作二首

海天谁信此相逢，情话邗沟半夜钟。

万里秘书归日本，经年季子聘周宗。

月高更酌麻姑酒①，潮响还疑辨岳松②。

别后相思何处寄，瀛波春静卧鱼龙。

流水年华重感歔，随槎曾向十洲居。

映花蛮女春鸣瑟，秉烛仙童夜侍书。

断素零缣鸿爪在，红尘碧海雁音疏。

渔竿仍作沧江客，惭愧王门旧曳裾。

① 麻姑山为琉球属岛，产酒绝佳。② 辨岳为中山最高处，多松柏。

［作者简介］王文治(1730—1802)，字禹卿，号梦楼，丹徒(今江苏镇江)人。乾隆二十五年进士，授翰林院编修，擢侍读，出为云南临安知府，以事罢归。工诗文，其诗语言省净，意境浑融。兼工书法，其源出董其昌。曾东渡琉球，琉球人争宝其翰墨。有《梦楼诗集》。

陈　垣

鉴真大和尚圆寂纪念

传法为重，舍身为轻。
六渡出海，终抵东瀛。
济物利人，举国欢迎。
千二百年，永保令名。

［**作者简介**］陈垣(1880—1971)，广东兴会人，著名史学家，曾任北京师范大学校长，中国科学院第二历史研究所所长。此诗作于1963年6月。

刘梅先

鉴　真

远渡扶桑演律宗，一时朝野尽皈崇。
阐扬佛化兼文化，从此唐风遍海东。

唐扬州大云寺僧鉴真，为律宗大师。开元中，应日本僧众之请，渡海传法。途经百险，始达其国都。凡国王以下均敬礼受法。自此佛化文风，流播东国矣。今蜀冈法净寺有其纪念堂。

鉴真纪念堂

遐仰乡贤有此堂，为弘大法渡扶桑。
终将佛化传东国，功德应同海水量。

唐鉴真大师，广陵人，参学东都西京，归住大明寺，传南山宗戒律、天台宗教义，道行高深。日本僧求师东渡，凡五行五阻，终于第六次得达，传播佛法及文化、医药、建筑、雕刻等，功德甚巨。今法净寺(按：1980年已恢复大明寺之名)新建纪念堂，为鉴

师一千二百周年纪念。

回回坟

访墓来寻普哈丁，多年石椁具仪型。

扪碑不识天方字，四顾惟馀老树青。

坟在东关外运河东，中有布哈丁墓，石椁坚整，旁又有石墓数处，皆记有阿拉伯文，盖元明间畏吾儿人葬所也。老树十馀章，皆数百年物。

［作者简介］刘梅先（1886—1967），原名堪，以字行，江苏扬州人。中国农工民主党成员。早年毕业于南京法政大学，曾先后在多所中学任教，后调扬州图书馆从事古籍工作。著有《扬州杂咏》等。

郭沫若

为鉴真和尚圆寂一千二百周年纪念题词

鉴真盲目航东海，一片精诚照太清。

舍己为人传道艺，唐风洋溢奈良城。

赠日本友人

中元以降二千年，两国相交似管弦。

纵有乌云遮皓月，终教红日出虞渊。

鉴真盲目犹航海，阿倍遗骸尚在田。

江户黄河归一壑，风云共卷建新天。

沁园春・祝中日恢复邦交

赤县扶桑，一衣带水，一苇可航。昔鉴真盲目，浮桴东海，晁衡负笈，埋骨盛唐。情比肺肝，形同唇齿，文化交流有耿光。堪回想，两千年友谊，不等寻常。

岂容战犯猖狂，八十载风雷激大洋。喜雾霁云开，渠成水到，菊茂花香；公报飞传，邦交恢复，一片欢声起四方。从今后，望言行信果，和睦万邦。

［**作者简介**］郭沫若（1892—1978），文学家、历史学家、古文字学家、考古学家、社会活动家。原名开贞，号尚武，笔名有郭鼎堂、麦克昂等。四川乐山人。曾任政务院副总理、科学院院长、文联主席、全国人大常委会副委员长、全国政协副主席等要职。著有新诗集《女神》，戏剧《屈原》《棠棣之花》，自传性著作《革命春秋》《洪波曲》，以及史学著作《十批判书》等数十种。

茅　盾

欢迎鉴真和尚探亲

一代高僧幼便奇，鉴真十四便从师。
家学渊源四分律，生涯勤护水田衣。
两京寺院擅宏丽，楼台巧构有成规。
建筑神奇细端详，利人又复学岐黄。
广陵自古繁华地，师择此邦建道场。
善男信女万千辈，来自东西南北方。
顶礼焚香莲座下，悲田喜舍见慈祥。
遣唐使者频来往，云是扶桑日出乡。
象教自西而跨海，中华古国是桥梁。
鉴真投袂欣然起，携带门徒赴海市。
茫茫烟水罡风高，心向之邦何处是？
诚开金石动天神，海若前驱报大喜。
此时和尚已丧明，赖有广长舌代睹。
奈良京洛隔重洋，风送梵音与法鼓。
今日鉴真来探亲，扬州面貌已全新。

欢迎现代遣唐使，友谊花开四月春。

[作者简介] 茅盾(1896—1981)，原名沈雁冰，浙江桐乡县人。杰出的语言大师，现代著名文学家，无产阶级革命文艺的领导人之一。著有小说《子夜》《腐蚀》《三人行》《林家铺子》及随笔《夜读偶记》等多种。

陈声聪

赞鉴真

星槎归泛自东头，一别千还二百秋。

梵志十方通觉路，琼花万劫破迷楼。

灯传故土光无尽，杯渡当年水在流。

城郭绿杨回首处，慈云法雨话扬州。

[作者简介] 陈声聪(1897—1987)，字兼于，号荷堂、壶因。福建福州人。上海市文史研究馆馆员。著有《兼于阁诗》《兼于阁诗话》《荷堂诗话》《壶因词》《壶因杂记》等。

楚图南

鉴真法师塑像回国巡展纪念

鉴真法师渡东海，硕学晁衡仕盛唐。

中日文明一脉远，人民友谊万年长。

[作者简介] 楚图南(1899—1994)，云南文山县人。曾用名楚曾、方鹏，笔名高寒等。作家、文学翻译家、书法家。曾任暨南大学、云南大学、上海法学院、北京师大教授等。新中国成立后，历任西南文教委员会主任、对外文化协会会长、民盟中央代主席等。作品有《楚图南集》等。

夏承焘

减字木兰花·鉴真法师塑像回国纪念

轻舟浮渡，六次成功临彼土。愿力无边，招手冯夷看海天。

高坛讲律，盏盏禅灯明暗室。杖锡千家，环海都开友谊花。

[作者简介] 夏承焘(1900—1986)，字瞿禅，晚号瞿髯，浙江温州人。著名词学研究专家，教授。学术界公认为“一代词宗”。

能　勤

在植樱花树仪式上的答谢诗

栽培此日证前缘，继往开来敢息肩。

千载佛门传盛事，樱花三月蜀冈天。

[作者简介] 能勤(1900—1987)，江苏邗江县人。时为扬州市佛教协会会长，大明寺住持。1980 年 4 月 19 日，鉴真大师像巡展结束，中日双方在大明寺鉴真纪念堂前举行植樱花树仪式。这首七绝，即为仪式结束时之答谢诗。

常任侠

赠日本东山魁夷先生

鉴真东渡耀祥光，法雨春风忆奈良。

今日禅林增瑞色，东山画障照金堂。

[作者简介] 常任侠(1904—1996)，安徽颍上县人。著名艺术考古学家、东方艺术史研究专家，诗人，中央美术学院教授，全国侨联副主席。著作有《常任侠文集》六卷、《东方艺术丛谈》等多种。

赵朴初

梦扬州·访鉴真故居

暮天开，望片云江上飞来。振衣蜀冈，千古高踪长怀。当年舍身弘道，涉风涛远绣蓬莱。奈良代，招提寺，风流懿矣休哉！

两国宗师共推，算诗酒欧苏，只合追陪。明月扬州，多少雄姿英才！东风换却芜城面，报群功挹注江淮。排险阻，津梁重任，留与吾侪。

鹧鸪天·迎鉴真大师像归国

鉴真大师像将回国巡展，敬拈此调以表欢迎伫望之诚

奋入狂涛不顾身，终携明月耀天平。
千秋德范存遗像，万里香花结胜因。
今古事，来去心，海潮往复两邦情。
故乡无数新新叶，待与离人拭泪痕。

金缕曲·鉴真大师像回国巡展欢迎礼赞

像在如人在。喜豪情，归来万里，浮天过海。千载一时之盛举，更是一时千载。添不尽恩情代代。还复大明明月归，共招提两岸添光彩。兄与弟，倍相爱。

番番往事回思再。历艰难，舍身为法，初心不改。“民族脊梁”非夸语，鲁迅由衷感慨。试瞻望，是何意态。坚定安详仁且勇，信千回百折能无碍。仰遗德，迎风拜。

注：此词作于1980年4月，为鉴真大师像回国巡展的赞词。《人民日报》曾以“千载一时，一时千载”之名句为题发表社论，欢迎鉴真像首次回国探亲。

唐招提寺森本孝顺长老以鉴真和尚传方药袋见赠，谨置扬州鉴真纪念堂永留纪念

喜从素裹认青囊，千载薪传溯奈良。

好与影堂添印证，同天风月兄弟邦。

[作者简介] 赵朴初，生平见碑记注。

（日）森本孝顺

为鉴真大和尚回国巡展纪念碑题诗

桃花映托古里寺，

明灯传来友谊心。

[作者简介] 森本孝顺，日本唐招提寺第81代长老。

1980年4日25日，鉴真像扬州展结束。是日下午，在大明寺举行鉴真大师像巡展纪念碑奠基揭幕式，碑左即镌刻森本孝顺长老敬题的上述诗句，碑右为中国佛教协会会长赵朴初题诗："遗像千年归故里，友情万代发新花。"

苏仲翔

闻鉴真和尚塑像将回国巡展，赋此壮之

鲸波浴日飞帆远，蟾月流光鼓棹前。

六犯畏途终过海，全凭宏愿证同天。

盛唐文物随身赴，东土招提历劫传。

成就胜缘增友好，鉴师功德信无边。

[作者简介] 苏仲翔(1908—1995)，亦名渊雷，别署钵翁，又号遁圆，浙江平阳人。史学家、古典文学研究专家、华东师范大学教授。中国民主同盟会盟员，全国佛学理事，上海市佛协副会长。

李圣和

赠日本唐津市代表团

当年曾记遣唐人，此日邦交分外亲。

万里飞来青鸟使，两家分得绿杨春。

信知异域同风月，共道天涯若比邻。

学习交流携手进，繁荣东亚日更新。

[**作者简介**] 李圣和(1908—2001)，扬州人，名惠，号印沧。扬州国画院专职书画家。著有《李圣和诗词选》《李圣和书画集》等。

章石承

新罗留学生宾贡进士崔致远

迢迢千里到扬州，廿四桥边几度游。

梦笔生花耕桂苑，几多旧事赖君留。

埃德加·斯诺来游扬州

正当血雨腥风日，匹马西行埃德加。

椽笔独挥成漫记，长征消息遍天涯。

[**作者简介**] 章石承(1910—1990)，江苏海安县人。扬州师范学院中文系现代文学教授。著有《石承的诗》《藕香馆词》等。

林　林

西江月·赠东山魁夷先生

永忆鉴真遗爱，异邦风月同天。精心作画慰前贤，献出深情一片。

浩荡涛声碧海，空明月色云山。悠悠大地意相连，春晓笔开新面。

［作者简介］林林（1910—2011），原名仰山，福建诏安人。诗人、作家、翻译家，外交工作者。30年代曾参加“左联”。历任广东省文化局长、驻印度大使馆文化参赞、对外文化联络委员会司长、对外友协副会长等。作品有《同志打进城来了》《印度诗稿》《扶桑续记》等。

吴奔星

怀鉴真大师

日出扶桑早，袈裟去不回。

汤汤衣带水，应映碧莲开。

［作者简介］吴奔星（1913—2004），湖南安化人。南京师范大学中文系教授。曾任中华诗词学会理事和中国毛诗研究会顾问，江苏省诗词协会和省毛泽东诗词研究会副会长。著有《吴奔星新旧诗选》《中国现代诗人论》等。

符　浩

鉴真大和尚纪念园地落成

日本鹿儿岛县（旧称萨摩番）坊津町的秋目浦，是鉴真和尚东渡来日时上陆的地方。当地人民和政府为纪念和尚为中日友好作出的不朽贡献，特建“鉴真和尚纪念园地”，以示崇敬。三月二十七日，我应邀参加了落成仪式。

扬州柳初黄，萨摩花正香。

胜迹望秋目，春意满扶桑。

六度浮沧海，十载客他乡。

纪念辟园地，刻石为显彰。

供台如有灵，回目旧江阳。

故园十万里，人民争自强。

放眼看世界，友朋五大洋。

［作者简介］符浩（1916— ），陕西礼泉县人。曾任驻外大使、外交部副部长、全国人大常委、人大外事委员会副主任委员。作者于驻日大使任上，曾应邀参加“鉴真和尚纪念园地”落成仪式。此诗作于1981年4月3日。诗中“秋目”，指鹿儿岛之秋目浦。

胡绩伟

访奈良

东瀛访西京，招提祭鉴真，道德才华传千古，汉和同风同文。

五败六终胜，苦斗十二春，踏破东海千险浪，惜哉双目失明。

天上万颗星，地下万盏灯，盏盏长明闪慧眼，笑看后代相亲。

世世出鉴真，代代有晁衡，先辈勤播友谊种，花繁叶茂根深。

一笑泯仇恨，百折难离分，互学互助互尊敬，携手两国同兴。

［作者简介］胡绩伟（1916—2012），四川威远人。先后担任《解放日报》采访通讯部主任、新华社西北前线分社社长、《人民日报》副总编辑、总编辑、社长。此诗为作者1983年4月访问奈良时所作。

李为扬

清平乐·鉴真纪念堂

名垂千古，秉承唐宗主。六次登舟东渡去，望眼磨穿几许。

弘扬佛法扶桑，神州梦寐难忘。念恋山川异域，同天风日联芳。

［作者简介］李为扬（1916—2012），江苏扬州人。江苏省文史研究馆馆员，扬州

市清华大学校友会会长。

吴岭梅

仙鹤寺

南宋当年普哈丁,运河托骨建高瓴。

苍松老杏古堂寺,仙鹤来传阿赖经(注)。

原注:阿赖经,指《古兰经》。阿赖,神名,伊斯兰教称上帝为“阿赖”。

[作者简介] 吴岭梅(1917—2008),江苏泰州人。曾任扬州图书馆副研究馆员,绿杨诗社社员,江南诗词学会理事。著有《梅也词稿》等。

毕朔望

忆江南·普哈丁墓与鉴真纪念堂

扬州好,门对大平详。亚域回贤存宋墓,东邻贻佛坐唐堂。敬友世无双。

[作者简介] 毕朔望(1918—1999),江苏扬州人。著名作家、诗人、翻译家。有“江左才子”之称。曾任中国驻印度使馆一等秘书、外交部亚洲司专员、外文局编译办公室负责人、中国作家协会外委会负责人、中国笔会中心书记等。著有诗集《少年心事一朵花》、译著《列宁传》等。此诗摘自作者十三首组词《忆江南·扬州之可念》中的第八首。

李亚如

宴唐津市缔结友好城市代表团即席口占

杯泛美酒劝频频,高歌曲曲笑声盈。

深情却似长江水,注入沧海到东瀛。

[**作者简介**] 李亚如(1918—2003),江苏扬州人。笔名李群、止翁等,别署扫垢山庄寄客、三有斋主。作家、书画家。曾任扬州市副市长、市政协副主席、扬州画院院长。出版有《李亚如画辑》《扬州园林》等。

夏友兰

普哈丁

运河之畔有回堂,野草芬芳树木苍。

万里来华通友好,天涯跨鹤宿维扬。

[**作者简介**] 夏友兰(1921—?),江苏宝应人。离休老干部,扬州绿杨诗社副社长。编有《扬州竹枝词》等。

野　平

与中日合作电视片长江摄制组日本友人同游古运河

便民利国古邗沟,浩荡江河眼底收。

山影南来连浪涌,波光东去共天流。

二分明月千帆照,十里烟花万木稠。

友谊情深歌击楫,一衣带水溯源头。

[**作者简介**] 野平(1922—　),安徽无为人,江苏外事工作干部。此诗作于1981年8月。

夏云壁

普哈丁墓

古木森森好墓田,馨香一瓣拜前贤。

东关城外清真寺，友谊长青亿万年。

马可·波罗

宦海生涯十七年，波罗纪行有遗篇。

扬州驻马关情处，明月春风付野烟。

[作者简介] 夏云璧(1925—2008)，女，江苏海安人。扬州师范学院副教授。《汉语大词典》编委，与章石承合著有《藕香馆词》等。

秦子卿

答日本友人福田一郎

琵琶湖与瘦西湖，杨柳樱花拥画图。

明媚风光无彼此，二分明月映蓬壶。

[作者简介] 秦子卿(1925—)，号武公，1925年生于上海，祖籍江苏高邮。诗人、书法家。建国后历任扬州师范学院、湖南屈原大学、岳麓大学教授，江南诗词学会副会长。著作有《秦淮海年谱考订笺证》等。

福田一郎，日本姬路市日中友好协会会长，兼中国文化研究所所长。

园澈上人

赠森本孝顺长老

缅怀祖烈遵先宪，西望扬州忆故乡。

千二百年垂浑远，八十一代感恩长。

同天日月思长屋，动地讴歌起奈良。

回国探亲酬宿愿，欢声潮涌太平洋。

[作者简介] 园澈上人，生平事迹不详。曾任职于北京佛教协会。

李　铎

西江月·鉴真大师回国探亲

昔日扬帆东渡，而今越海西还。故乡花树更鲜妍，顿觉归时恨晚。

翠柳枝头春早，红樱陌上鸣鹃。同天风月颂先贤，千古亲情可鉴。

[作者简介] 李铎(1930—　)，号青槐，字仕龙，湖南醴陵市人。文职将军，研究馆员，著名书法家。曾任全国政协委员、全国文联委员、中国书法家协会副主席、中国人民革命军事博物馆研究员等。

(日)石川忠久

访鉴真和上故乡

欲寻名刹到古城，和上遗风自有情。

友谊一千二百载，长明灯下忆天平。

维扬留别

明旦须回到故乡，探风寻景甚匆忙。

旧园名刹古桥上，骑马看花君意长。

[作者简介] 石川忠久(1932—　)，日本东京人。中国古代文学研究专家。日本“圣社诗会”和“桃园诗会”主席，樱美林大学文学部教授，东京大学讲师，日本全国广播协会汉诗讲座讲师。此二诗均为1981年秋访问扬州时所作。

张家骞

纪念鉴真东渡成功1250周年

千难万险志弥坚，东渡扶桑广结缘。

授戒传经宏佛律，行医施药救黎元。
智能凝集招提寺，诚愫常萦赤县天。
拜读遗篇增敬意，心香一瓣奠前贤。

为日本新时代女遣唐使旅行团访问扬州而作

巾帼英才结旅俦，苍茫大海任遨游。
长江曾迓遣唐使，邗水重逢浮日舟。
骇浪惊涛何足惧，和文汉语喜交流。
友邦厚谊传千载，风月同天盛事稠。

[作者简介] 张家骞(1932—)，江苏扬州人，教育工作者。江南诗词学会理事。此诗作于1981年8月日本新时代女遣唐使旅行团访问扬州时。

马　冀

贺扬州—厚木缔结友好城市

欢歌醉金风，酒烈情更浓。
露重香千菊，霜稠赤一枫。

[作者简介] 马冀(1933—)，江苏江都市人。写此诗时适任扬州市人民政府副秘书长。此诗作于1984年12月。诗中“赤一枫”系指中日双方曾在扬州市政府院内共植枫树，以作两市人民友谊之象征。

范　曾

为宝华题扶桑吐馨图

晁衡负笈未能忘，唐寺招提圣洁光。
风月同天千古在，挥毫最爱写扶桑。

［作者简介］范曾(1938—　)，江苏南通人，当代诗人，杰出书画家。此诗作于1981年，系作者题夫人边宝华画作。

任　云

法美日驻沪总领事游瘦西湖平山堂即景

瘦西湖畔好风光，小小红桥映绿杨。
三国儿童忙拍蝶，长堤游侣踏春阳。
西园古木参天茂，东阁琼葩一树香。
友谊之花开处处，如松斯盛万年长。

［作者简介］任云(1938—　)，江苏扬州人，教育工作者。

大事记

唐

大足元年(701)

日本任命第八次遣唐使执节使粟田真人、大使坂合部大分、副使巨势邑治、僧人道慈等使唐,次年抵广陵。自此,日本遣唐使团,大都经由扬州,由运河北上京(长安)、洛(洛阳)。

开元五年(717)

日本第九次遣唐押使多治比县守、大使大伴山守、副使藤原乌养、僧人玄昉、留学生吉备真备、大和长冈、阿倍仲麻吕(中文名晁衡)等557人由海上使唐抵广陵,然后北上长安。

开元二十一年(733)

日本第十次遣唐使多治比广成,副使中臣名代,僧人荣睿、普照、玄朗、玄法等594人,从海路使唐于广陵泊岸。普照在中国21年,8次来往于扬州。

天宝元年(742)

十月,日本僧人荣睿、普照自长安南下扬州,请鉴真至日本传法,鉴真等 22 位僧人愿同赴日,遂抵东河(今宝塔湾)造船。

天宝二年(743)

四月,鉴真率众僧 21 人启航东渡,因高丽僧如海诬告鉴真等私通海盗,荣睿、普照等被捕,船被没收。第一次东渡之举未成。

十二月,鉴真与祥彦、道兴、德清、荣睿、普照、思讬等 17 人及工匠、舟人 18 人作第二次东渡,至狼沟浦遇风浪,船破上岸修理。

天宝三载(744)

初春,鉴真等人于船修复后复航海去日本,刚出海,船又破,上岸驻明州(浙江宁波)阿育王寺。第三次东渡失败。

秋,鉴真派法进率工人到福州采买船、粮,准备再次东渡。在赴福州途中,因弟子灵祐的申请,采访使下牒诸州县,截得鉴真等,监护回扬州,第四次东渡夭折。

天宝七载(748)

春,荣睿、普照至扬州崇福寺鉴真住处,筹备百物,再次东渡,同行僧 14 人,水手 18 人,及愿随往者共 35 人。六月十七日,由崇福寺出发,至扬州新河登舟,出海后遇大风漂泊,十一月至振州(今海南岛崖县南)。

天宝九载(750)

鉴真辗转万安州、崖州、雷州等地至端州龙兴寺,再到广州经韶州至明州,因双目失明,折回扬州。第五次东渡失败。

天宝十载(751)

日本第十一次遣唐使藤原清河、副大使大伴宿祢胡麻吕、吉备真备、藤原刷雄、膳大丘等 220 余人由海上使唐，抵广陵。

天宝十二载(753)

十月十五日，日本遣唐大使藤原清河专至扬州延光寺访鉴真，请其东渡，弘法传戒。

十月十九日，鉴真由龙兴寺出发，第六次东渡，十二月二十日舟抵日本九州西南的鹿儿岛，次年二月一日到达难波(今大阪)。四日，入平城京(即奈良)。鉴真历时 12 年，备尝艰辛，终于东渡成功。由是律宗传入日本。

乾元二年(759)

日本第十二次迎入唐大使高元度、录事羽粟翔等 99 人，航海至广陵登唐土。

大历十二年(777)

日本第十一次遣唐大使小野石根、副使大神末足、判官海上狩、录事毛野大川等 550 余人由海路抵广陵。告知鉴真大师已于广德元年圆寂，扬州诸寺闻鉴真讣音，着丧服，向东举哀三日，并集龙兴寺设大斋会。

大历十四年(779)

日本第十六次遣唐大使布势清直、判官甘南备清野等由海上抵广陵。

贞元二十年(804)

日本第十七次遣唐大使藤原葛野麻吕、副使石川道益，僧人空海、最澄、义真，留学生桔逸势、丹福成等人出使唐朝，船抵广陵北上。

开成三年(838)

七月，日本第十八次遣唐大使藤原常嗣、副使小野篁，僧人圆仁、常晓，留学生丁雄满等抵广陵。圆仁在开元寺从沙门宗睿学梵书，从全雅和尚学佛典，常晓在栖灵寺

从文璨受金刚灌顶和太元密法，次年又向华林寺高僧学《三论宗义》。

日本遣唐使团判官藤原贞敏于扬州开元寺设斋，供养500僧人。

咸通三年(862)

日本国觉如法亲王朝唐，扬州商人张文侄于日本国唐津城附近柏地岛为其建造海船，驶至中国。

乾符四年(877)

日本人多治比安江受派到中国求香药，同年回国，带回大批香药。

乾符六年(879)

新罗人崔致远入高骈幕任巡官。

中和四年(884)

新罗国派金仁圭为“入淮南使”，来扬州通好。高骈命淮南都统巡官、侍御史新罗人崔致远为国信使，与金仁圭一道东归新罗。崔致远居唐近20年，著有《桂苑笔耕集》一书，流传至今。

宋

咸淳年间(1265—1274)

阿拉伯伊斯兰教创始人穆罕默德16世裔孙普哈丁来扬州传教。在南门内建礼拜寺(又称仙鹤寺)，为沿海四大伊斯兰教堂之一。

德祐元年(元至元十二年)(1275)

阿拉伯传教士普哈丁死于运河舟中，后葬于扬州东关城外运河东岸之高冈。扬州官民于此建普哈丁墓。

元

至元十九年(1282)

意大利威尼斯商人、旅行家马可·波罗来扬州。据其《马可·波罗行记》称,在扬州任总督三年。

延祐四年(1317)

奥接憨神父于扬州建也里可温教堂,这是扬州有天主教之始。

至正二年(1342)

意大利威尼斯天主教徒多密尼·伊利翁尼家族流寓扬州。是年,他的女儿喀德琳·伊利翁尼卒,至元四年其子安东尼·伊利翁尼卒,都葬南门外。这是已知扬州最早的外国天主教徒(其墓碑现藏于市博物馆)。

明

永乐五年(1407)

阿拉伯伊斯兰教传教士米显哈赤持永乐皇帝所赐敕谕到扬州传教。

永乐年间(1403—1424)

扬州天宁寺高僧道彝和尚奉旨出使日本,死后葬日本,享年66岁。

弘治八年(1495)

扬州籍犹太人左唐在南京考中举人,次年在北京考中进士。这是有史可稽的第一位犹太进士。

清

顺治十三年(1656)

五月二十六日,荷兰使者乘船驶经高邮,称赞“该城人口众多,几处郊区也人烟稠密,商业繁荣,景色优美”。

康熙六年(1667)

荷兰贡使途经瓜洲闸口归国。

康熙二十一年(1682)

春,汪楫(寄籍扬州)奉命充册封琉球国正使,自京经扬州,于福建渡海至琉球,归撰《使琉球录》。

嘉庆二十四年(1819)

朝鲜青年学者金正喜随父亲金鲁敬来京,与翁方纲、阮元、罗聘等结交。金正喜是获得阮元真谛的朝鲜学者。

道光二十二年(1842)

五月,英国侵略者兵船入侵瓜洲、仪征江面,筑垒瓜洲,扬州戒严。两淮运使但明伦指使盐商颜崇礼至瓜洲,叩见英军头目璞鼎查,呈送赎银 50 万元,六月,扬州解严。

魏源在扬州新城仓巷絜园写成了《海国图志》50 卷,道光二十七年至二十八年,增补为 60 卷本。咸丰二年(1852),在高邮补辑《海国图志》40 卷,最后形成 100 卷本的完备本。

同治三年(1864)

法国天主教会在东关街马监巷口创办达义小学堂。这是扬州最早的新式学堂。

同治五年(1866)

三月十七日,法国天主教耶稣会传教士金式玉在扬州三义阁创办施诊所,由上海董家渡天主堂的护士潘奥定修士主持,西医开始在扬州传播。

同治七年(1868)

第一次扬州教案发生。英传教士戴德生租地建教堂,法国传教士在扬州开办育婴堂,因传有虐婴致死事件发生,引发民众的愤怒。七月五日,以葛姓秀才为首的考生会同民众攻入基督教新教英国教堂,并烧毁教堂。后英国驻沪领事借此发难,以武力相威胁,终以清政府妥协而告终。

光绪十二年(1886)

法国传教士在扬州东乡占田修教堂,乡民姜三娘和钱龙伟发动东乡 72 庄的农民捣毁教堂,驱走教士。

光绪十四年(1888)

美国基督教浸礼会传教士焦力·慕究理女士创办真理女学堂,光绪三十二年改成慕究理女学堂,1949 年 1 月停办。

光绪十七年(1891)

第二次扬州教案发生,仍以清政府委曲求全而告终。

光绪二十四年(1898)

十一月一日,英商丰和银行在扬州开设小轮公司,专保火险,是为扬州保险业之始。

光绪二十六年(1900)

美国基督教西差会派南浸信会传教士兼医师伊文思来扬州布道,在扬州旧城星

桥西街购房创办扬州浸会医院。浸会医院是扬州最早的也是唯一的教会医院。

光绪二十九年(1903)

美国耶稣会创办崇德女学堂,后改名崇德小学,民国后改名崇德学校,1949 年 1 月解散。

光绪三十三年(1907)

美国卫理公会在扬州便益门大街开办美翰中学,校长美籍牧师韩忭明。1912 年改名为美汉中学。

宣统三年(1911)

扬州酱菜获巴拿马国际博览会奖章。

中华民国

民国九年(1920)

法国耶稣会传教士山宗机创办震旦大学扬州预科。初名圣约翰伯尔各满中学,后名扬州震旦大学预科,1931 年改名私立震旦大学附属扬州震旦中学,1949 年停办。

民国十四年(1925)

2 月 7 日,世界红十字会扬州分会成立,会址设董子祠内。

民国十八年(1929)

美国记者埃德加・斯诺来扬州旅行。

民国三十五年(1946)

3 月 12 日,国共两党及美国三方组成的军调部淮阴执行小组 13 人,视察长江沿岸及国共双方军事冲突地点,到达高邮、宝应。国民党代表萧凤岐上校,美方代表邓克中校,中共苏皖边区二专署专员陈扬、副专员杜干全等参加。

中华人民共和国

1949 年

11 月 7 日,“中苏友好协会扬州支会筹委会”在扬州中学树人堂成立。

1950 年

12 月 29 日,扬州市教会学校美汉中学师生集会,控诉美籍教师韩忭明、鹿威陵。

1951 年

4 月 8 日,扬州中学校长黄应韶随中国人民赴朝慰问团前往朝鲜慰问中国人民志愿军。

7 月 14 日,浸会医院改名为扬州市工人医院(后又改名为苏北人民医院)。

7 月 28 日,扬州市天主教成立抗美援朝“三自”革新促进会。31 日,该会从美籍宗教人士费济时等人手中收走传教权,天主教堂的大门上第一次悬挂上中华人民共和国国旗。

8 月 18 日,扬州市天主教徒举行控诉帝国主义罪行大会,对美籍扬州监牧区主教费济时,神甫杨耐庵、陶雅谷和法籍神甫山宗机 4 人进行控诉斗争,各界人士 800 多人参加会议。扬州市军管会军事法庭下令将 4 人驱逐出境。

1952 年

10 月 24—28 日,参加亚洲及太平洋区域和平会议的 70 余人,参观苏北淮河水利工程,并在扬州参观游览,这是建国后扬州接待的首批外宾。

1960 年

1 月 23 日，设立扬州地区专员公署交际处，专司内外宾接待工作。

1963 年

3 月 24 日，日本宗教人士大谷莹润和夫人大谷乔子率佛教代表团到扬州参观访问，在大明寺参加法会。市佛教协会向大谷赠送了紫竹、芍药、琼花等礼品。

5 月 6 日，扬州文化界举行鉴真和尚圆寂 1200 周年纪念会。10 月 15 日，中日两国佛教、文化、艺术、医药界代表在扬州大明寺举行大型纪念活动和鉴真纪念堂奠基典礼，签订中日文化、佛教交流协定。

1964 年

建立扬州地委外事领导小组。

1968 年

9 月 11 日，越南 32 名实习生到扬州汽车修配厂实习。1971 年回国。

1972 年

7 月 8 日，江苏农学院为坦桑尼亚编写的 9 门课共 170 多万字的教材初稿全部完成。

10 月 28 日，印度、缅甸、印尼、巴基斯坦、新西兰、澳大利亚以及亚澳联络局的代表、记者 89 人，来扬州参观治淮工程。

1974 年

4 月，在扬州地委办公室内设立“外事统战组”。

1975 年

3 月 18 日，重建扬州地委外事领导小组。

4 月 6 日，突尼斯共和国总理赫迪·努伊拉和夫人一行 12 人，由全国人大常委会副委员长李井泉和江苏省革委会主任彭冲陪同到扬州访问。这是扬州首次接待的政府首脑代表团。

5 月 15 日，冈比亚共和国总统贾瓦拉夫妇一行 15 人在全国人大常委会副委员长乌兰夫等陪同下访问扬州。

7 月 11 日，外事统战组更名为“扬州地区革命委员会外事组”。

1976 年

3 月，扬州被国家列为首批出口商品综合基地。

4 月 6 日，扬州地区革委会外事组更名为“扬州地区革命委员会外事处”。

1977 年

6 月 16 日，英国广播公司电视二台摄制组 8 人，到扬州拍摄《中国农业》电视片。

10 月 1 日，日本国九洲农民之船访问团 180 人，参观访问仪征青山茶果场和胥浦公社。

1978 年

3 月，扬州地区革委会外事处更名为“扬州地区行政公署外事办公室”。

6 月 24 日，利比里亚共和国总统威廉·理查德·托尔伯特一行在全国人大常委会副委员长谭震林等陪同下到扬州参观访问。

1979 年

5 月 9 日—6 月 5 日，地区革委会外办主任钱承芳参加“中日友好之船访日团”出访日本。这是扬州外事旅游系统出国访问的第一人。

5 月 26 日，扬州漆器厂生产的点螺漆器台屏《锦绣万年春》，作为全国人大常委会副委员长邓颖超赴朝鲜访问的礼品。

7 月，日本摄制组到扬州拍摄反映鉴真东渡的故事片《天平之甍》。

11 月，扬州红园盆景在英国、比利时、联邦德国参加盆景展览会，获金奖、银奖。

1980 年

4 月 14 日，日本国奈良唐招提寺的鉴真大师像由唐招提寺住持森本孝顺长老一行护送，中国佛教协会代会长赵朴初在上海迎接，18 日抵达扬州，江苏省暨扬州市各界人士千余人在大明寺隆重集会欢迎。19 日，在大明寺举行鉴真大师像回故乡扬州巡展开幕式和森本长老赠送石灯笼安放点火仪式。前往参观者达 20 万人次。

9 月 17—18 日，肯尼亚共和国总统丹尼尔·阿拉普·莫阿一行 89 人，在国务院副总理陈慕华等人陪同下抵达扬州访问。

12 月 17 日，英国前首相詹姆斯·卡拉汉夫妇一行由副省长陈焕友陪同访问扬州。

1981 年

4 月，仿日本唐招提寺鉴真大师干漆夹纻像在扬州大明寺鉴真纪念堂安放。正在扬州市访问的日本唐招提寺访华团应邀参加了安放仪式。

5 月，美国林德布雷德旅行社组织美、日、英、墨西哥等国旅行者，乘船来扬州游览古运河。这是扬州解放后首次接待游览古运河的外国旅行者。

8 月 20 日，“中国人民对外友好协会扬州分会”成立。

1982 年

2 月 20 日，以日本唐津市市长濑户尚为团长的友好访华团来扬州访问。22 日，扬州市和唐津市结为友好城市，双方在扬州举行签字仪式。

5 月 3 日，联合国水利考察团一行 15 人，来瓜洲考察水利工程。

9 月 4 日，扬州食品制造厂与意大利南方金融投资公司合资经营 500 吨番茄制品企业。

1983 年

3 月 1 日，扬州地区行政公署外事办公室更名为“扬州市人民政府外事办公室”。

9 月 24—29 日，应扬州市市长黄书祥的邀请，日本厚木市市长足立原茂德率友好城市洽谈团来扬州参观访问。

11 月 25 日，中共中央总书记胡耀邦在访日期间向日本天皇赠送扬州漆器厂生产的雕漆嵌玉三折屏风《松龄鹤寿》。

1984 年

2 月 2 日(农历正月初一)，日本和歌山县山车表演队 100 余人在扬州市区沿街表演，扬州组织中国传统龙灯队伍配合表演。

7 月 3 日—8 月 31 日，扬州木偶剧团一行 5 人赴日本东京、横滨、大孤、名古屋、奈良、唐津等 24 个城市作商业性演出。

10 月 23 日，扬州市厚木市结为友好城市的签字仪式在日本国厚木市举行。

10 月 23 日—11 月 3 日，扬州杂技团一行 25 人，赴日本厚木市参加扬州—厚木结成友好城市庆贺演出，共演出 17 场。

11 月 15 日，全市第一个中外合资项目，中日合资经营的扬州冈本有限公司合同书在江都签约。次年 3 月 21 日，扬州冈本有限公司在江都举行开工典礼。

11 月 23—29 日，以日本厚木市市长足立原茂德为团长的一行 16 人回访扬州。

1985 年

5 月 11 日，坦桑尼亚革命党代表团总书记卡瓦瓦一行到扬州参观水利工程。

5 月 31 日，哥斯达黎加民族解放党主席菲格雷斯・菲雷尔到江都水利枢纽工程等地参观访问。

8 月 14 日，扬州市为日本厚木市承建二重檐仿瘦西湖小金山顶的古典建筑“风月亭”开工，同年 9 月 10 日竣工。10 月 18—23 日，在日本厚木市举行赠亭落成剪彩仪式。

10 月 18—28 日，以副市长蒋兆信为团长的扬州友好城市访日团去日本参加庆祝扬州和厚木市结成友好城市一周年活动。

5 月 4 日，几内亚(比绍)共和国国民议会议长卡尔门・佩雷拉一行 5 人到扬州访问。

6 月 24 日，马里(苏丹)共和国总统穆萨・特拉奥雷偕夫人一行 36 人到扬州访问。

6 月 29 日，以亚历山大・祖庐总书记为首的赞比亚联合民族独立党代表团一行 31 人到扬州参观游览。

11 月 5 日，以巴勒斯坦民主解放阵线总书记纳耶夫・哈瓦特迈赫为团长的代表团到扬州参观游览。

12 月 17 日，英国前首相詹姆斯・卡拉汉在全国政协副主席费孝通陪同下，到扬州进行友好访问。

1986 年

5 月 19 日，"扬州地委外事领导小组"更名为"扬州市外事工作领导小组"。

1987 年

3 月 18—20 日，民主柬埔寨主席诺罗敦・西哈努克亲王和夫人莫尼克公主一行到扬州参观游览。

4 月 19 日，马尼提克共产党总书记阿芒・尼古拉率党政代表团到扬州参观。

6 月 2 日，新加坡共和国第一副总理兼国防部长吴作栋偕夫人由文化部副部长刘德有、江苏省副省长凌启鸿等陪同到扬州访问。

7 月 5 日，孟加拉人民共和国总统侯赛因・穆罕默德・艾尔沙德、副总理艾哈默德等一行到扬州访问。

8 月 8 日，加拿大第一批来扬州师范学院学习的留学生学成回国。

10 月 24—25 日，毛里塔尼亚救国军事委员会书记穆罕默德・乌尔德・西迪亚一行到扬州参观访问。

10 月 29 日，意大利威尼托大区向扬州市赠送铜狮雕塑仪式在天宁寺举行。

12 月 8 日，特级厨师杨志明带领扬州名厨一行 5 人，到日本东京开办中国扬州富春茶社。

是年，"中国人民对外友好协会扬州分会"更名为"扬州市人民对外友好协会"。

1988 年

4 月 7 日，卢森堡大公国内政大臣、执政的基督教社会党主席让·施鲍茨一行到扬州参观游览。

10 月 5—9 日，扬州市对外经济洽谈会、对外产品秋交会及首届琼花艺术节在扬州举行。日本国厚木市市长足立原茂德、议长山口典纪、唐津市市长野富丰、议长村山健吾及美、日、英、意、联邦德国等 11 个国家和地区的友好人士和工商界人士出席开幕式。

1989 年

8 月 3—9 日，扬州市副市长袁平波率团至日本厚木市参加扬州—厚木市结成友好城市 5 周年纪念活动，同时在厚木市举办物资交流会和文艺演出。

11 月 19 日，阿曼、巴林、卡塔尔、科威特、沙特阿拉伯 5 国驻华使节来扬州访问。

12 月 20—23 日，国际知名汉学家、苏联科学院研究员编什夫博士来扬访问扬州师院教授任中敏。

1990 年

4 月，市木偶剧团一行 8 人赴日本与日本影法师皮影剧团联合演出大型木偶剧《三国》。

5 月，第一位被外国人领养的孩子取名扬莉，离开扬州去加拿大落户。此后，又陆续有外国人到扬州社会福利院领养小孩。

6 月 4 日，孟加拉共产党总书记迪利普·巴鲁阿一行到扬州参观访问。

7 月 5 日，联合国亚太经济社会工业司官员艾里特·比兹和联合国开发计划署驻

华代表处处长黄学琪到扬州考察“星火计划”实施情况。

1991 年

5 月 5—8 日，扬州市政府举办 1991 中国扬州琼花节，进行对外合资合作项目洽谈和春季商品展销。

7 月 27 日，联合国副秘书长、救灾总署署长特使爱沙特先生到扬州查看灾情。

8 月 2 日，联合国开发计划署援助扬州 468 万元专款为灾民建房。

10 月 11—13 日，中共中央总书记江泽民陪同朝鲜劳动党中央总书记、朝鲜民主主义人民共和国主席金日成在扬州参观访问。

10 月 22 日，阿根廷、墨西哥、朝鲜、泰国、尼泊尔、越南等国十多名专家、学者到宝应望直港镇考察灾后棉花使用 ABT 生根粉的试验和小范围推广情况。

1992 年

5 月 19 日举行扬州与日本国唐津缔结友好城市 10 周年庆祝活动，唐津市市长野副丰率领的友好访华团一行 97 人参加活动。

9 月 14—16 日，扬州市政府举办“二十四桥金秋赏月会”。数万名市民和近千名中外宾客游园赏月，11 个国家和地区的客商与扬州有关单位签订合资合作项目 112 个。

9 月 29 日，扬州市举行纪念中日邦交正常化 20 周年活动，日本唐津市、厚木市和入广濑村等 10 个代表团 126 人参加。

10 月 18—22 日，1992 中国国际红楼梦研讨会在扬州举行。

1993 年

4 月 6 日，乌拉圭前总统桑吉尔蒂一行 4 人来扬州参观访问。

4 月 16 日，乌克兰最高苏维埃主席伊万・契捷潘诺维奇・普柳希率领的访华团一行 13 人来扬州参观访问。

4 月 23 日，泰国国会主席玛鲁・汶纳率领的泰国国会代表团一行 20 人来扬州参观访问。

4 月 28 日，扬州市政府举行扬州港开港仪式，扬州口岸正式对外开放。

4 月 28 日—5 月 4 日，举办“1993 中国扬州琼花节”，中外宾客 1500 多人参加，共签订外汇投资协议成交额 4.59 亿美元。

9 月 6—8 日，施国兴代市长前往北京与美国菲尼克斯市(又名凤凰城市)市长保罗·约翰会谈，8 日，双方签订结成“龙凤”经济合作城市协议书。

10 月 1 日，扬州市代市长施国兴与日本唐津市野副丰市长就中日友好会馆筹建等事宜在扬州举行会谈，野副丰向中日友好会馆建设项目捐款 1850 万日元。11 月，扬州中日友好会馆破土动工。

10 月 7 日，扬州市代市长施国兴与韩国丽水市市长安在祐分别代表两市签署了发展友好关系备忘录。

11 月 3 日，“中国历史文化名城扬州二千年文物精华展”在日本盘城隆重开幕。日本盘城市市长、议长等出席了开幕式。

11 月 4 日，扬州市代市长施国兴在访问意大利期间，与里米尼市市长奇基签订缔结友好城市意向书。

12 月 10 日，唐鉴真大和尚东渡日本 1250 周年纪念大会在大明寺举行，中日各界 400 多人参加了纪念活动。

1994 年

4 月 8 日，扬州市、美国肯特市结为友好城市签约仪式在扬州举行。

1995 年

5 月底，扬州赠送给美国肯特市的“四方八面亭”在肯特市竣工。5 月 31 日—6 月 13 日，正在美国和加拿大访问的扬州市市长施国兴一行专程赴肯特市，举行了隆重的赠亭仪式。

6 月 6 日，扬州市与美国西港市缔结友好城市签约仪式在美国西港市举行。

1996 年

4 月 29 日,缅甸仰光市市长吴哥礼赠送扬州大明寺的 5 尊玉佛运抵扬州大明寺。

9 月 26—29 日,1996 中国扬州友好城市产品展览会暨经贸洽谈会在扬州商城举行。

1997 年

5 月 6 日,扬州市与德国奥芬巴赫市缔结友好城市签约仪式在扬州举行。

6 月 19 日,澳大利亚首都堪培拉市“科技、教育、旅游及宾馆业展览”在扬州友好会馆开幕。

7 月 7—14 日,第 29 届男子,第 10 届女子亚洲举重锦标赛在扬州举行,这是在扬州首次举办的大型体育活动。

7 月 8 日,扬州市与缅甸仰光市缔结友好城市签约仪式在扬州举行。

10 月 8 日,扬州市与澳大利亚大绿三角地区缔结友好城市签约仪式在扬州举行。

1998 年

4 月 29 日—5 月 1 日,1998 鉴真学术研讨会在扬州友好会馆举行。日本厚木市代表团、碧波会访华团、佐贺县鉴真显彰会代表团、奈良唐招提寺长老等 160 余人来扬参加了这一国际学术研讨活动。

5 月 8 日,肯特市赠送给扬州市的“友谊园”落成剪彩仪式在扬州石塔桥畔举行。市政协主席施国兴和肯特市市长吉姆・怀特为“友好园”剪彩。

5 月 27 日,泰国王储玛哈哇集拉隆功殿下一行 70 人访问扬州。

1999 年

3 月 16 日,扬州市与意大利里米尼市结为友好城市签字仪式在意大利米尼市举行。

9 月 24—30 日,中国扬州首届国际友城美食节在扬州举行。

9 月 27 日,扬州市与德国新勃兰登堡市缔结友好交往城市签约仪式在扬州举行。

2000 年

4 月 15 日—5 月 10 日，首届烟花三月旅游节在扬州举行。来自日本、美国、澳大利亚、韩国、马来西亚等 30 多个国家和地区的外宾参加了旅游节。商定以后每年 4 月举办国际经贸旅游节。

5 月 10 日，扬州市与韩国龙仁市结为友好城市签约仪式在扬州举行。

10 月 21—22 日，法国总统希拉克在中共中央总书记、国家主席江泽民的陪同下访问扬州。在扬期间，江泽民陪同希拉克一行参观了扬州博物馆、汉墓博物馆等。

11 月 21 日，江都市与澳大利亚高丰市结为友好城市签约仪式在江都举行。

2001 年

10 月 1 日，扬州电视台和中央电视台联合举办的“天涯共此时”中秋晚会在瘦西湖举行。

10 月 15—18 日，中韩经济文化交流周在扬举行，中韩学术界 100 余人参加了“崔致远研讨会”。

2002 年

10 月，由扬州市政协、中国美术家协会联合主办的“扬州八怪”艺术国际研讨会在扬州举行。海内外 150 位专家学者汇聚扬州。

2003 年

9 月 21—22 日，日本唐津市市长坂井俊之、议长熊本大成一行访问扬州。在扬州期间，日本客人参观考察扬州港口建设并就两地港口合作事宜进行探讨。

9 月 23 日至 10 月 9 日，市委书记、市人大常委会主任孙志军率团访问美国斯坦福、西港、肯特、西雅图、旧金山、洛杉矶、檀香山等 7 个城市。

9 月 28 日，江都市与美国斯坦福市结为友好城市仪式在美国斯坦福市举行。

11 月 2 日，鉴真东渡 1250 周年纪念活动在扬州举行。中日佛教界、学术界、政界、日本驻华使领馆官员、财团代表处、中日媒体、友好城市和友好团体近 2000 余人参加大会活动。

2004 年

9 月 18—19 日，莫桑比克外交与合作部亚洲和大洋洲司副司长丹尼尔·蒙德拉内率非洲国家外交官一行 20 人访问扬州。

10 月 10 日，由中国红楼梦学会与市政府联合主办的纪念曹雪芹逝世 240 周年暨中国扬州国际红楼梦学术研讨会在扬州举行。

10 月 17—18 日，第四届中日韩三国电视制作者论坛在扬州举办。

10 月 21 日，意大利里米尼市市长阿尔伯特·拉瓦奥里和议长塞萨·马吉安提率意大利政府代表团和议会代表团访问扬州。两市签署友好交往备忘录。

2005 年

7 月 24 日，圭亚那共和国总理塞穆尔·阿奇博尔德·安东尼·海因兹率圭亚那旅游和贸工部部长访问扬州。

7 月 25 日，美国肯特市政府和扬州市政府联合在西雅图国际贸易中心举办“扬州日”大型友好交流推介活动。肯特市政府决定将 7 月 25 日定为“扬州日”。

10 月 14—20 日，韩国驻上海领事馆总领事金扬率崔致远第 28 代孙崔云鹤，韩国崔氏宗亲会会长崔宗圭等工商界人士访问扬州。14 日，第二届中韩经济文化交流周拉开帷幕。15 日，第二届中韩经济文化交流周扬州投资说明会举行，崔致远纪念馆在扬州奠基。

2006 年

5 月 27 日，首届中国扬州 2006 年鉴真国际马拉松(半程)赛在扬州举，929 名中外选手参加比赛。以后每年在扬举办国际马拉松(半程)赛。

9 月 14—15 日，由美国、瑞士、加拿大、澳大利亚、新西兰等 9 个国家组成的友好代表团访问扬州。

9月20日，扬州市获联合国人类住区规划署颁发的2006年度联合国人居奖，成为当年国内唯一获此殊荣的城市。10月15日，扬州市举行获联合国人居奖庆祝大会。联合国副秘书长、人居署执行主任安娜·卡朱莫洛·蒂贝琼卡和建设部副部长黄卫为联合国人居奖揭牌。

11月11—15日，俄罗斯巴拉什赫市代表团考察扬州，并与扬州市签署建立友好交往城市关系备忘录。

2007年

3月21日，韩国咸阳郡友好代表团访问扬州，扬州市与咸阳郡签署了友好合作交流协议。

6月12—21日，市代表团访问韩国、日本。代表团分别在首尔、东京举行中国名城扬州推介会，在日本奈良唐招提寺举行纪念中日邦交正常化35周年暨鉴真像奉赠仪式。

8月20—21日，日本国土交通大臣冬柴铁三访问扬州，并在鉴真纪念堂题词：中日世世代代友好发于扬州。

9月11—14日，荷兰北布拉邦省副省长埃塞德一行访问扬州。扬州市与布雷达市签署缔结友好城市意向书。

9月17—23日，第18届亚洲乒乓球锦标赛在扬州举行。

9月26—28日，首届中国扬州世界运河名城博览会暨运河名城市长论坛举行。中外38座运河城市市长共同签署《世界运河城市可持续发展扬州宣言》。中国大运河申报世界文化遗产工作正式展开。商定以后每年9月举办世界运河名城博览会。

10月15日，崔致远纪念馆主馆开馆，崔致远全身塑像及“中韩合作大有可为”展览揭幕。

12月11日，布隆迪共和国保卫民主力量第二副主席森多科泽·德尼丝率布隆迪保卫民主力量代表团访问扬州。

12月12日，扬州市入围由世界品牌组织、美中经贸投资总商会联合推选的2007年中国特色魅力城市200强。

2008 年

1 月 15—18 日,美国夏威夷州檀香山市议员罗德・谭率代表团访问扬州。副市长闻道才与罗德・谭分别代表扬州市和檀香山市签署建立友好交往和合作关系协议书。

5 月 11—13 日,第六届国际儒商大会在扬州召开。

10 月 30 日,扬州市和俄罗斯巴拉什赫市签订建立友好城市关系协议书。

11 月 24—25 日,韩国庆州市市长白相承率庆州市代表团访问扬州。市长王燕文与白相承签署扬州市和庆州市建立友好城市关系协议书。

2009 年

5 月 25 日—6 月 3 日,市长王燕文率市友好经济代表团访问意大利、德国、挪威。访欧期间,代表团实地考察一批国际知名企业,利用多种活动和形式推介扬州。王燕文与挪威克里斯蒂安桑市副市长甘德桑代表两市签订友好交流备忘录。

10 月 15 日,第五届中日韩文化交流论坛在扬州开幕。此次论坛安排有中日韩佛教论坛、祈福法会、歌会、笔会等活动。

12 月 3 日,美国驻华大使洪博培携夫人及收养的扬州女儿杨乐意访问扬州。

2010 年

2 月 7—9 日,第五届中日友好 21 世纪委员会第一次会议在扬州召开。省委书记、省人大常委会主任梁保华,省长罗志军会见中方首席委员唐家璇、日方首席委员西室泰三。

2 月 20 日,扬州市与日本奈良市签署友好备忘录。

4 月 16 日,扬州市与马可・波罗诞生地——克罗地亚共和国科尔丘拉市签约结为友好城市。

4 月 25 日,联合国副秘书长、人居署执行主任安娜・卡朱莫洛・蒂贝琼卡访问扬州。

5 月 23 日,扬州与日本奈良市签约缔结友好城市。

6 月 6—8 日,市委书记王燕文率团赴韩国,围绕扬州市新型产业进行专题考察和招商推介。

6月8—9日,上海世博会“扬州友谊日”在扬州举办。57个国家和地区的近百名世博会参展国家及国际组织的官员、上海世博局有关领导和30多名海内外媒体记者分别游览以“烟花三月下扬州”“寻找大运河的源头”“绿杨城郭宜居之城”和“精致的盐商生活”为主题的4个世博游扬州示范点。

11月26日,市委书记王燕文、市长谢正义在扬州会见奈良县友好交流访问团名誉顾问、前日本国土交通大臣冬柴铁三、奈良县知事荒井正吾、日本驻华公使山田重夫等日本客人。

11月24日,日本东大寺鉴真坐像回扬州省亲,这是鉴真坐像时隔30年再次回到扬州。

2011年

7月16—23日,市委副书记洪锦华率文化经济考察团到意大利和匈牙利等国进行友好访问。访问期间,洪锦华代表扬州市与匈牙利歌德勒市正式签署友好交流合作备忘录。

9月26日,由韩国首尔设计财团与扬州市人民政府共同举办的首届全球设计城市峰会主题论坛在扬州举行。

9月26日,中国扬州世界运河名城博览会永久性会址启用。

10月15日,韩国儒教协会理事长崔根德率110名崔致远后人,到扬州参加韩国庆州崔氏宗亲纪念崔致远活动十周年暨“十年回眸”展览开幕活动。

12月17—18日,朝鲜内阁副总理兼电子工业相韩光复到扬州,就“三新一网一书”等战略性新兴产业发展进行专题考察。

2012年

3月3日,澳大利亚扬州同乡会在澳大利亚悉尼成立。

4月16日,由荷兰外商投资局、荷兰布拉邦省官员组成的荷兰代表团到扬州进行专题推介。

9 月 25 日,国际田联函告中国扬州鉴真国际半程马拉松赛组委会,该赛事通过审核升格为金标赛事。这是中国马拉松界首个获得国际田联金标赛事称号的半程马拉松比赛。

2013 年

3 月 4 日,世界旅游城市联合会(WTCF)发函,扬州与伦敦、雅典、爱丁堡等 8 个海外著名旅游城市被正式吸纳为该组织城市会员。

4 月 14 日,市委书记谢正义做客中央电视台中文国际频道“城市一对一”节目,与扬州国际友好交往城市——意大利里米尼市市长安德烈·纳西进行面对面交流。

4 月 25—26 日,亚欧会议未来发展方向研讨会在扬州举行。

6 月 14 日,扬州市与意大利威尼斯市签署建立友好交往城市关系备忘录。

9 月 24 日,市委书记谢正义会见到扬州参加 2013 中国扬州世界运河名城博览会的欧盟地区委员会主席瓦尔卡塞尔一行。

10 月 17 日,扬州公共外交协会成立。

11 月 4 日,西班牙前首相冈萨雷斯及夫人、新加坡前外交部长杨荣文及夫人等到扬州访问。

2014 年

4 月 21—26 日,亚太经济合作组织(APEC)第 49 次电信工作组会议在扬州举行。

5 月 6—20 日,“唯美扬州——乌克兰艺术大师画扬州作品展”在市美术馆举办。

5 月 14 日,国际城市管理协会“绿色城镇化:机遇与挑战”主题峰会小城镇签约仪式在扬州举行。仪征市与美国奥斯汀市签订合作协议,杭集镇和公道镇分别与美国的格林维尔镇及密尔沃基市签约,缔结为“中美绿色合作伙伴”。

6 月 11—13 日,2014 世界绿色设计论坛扬州峰会暨世界绿色设计博览会在扬州举行。

6 月 15 日,由中国中日关系史学会与日本中日关系学会共同举办的“中日关系危机管控”国际研讨会在扬州召开。

6 月 16 日，省长李学勇在扬州会见到江苏访问的刚果共和国总统萨苏一行。

7 月 14 日，应邀到南京出席第二届夏季青奥会开幕式的黑山共和国总统菲利普·武亚诺维奇专程访问扬州。

7 月 29 日，克罗地亚议长约西普·莱利率团到扬州访问。

9 月 2—4 日，第 14 届世界历史城市联盟大会在扬州召开。来自 16 个国家和地区 29 个城市的代表围绕“传承古代文化、建设现代文明”进行交流和讨论，会议通过《第 14 届世界历史城市联盟大会扬州宣言》。

9 月 4 日，扬州市与澳大利亚巴瑞特市签署科技合作协议。

11 月 21 日，扬州市举行仪式庆祝与日本唐津市结为友好城市 30 周年。

2015 年

6 月 1 日，市长朱民阳会见以市长文东信、议会议长陈熙浣为团长的韩国群山市代表团，扬州市与韩国群山市签订友好交往城市协议书，扬州市唐城遗址博物馆与群山市近代历史博物馆签订友好交流协议书。

7 月 29 日，扬州市举办“刚果(布)日”活动。

9 月 7—10 日，2015 世界厨师联合会亚洲和太平洋地区主席峰会在扬州举办，这是世界厨师联合会首次在中国举办相关活动。

9 月 9 日，市长朱民阳会见阿尔巴尼亚共和国发罗拉大区省长达那伊、发罗拉市市长莱莉一行，并签署扬州与发罗拉市建立友好关系备忘录。

9 月 11—14 日，“中外丝路城市美食文化交流——扬州活动周”在扬州举办。世界中国烹饪联合会授予扬州市“国际美食之都”牌匾。

9 月 24 日，扬州泰州机场第一条国际航线——扬州至韩国首尔航线开通。

9 月 29 日，市长朱民阳会见英国科协斯特市市长特丽萨·希金斯一行。扬州与科切斯特市签署协议，结为友好城市。

11 月 16 日，市长朱民阳会见到扬州访问的法国奥尔良市市长奥里佛·加里尔一行，双方签署建立友好交往城市关系备忘录及旅游合作协议。

12 月 12—15 日，“纪念曹雪芹诞辰 300 周年国际学术研讨会”在扬州举行。

2016 年

3 月 18 日，扬州市在中国驻纽约总领事馆举办“感知中国 · 扬州印象”旅游推介活动。

4 月 18—19 日，世界运河历史文化城市合作组织 2016 年年会暨世界遗产运河论坛在扬州举行。

5 月 12 日，新鉴真大师像从扬州文峰寺旁的古运河码头登船，沿当年线路启航东渡日本。

9 月 23—26 日，“2016 丝路美食扬州汇暨印度周”在扬州举办。来自 14 个丝路国家的驻华使节以及来自 20 个国家和地区、5 个国际组织的宾朋出席 23 日的开幕式。

10 月 27—28 日，第一届中国——以色列医院院长高端论坛在扬州举行，来自以色列的 20 余位院长及专家，全国部分知名医院院长和管理工作者共 500 余人参加。

11 月 19—20 日，大运河与海上丝绸之路国际学术研讨会在扬州举行。

11 月 22—24 日，2016 全球残疾青少年 IT 挑战赛在扬州举行，16 个国家的 104 名选手参赛，这是扬州首次承办大规模国际残疾人赛事。

图书在版编目(CIP)数据

扬州对外交往 / 王虎华,朱路跃主编. --南京:南京师范大学出版社,2018.12

ISBN 978-7-5651-3974-1

Ⅰ.①扬… Ⅱ.①王… ②朱… Ⅲ.①国际交流—外交史—扬州 Ⅳ.①D827.533

中国版本图书馆 CIP 数据核字(2018)第 298239 号

书　　名　扬州对外交往
主　　编　王虎华　朱路跃
责任编辑　王欲祥
出版发行　南京师范大学出版社
地　　址　江苏省南京市玄武区后宰门西村 9 号(邮编:210016)
电　　话　(025)83598919(总编办)　83598412(营销部)　83598297(邮购部)
网　　址　http://www.njnup.com
电子信箱　nspzbb@163.com
照　　排　南京理工大学资产经营有限公司
印　　刷　南京工大印务有限公司
开　　本　787 毫米×1092 毫米　1/16
印　　张　19.25
字　　数　300 千
版　　次　2018 年 12 月第 1 版　2018 年 12 月第 1 次印刷
书　　号　ISBN 978-7-5651-3974-1
定　　价　88.00 元

出 版 人　彭志斌